戴朝福 著

儒學的性格——論語義理論叢續編

臺灣學生書局印行

自序

歲月匆匆，時間就這樣在不知不覺中溜過，驀然回首，似乎沒有多久，由臺灣學生書局出版的第一本拙作《儒家的生命情調——論語義理論叢》，至今倏忽已歷經二十七個年頭了。那本書收集了研讀心得的十篇論文，內容包括《論語》中的宗教精神與宗教情調、天道與憂患意識、鬼神觀、學與教的精神、孝、詩、禮、樂、史識與史德、及政治理念與從政情操等，論述的題材雖或尚稱豐富，但對整部浩瀚的《論語》內涵來說，的確還是很有限，為了讓它所內蘊的儒學性格更加彰顯，實有必要在內容上作進一步的擴充與發揮。

本書《儒學的性格——論語義理論叢續編》的完成，即是對上述之願力的實踐，書中所增加的內容為《論語》論智、仁、勇、信、言語之教、儒學性格、人品觀、師道、友道、及與《易》學的關係等，共十篇，凡二十餘萬言。寫法上力求一以貫之，與前書所採之綜合、歸納、以經解經的論述方式相同，以呈顯兩書的一體關聯性；每一主題之所論，都在深入探討原典中所要示現的重要義理，兩書合計的二十篇內容，雖仍難以整全涵蓋所有《論語》的精神蘊義，但主要的部分，或可說多已把握到了。

《論語》是孔門師生的真實語錄，是最可靠最能代表儒家思想的經典，它處處洋溢著儒學「致廣大而盡精微，極高明而道中庸」的生命精神。因為它「致廣大」，去蕪存菁地集諸子百家學說之大成，所以在現實存在面上的各種待人處世問題，都可從它那裏，尋得合宜的解決之道；因為它「盡精微」，涵蓋了天道、地道、人道之難以言喻的精神，所以不論個人或群體生活中的艱難，都能讓我們從中學習到如何用理性細密地去釐清問題的癥結，析辨其意義與價值，從而體悟何者該為何者不該為；因為它「極高明」，面對禍福相倚之無常的大千世界，能讓我們從中學習到如何藝術地平衡問題的兩難，而依當時的特殊情境，選擇最為可行的圓融之路；也因為它「道中庸」，一切順乎天生人之普遍都有的良心善性來平實地待人接物，所以能超越時空，而平易近人地為古今中外的世間人所接受。

《論語》所具涵的這種儒學性格，用意不在建構形上的哲學理論，而是求與現實存在面緊密結合之實踐的生活學問，同時也讓所有世間的人都可依自己現有的主客觀條件，有智慧地展現意義與價值的生命學問，換言之，它隨時隨地都可讓每個人安身立命，真實地活在當下，不僅不僵化，不古板，而更是活潑親近、歷久彌新、與時推移之講常道的學問。

處在世道人心日益沈淪的今日，人人更須研讀《論語》，進德修業，日新又新，以扭轉功利習氣泥重的現實社會，創造它為知書達禮、和諧相處之充滿人文精神的世間，這雖是漫長的實踐歷程，但只要努力，有信心與決心，是可以逐步走向成功之路的，我們共同勉勵。

戴朝福 謹識　二〇二〇年十二月

儒學的性格——論語義理論叢續編

目次

壹、《論語》言智及其生活實踐

一、前言

儒學是生命的學問，也是生活的學問，生活的學問講的是如何安身，生命的學問講的是如何立命，立命是從超越的精神層面講，安身則從現實的存在層面說，安身與立命看似兩事，其實是相輔相成，相通相契的，立命是安身的指導原則，安身是立命的具體實現，說得更明白些：人的現實生活不純是為著活著而茫然生活，必須要順著生命的精神方向走，才能展現其意義與價值，而要擁有意義與價值的人生，不是空談，也必須靠著現實生活的道德實踐，才得以落實、印證。

論及道德實踐，儒家不是要人拿一外在的言行規範來奉行，而是勉人在生活中首當從事「復性」（恢復人性中本有的德性）工夫。天生人，人自有老天所賦予的天德，天德不可靠，必須要自我陶養，使它轉化為人德，乃真能成德，而智、仁、勇三者，正代表著人性之根本且普遍的三種主要德目，此所以《中庸》謂：「知、仁、勇三者，天下之達德也。」[1]

儒家講的道德實踐，一言以蔽之，即是要落實仁道，仁道廣大，它是人之生活言行之知、情、意的綜合理想表現，就情言，它是人的良心之能時時保有「推己及人」的惻隱情懷，就知言，它是在踐德中依主客觀條件，言行上能表現一圓融之待人處事的智慧，就意言，它是一能面對艱難、承擔挫折的踐德毅力與勇氣。由於主客觀條件變化無窮，人要如何培養出隨時應變的合宜智慧，實亦難說，是以《論語》之每一章節雖都充滿了孔門師生的智慧語，卻很少直說「知」，如何從中悟會儒學言「知」的性格，及其落實到生活中踐行，實值得吾人細心推敲。

二、智的直覺與中庸的高明智慧

知（智）既是一德目，一通達於一切人之本心（此本心指的是性體的無限心），則它本身便是一是是非非的天理流行，形式上，它是由性體之知體明覺所生發的智，其實它本身就是知體明覺的自己，此知體明覺，不只是一種感受之情，更是一種心性之實體性的覺情，此即：它不只是一被動的接受一客觀道德法則的感觸之情，更是主動地自立此道德法則，而尊之悅之，同時不容已地自求實現之的實體性覺情，智的直覺是由此覺情之自我活動中所放射出來的光[2]，對外物言，此光不只對對象有觀解的能力，更有圓融的觀照能力，它雖不離見聞，卻不為見聞所限，而時時通極於天德良知，而其實它就是天德良知的本身，是人之自由自律之無限心之呈現的本來面目，此即西哲康德所謂的「物自身」，唯其認為「物自身」只有具無限性之最高睿智體的上帝才有，人是被造物者，不能即有限又無限，所以無此「物自身」的存在[3]。

依儒家，「天命之謂性，率性之謂道，修道之謂教。」[4]天是一宇宙的實體，一「生而不有，為而不恃，長而不宰」的自然，祂雖主領乎萬物，然而物之一切創造，畢竟是物之自創自造，天絕無所規劃、宰制於其間，只是任萬物以相互比輔，各得其生，各遂其長，各得其自主而已。人為萬物之靈，為天所生，自有承天之命以為其性，透過「率」、「修」的工夫，秉天德以開創人德，天既有其無限性，人自亦有承天的無限性，故在現實存在面上，即有限，亦可無限，人之智的直覺，即是一種無限性的展現。

智的直覺雖為天所賦予，但其開發，需靠後天的努力，此中尤要注重人的內在真誠。《論語》：

> 子曰：「由！誨女知之乎！知之為知之，不知為不知，是知也。」（〈為政‧一七〉）

---

1 《中庸》第二十章。

2 參看牟宗三《現象與物自身》（臺北‧臺灣學生書局‧一九八二年四月三版）第三章〈展露本體界的實體之道路〉一文。

3 同前註。

4 同註1，第一章。

「知之為知之，不知為不知」中的四個「知」字，指的是人經驗的知，客觀知識之了解的知，「誨女知之乎」、「是知也」中的兩個「知」字，則指人自覺自明的智慧。人於求知過程中，時時抱持著「知之為知之，不知為不知」的真誠，坦然面對真知與不知的自我，不掩飾，亦不自欺，這才表示不為假我所矇蔽，而認清了「真我」；能如此自省自覺，展現了清明的理性，對教師言，他才不致錯估我，誤判當下的我之實力，而能適時予我以最實惠最有效的指導，而我亦才真能掌握問題的癥結，破解困惑之所在，而獲得真知，此即是求知之「誠則明矣」的真正智慧[5]。

智慧是一種無限心的表現，無限心就是空靈的心，只有空才能靈，靈乃能顯其自由的大用，才真能認識一切，了解一切，否則，把一個牢固的意識形態橫亘於心中，就會把廣大的世界給隔絕了。「空」看似無用，其實有大用，正如水杯之中空，才能用其空來盛水，人之眼睛要望遠，眼前也必須有大空間，無用的空間越大，吾人的眼睛也才能看得越遠，「空」之作用大矣哉[6]，《論語》：

> 子曰：「吾有知乎哉？無知也。有鄙夫問於我，空空如也，我叩其兩端而竭焉。」（〈子罕・七〉）

每個人都有獨特的生活經驗與人格特質，要跟成見深的鄙夫對話，最難入，因為他心執著。人真要與他交談得下去，必須先「空」出自己，不預設立場，不心存私見，才能拆解其心防，贏得他對我「公正、客觀」之人格的信任之後，再設法讓他自我放空，就其所提的正反面問題，作追根究柢的反答為問（叩其兩端而竭焉），從而逼出問題的癥結，使其了悟：原來正反兩面實際上不必定絕對相反對立的，這一端是陽，那一端是陰，陽中涵陰，陰裏蘊陽，此兩端原即可相通而共在同一條線上，如執著於此端，而忽略了彼端，便難於通觀全局，了解事理的真相[7]，可見「空」的智慧，是解決問題的法寶，不空，而執著一端，便易障蔀自我，讓自己受害，故《論語》：

> 子曰：「攻乎異端，斯害也已。」（〈為政・一六〉）

不執著，乃能圓成兩端而消融之，不只會看到此端的優、缺點，也能看到彼端的優、缺點，由彼此的優點而照見彼此的缺點，如是取優去缺而消融之，便懂得取法兩端的長處，而不走極端，這才是圓融的處事大智慧。

足見道德智慧是一能先冒出一超越的理想，而自見其缺憾與不足，且知求主宰自己之如何圓

---

5 參看牟宗三《智的直覺與中國哲學》（臺北・臺灣商務印書館・一九八〇年十月三版）中之十八〈智的直覺如何可能？儒家「道德的形上學」之完成〉一文。

6 參看唐君毅《中華人文與當今世界補編（上）》（一九八八年五月全集初版）中〈國人對文化應改變之態度〉一文。

7 參看戴朝福《論語闡義》（臺北・正中書局・二〇一〇年二月初版）冊二，卷九，〈子罕篇・第七章〉。

融感應的智慧。它不受知識習氣、情欲習氣及由此而來之相結合為環鏈之種種習氣所制約、規定，所以對其所引生之限制吾人思維方向之事，都能一一超拔，而不為其所支配。故《論語》：

子絕四：毋意、毋必、毋固、毋我。（〈子罕・四〉）

所謂毋意（通臆），即對事物不妄加推斷。尤其在未獲得充分證據之前，不武斷別人可能的不良動機，也不揣測事情必然的演變結果，當時時警惕自己：自認為「合理」的推測，也可能含有「不合理」的存在，如是就不會全憑自己主觀的看法，而會容納別人合情合理的異見，坦然接受不符自己先前預測的結果。

事情會如何演變，冥冥中自有安排，因此只要盡心盡力即可，不要一廂情願地期其必須實現（毋必），否則會徒增無謂的心理壓力，逼使自己採用非常手段來促成，此不但會給自己帶來麻煩，也可能帶給別人困擾，乃至因而付出慘痛的代價，此便叫欠缺智慧。

「必」是以人虛構的想像去期必未來，「固」則是以執守過去的行事經驗模式來限制現在；但由於凡事多有其複雜性與差異性，主客觀的情境亦常瞬息萬變，人實難以有限的經驗，作為「以不變應萬變」的處事法則，故只能參考，不能墨守，否則會陷為頑固、僵化與迂腐。

而「毋我」的我，指的是執著於名利權位、美貌知識等等外圍的假我，此與仁心之自主自信，求與一切人真誠感通之無限心的真我迥然有別，人如一味追求假我，自私自利，不擇手段，便易陷為扭曲性情，出賣良心，傷天害理之事層出不窮的後果，即便僥倖逃過牢獄，也會活得痛苦不自在[8]，凡此受情欲習氣等等所桎梏的處事態度，都有礙於道德心靈的自覺，故孔子絕之。

開發道德智慧，除了要摒棄「意、必、固、我」的心習，更要自我提撕仁心的自覺，在知上，須超越一切，平等對待事物，通觀整體，分辨背後的意義與價值，以此判斷它的應不應該，這是仁心的平等慧；在行上，要就當下所具的主客觀條件，做我所應做所能做的事，此以特殊事物如何來感，我即如何而應，不滯於一特定之應的方式，而心恒能超越、涵蓋之，過而不留，以差別還差別，這是仁心的差別慧。兩慧相依以立，互為平等，又宛然差別，此即是人生處事的大藝術[9]，故《論語》：

子曰：「君子之於天下也，無適也，無莫也，義之與比。」（〈里仁．一〇〉）

明儒王船山謂：「惟於處天下之人，應天下之事，則天有時，地有利，人有情，物有材；此之所可者，在彼不可，此之所不可者，在彼則可，因吾身之安，順事物之宜，而不執一成之法，以強天下，則無往而不合義矣。」[10]

---

8 參看曾昭旭《論語的人格世界》（臺北．漢光文化事業公司．一九九一年四月五印）中〈由真變假的陷阱〉一文。

9 參看唐君毅《中國文化之精神價值》（臺北．正中書局．一九八四年十一月初版五刷）中〈第八章　中國先哲之人生道德理想論（下）〉一文之六。

10 引自王船山《四書箋解》（臺北．廣文書局．一九七七年一月初版）卷三。

誠然，行事要合於義，須提撕自我，時時把心擦亮得如明鏡一般，全體瑩徹，無纖塵染著，如是面對境物乃能作對象當、性質當、程度當的如實心情反應，心情不偏，事理不偏，行事乃能心物相與，各如其分，而應付得宜，此即是「中庸」的大智慧。《論語》：

子曰：「中庸之為德也，其至矣乎！民鮮久矣！」（〈雍也・二七〉）

中庸的智慧是一追求事事恰當，而不是事事完美的智慧，人世間的事原本都很難完美，講如何圓融處世之《易經》六十四卦終於〈未濟〉，即暗示了此一訊息。中是態度上的不偏不倚，庸者，用也，通也，能合宜地用於事物，通內外、人我、天人，發而皆中節，各得其當，即謂之中庸，這是《論語》所講的處世之道的最高明智慧，故說「其至矣乎」。

程子曰：「不易之謂庸。」不易即平常，正因為它平常，故人雖有存在面上的物氣，只要發心立志，處處率性而行，依理如如做去，時時反求諸己，乃原則上都可以水到渠成，求得中庸的智慧，昏昧渾噩過日的俗眾，自難以陶養出它，故「民鮮久矣」。

「民鮮久矣」是感嘆話，也是鼓勵話，人雖不易修成，走一步卻都有一步的價值，畢竟透過圓融的道德智慧，讓生活過得更趨藝術、完美，這正是大家想追求的理想人生目標。

此圓融的道德智慧，不是純從理論上講說，而須從日常生活中去實踐、彰顯。以下謹就宗教、政治、教育、及各項食衣住行的生活細節，談《論語》給我們的大智慧。

三、道德性的宗教情懷與為生活而宗教的藝術

由於人心無限，自然會不甘於自身存在的種種有限（特別是人之壽命，不論或長或短，誰都不例外，終究要步步逼近死亡），於是有想掙脫現實，而能獲得一超越界之無限存在（追求永生）的企望，為了慰藉、滿足此無限的欲求，各種蘊涵人生「終極關懷」的宗教，遂應運而生。宗教講的是超越界，其所信的鬼神，自亦屬超越的存在，鬼神之神力、神性、神格如何，都在各宗教的神話中，人是無法用理性（以其超越故）去推知其真偽，用邏輯去析解其有無的，即便爭論，也難有滿意的答案，徒增彼此之對立與不快，造成人際間和諧氣氛的破壞而已，此所以《論語》：

子不語：怪、力、亂、神。（〈述而・二〇〉）

子曰：「道不同，不相為謀。」（〈衛靈公・四〇〉）

尤其「一神論」者，其信徒只把自己信奉的教主，視為世上「唯我獨尊」的真神，容不得其他宗教的不同信仰，於是與異教徒相互鄙視，致而發生很多無謂的爭端，產生很多無謂的世仇，宗教之勸人為善的基本精神，遂變質為相互隔閡，乃至交相殘殺的根源，此實是人間的大不幸。

儒家就沒有這樣的信仰上問題，它把人生的價值重心放在現實存在面的生活上，所追求的是

如何讓每個人都能修身養性，推己及人，奉獻社會，以共同創造更美好的生活，在成人所以成己的氛圍中，使自己成為現實中之有意義的人，其所求的永生，也只是求如何讓自己美好的表現精神，能永遠為後代人懷念，永遠活在生人的心中而已。每個人既是現實存在界的生人，就應先側重在「生」與「人」的問題，而不是把心思放在「死」與「鬼神」上，這便是人生的一種智慧。《論語》：

> 季路問事鬼神。子曰：「未能事人，焉能事鬼？」曰：「敢問死？」「未知生，焉知死？」（〈先進．一一〉）

誠然，人的現實存在是有一定存在狀態的在，而鬼神的在，則有賴吾人從對其如何存在於幽冥世界之狀態的想像與推測中，加以超化，由自己誠摯的生命，與其神格精神感通，才能領受「洋洋如在其上，如在其左右」，而直覺其存在，說得更明白些，祂的存在，無關乎本體或現象，也無關乎主觀或客觀，而是一超絕乎本體現象、主觀客觀之「亦有亦無」的存在，此即：致祭者當時倘有真實的感情，當下的所祭者即有「如真」的存在，此「如真」的「如」字，是比類詞，不是宛如詞，宛如者，乃本不存在，而視之為存在；比類者，則對鬼神之是否存在置而不論，只求致祭者當以同於事生者的態度去祭祀，則此時鬼神的「如真」即「真真」也[11]，此即是「祭如在，祭神如神在」（〈八佾．一二〉）的精義所在。這種感通中的存在，倘若還要再追根究柢去討論其是否為真實的存在，必會陷為永無止境的爭辯，將不知入幽而返於明，此忘忽人倫日用的當下生活，將徒增現實人生之問題的困擾。

復次，生死、人鬼原來就在同一線上，苟無「生」，何來「死」？苟無「人」，何來「鬼」？人在當下既是一活生生的存在，一真實的「人」「生」，死生相通，如何能捨近求遠？而現實的人，乃與天地萬物都具有生生不已的真幾，只要存誠以充之，積健以體之，富有日新，德盛化神，便可臻於天人合一之境，而不滯於小己之形，為死生所困；死生不分，圓融自在，雖不言佛家之「無住涅槃」，實已真無住於人生中[12]，此所以孔子要子路從根上去徹知「人」「生」，以了悟鬼神與死之理。

這當然不是說我們只應重視「生」，不應重視「死」，只應重視「人」，不應重視「鬼神」，而只是強調現實存在的人，當以所面對的現實生命、生活為主軸，故《論語》：

樊遲問知。子曰：「務民之義。敬鬼神而遠之，可謂知矣。」……（〈雍也．二〇〉）

「務民之義」是說人應就個人現有的主客觀條件，盡自己所應盡所能盡的道德義務，去修養自己，服務人群，才不枉費此生。而「敬鬼神而遠之」的「敬」，正說明了對鬼神不但肯定其存在，更是對其神性、神格的尊敬，（〈鄉黨．六〉記載孔子祭祀前「齊，必有明衣，布。齊必變

11 同註7，冊一，卷三，〈八佾篇．第一二章〉。

12 參看熊十力《讀經示要》（臺北．洪氏出版社．一九八三年十二月五版）卷一及卷二。

食，居必遷坐」，在在表示了其內心求與神感通的真誠態度），能對神性、神格尊敬，便具有了一種根本的宗教信仰情懷。

在中國人的觀念裏，特推「天、地、君、親、師」為五尊，為了表示對「五尊」的崇敬，於是衍生出「祭天地、祭聖賢、祭祖先」之生活中的「三祭」宗教活動。祭天地，表示對生長萬物之原始者的崇拜；祭聖賢，表示對一切人之文化命根奉獻、創造者的敬重；祭祖先，則表示不忘我之生命所來自者的恩德（民間俗尚乃至相信生活中之事物皆有神，如門有門神，床有床神，……一切對我日常生活之安定、享樂有直接或間接貢獻者，皆可視之為神，而膜拜感恩之，〈雍也・四〉記載子謂仲弓曰：「犁牛之子，騂且角，雖欲勿用，山川其舍諸？」〈八佾・一三〉記載王孫賈問曰：「『與其媚於奧，寧媚於竈。』何謂也？」子曰：「不然，獲罪於天，無所禱也。」所論雖各有其章旨，卻也襯托出山川、奧竈等等都是民俗膜拜的神祇，足見傳統民間是「多神」的宗教信仰，此自不同於西方「一神」宗教徒之只追隨教主，求到一個永恒的天堂去，而只是為了崇德報恩，透過祭，使其崇高精神，與我之虔誠的心靈相通相契而已。）

除了對鬼神表示崇德報恩外，孔子講「敬鬼神」，亦同時含有借對其精神（神性）的效法，回過頭來反省自己亦有神性之意（「天命之謂性」，天有神性，人為天所生，自亦有天賦的神性），此由幽返於明，由敬神轉化為敬己，借以策勵自己修天德以成人德，以在生活中實踐，正說明了人在祭祀鬼神之時，心存一大虛懷，了解自己的有限，而願向神學，讓神性因我之覺醒與效法，更彰顯於人間，此即表示對鬼神之敬的最大真誠[13]。即見儒家之事鬼神，所重在對鬼神之禮，而不重在對鬼神之禱，禱以求為本，禮以敬為本，禮敬是一全無求報之情，它是全然脫離功利習氣，純是一種「就義上之所當然，做所當做」的態度。

人的宗教信仰，除了想為人生找真諦，也想為現實的艱難生活問題尋出路，故原本對鬼神功德之神性神格的敬，很容易轉化為對其神力的盲信，從對鬼神的求感通，變質為對鬼神的祈助，如此不但可能會鬆懈自己努力的鬥志，無意間也會陷視鬼神為「利用祂來完成一切慾求之滿足」工具，侮蔑了鬼神而不自知，此不只無法轉化為敬己，反成為對鬼神的大不敬。

尤有甚者，人如對神力盲信，而生發宗教狂熱，必易淪於對相關神職人員的權威崇拜，不知不覺中使自己的精神降落，陷為隨他指揮的機器，誤認為自己不理性的表現，為宗教活動，為神力加持的結果，由是而生「我之行為即神靈的示現，我當下即同一於神」的傲慢，世間之瘋狂宗教徒之所以會排斥、敵視乃至用殘忍手段屠殺異教徒，而自視此為神聖之舉的入魔現象，皆導因於對宗教的盲信與迷信[14]，為免此弊，孔子談宗教信仰，除了要「即」之，也要「離」之，故「敬鬼神」，還特別強調要「遠之」。

由上孔子「敬鬼神而遠之」的信仰智慧，可知儒家對神的神性，視為既「超越」又「內

13 同註7，冊二，卷六，〈雍也篇‧第二〇章〉。

14 參看唐君毅《中國人文精神之發展》（臺北‧臺灣學生書局‧一九八四年七月六版）中〈精神上的合內外之道〉一文之五。

在」，有別於一神教之視神只有超越性而無內在性，正因視其神是一絕對、唯一的超越，世人皆無，故人人必尊崇祂的「唯我獨尊」，也唯有祂具絕對、唯一的超越神性與神力，故人人必須全心皈依、追隨祂，才真能得救而永生，此為宗教而生活的專一信仰，固可顯出宗教的高明性格，卻也隨之帶來排他性，而有各種無謂的宗教對立與衝突。儒家視天、地、人（聖賢、祖先）都有超越的神性，都可借祭祀者人神感通來提撕自己內在神性的自覺，故能包容、尊重一切神祇，此為生活而宗教的信仰，除了有其高明的性格，亦有其博厚的性格，而不致有不同信仰之相互對立、排斥的弊病。試觀今日民間的廟宇，除了主神之外，還一并供奉很多其他的神祇，供普羅信眾一起膜拜，此神人和諧，主要導源於儒家高明且博厚之生活智慧的陶冶，能各尊其所尊，各信其所信，故中國人的社會，甚少有宗教信仰上的對立與衝突。

上述之論，是從形上意義去談儒學的宗教信仰，而民間的信奉鬼神，主要還是在求神力的祐助，這雖是第二義的信仰，但能為生活而宗教，也同樣為儒家所認同。故《論語》：

鄉人儺，朝服而立於阼階。（〈鄉黨・九〉）

儺是古時迎神以驅鬼逐疫的一種祭儀，以沿街表演儺舞的方式為之（近似當今民間的迎神賽會），有感於此「不論彼此相不相識，皆一視同仁，沿街代全鄉民祈福」之大義，孔子特穿著朝服，鄭重地站立在阼階之上迎接，以表謝忱，至於這是否為迷信的宗教活動，已無關宏旨了。

一般人之祈福，一方面固是相信神有超越的解困力量，一方面也相信神具慈愛的神性，有求必應，只要祭祀真誠，應可遂事，此相信神力、神性，而絕對依祂，即便不能遂事，至少也聊可獲得「已盡人事」的撫慰，而得到心靈的安頓感，此固無可非議，但孔子仍希望在祈福的同時，能進一步促進人神高層次的精神感通，《論語》：

> 子疾病，子路請禱。子曰：「有諸？」子路曰：「有之；誄曰：『禱爾於上下神祇。』」子曰：「丘之禱久矣！」（〈述而・三四〉）

「丘之禱」有別於一般信眾之單邊求鬼神降福的方式，而在雙邊之先求自己平日行善，再求鬼神之能迴響（當然道德的行為表現乃原則上是無所求的），從此嘉言善行中去感格鬼神，而蒙其護祐，這才更彰顯鬼神具「善給善報」的神性，善人獲得鼓勵，人間亦才展現出德福一致的圓善，如是乃能勗勉世人，在神前必要有平日的善行，即或乏善可陳，至少亦必懷有真誠懺悔之情，乃敢求神助，有此心靈，求神亦才不失其敬[15]。

敬是禮之本，而禮者，理也，它是要合乎情理的，此即合乎情理地對鬼神表示敬，這才真正是敬鬼神，《論語》：

> 子曰：「非其鬼而祭之，諂也。」（〈為政・二四〉）

---

15 參看牟宗三《圓善論》（臺北・臺灣學生書局・一九八五年七月初版）中第一章之附錄文。

人死為鬼。鬼者，歸也，意謂其精神屈而入於幽，如卷而退藏於天地之密；而神者，伸也，意謂其精神能往而復來，重伸而出於幽，達於明，以放而彌諸六合。

每個人都有其祖先，他們是我之生命之所來自，我感其予我以生命之恩，代代不忘，永遠活在子孫心中，故對我而言，他們是神，然而由於他們無如聖賢之對歷史文化、整體社會有特別貢獻的業績，故對一般人而言，他們是鬼，不是神，我之對祖先，感念、尊戴其直接或間接生我、長我之恩德，於祭祀時自會生發報恩的意識，而求精神與之交相感通，至於他人的祖先，與我全然無涉，精神互無所寄，故於情於理即不應祭，祭之便流於巴結（諂）了。

政治人物之為百姓祭神祈福，也同樣要拿捏分寸，力求合情合理，此即他應考量現有的分位，去祭他所當祭的神，《禮記》謂：「天子祭天地，諸侯祭社稷，大夫祭五祀。天子祭名山大川，……諸侯祭名山大川之在其地者。」[16]這樣的古禮規定，不是頑固地在呈顯封建之各階官吏的高貴，而在借祭神的等級區分，來加強為官者各對其大小不同之職分上之應盡的政治道德義務的心靈自覺，故季氏之旅泰山（〈八佾．六〉），孔子批評他僭禮，而商湯為天下之至尊，他代全民向天祈雨，禱告文中才會生發「朕躬有罪，無以萬方；萬方有罪，罪在朕躬。」（〈堯曰．一〉）之想要全然為百姓承擔一切生活福祉的責任感。

綜上所述，可知儒家對鬼神，採的是亦即亦離的態度，所以敬鬼神，而不致流於迷信；它敬重天、地、人，乃至肯定其他事物都有神性，所以能接納一切的神，沒有排他性，故不會發生宗教上的對立與爭端；它視神性既超越又內在，故祭祀不在皈依祂，而重在與祂感通，從而反求諸己，亦當效法、學習祂，以修己德（如上述之祭不陷為巴結、政治人物之借祭而陶養出服務、奉獻人群之使命感的道德意識等等），以彰顯自己的神性，這就是孔子的宗教智慧。即見儒家是道德性的宗教，不是祈求性的宗教，是感通性的宗教，不是追隨性的宗教，它雖也肯定求神助可以安頓現實心情，但主要還是在借宗教來提升自己的心靈層境，它沒有每天繁文縟節的宗教儀式，過著為宗教所遷就的生活，只重在三祭儀式中的真誠感通，所以它是為生活而宗教，不是為宗教而生活。

四、為政以德及正名的政治意義

論及政治，一般人多用負面的角度去看它，說它是爭權奪利的舞台，是鉤心鬥角的場域，是高明的騙術。

誠然，自古以來，王朝的更替，乃至今日民主時代的選舉，當事人無不用盡手段爭權，掌權之後，又很少不極盡貪污、造假之能事，……從現實面看，政治的確十分齷齪，也難怪很多人會視它為畏途，且把從政者當成是人格出賣者，而不想去關心政治。

其實，政治是眾人的公事，不論大事小事，都對每個人的生活福祉影響深遠，你不管政治，

---

16 引自《禮記・王制篇》文。

政治照樣管你，任誰都逃脫不了，再怎麼無奈，也都得面對它。為了導正從政的歪風，以實踐政治理想，奉獻國家社會，儒家特從本質上去言說政治的莊嚴神聖性，借以加強從政者之政治上道德義務的自覺。《論語》：

季康子問政於孔子。孔子對曰：「政者，正也；子帥以正，孰敢不正？」（〈顏淵・一七〉）

子曰：「其身正，不令而行；其身不正，雖令不從。」（〈子路・一七〉）

子曰：「苟正其身矣，於從政乎何有？不能正其身，如正人何？」（〈子路・一三〉）

政治是管理眾人的「公」事，每個從政者都必須一本「公正」的心去從事，才符合「政」的本義，所謂「公正」的心，就政事言，即是從政時要去除個人私心的好惡，而當皆以百姓普遍的好惡為好惡，一切「因民之所利而利之」（〈堯曰・二〉），以增進全民的生活福祉為依歸，即見在儒家的理念裏，人民才是國家的主體，政治即在為此主體服務、奉獻而存在，而顯意義與價值，不是為領導人而存在（〈顏淵・九〉）謂：「百姓足，君孰不足？百姓不足，君孰與足？」即蘊此義）。

就個人之修身言，從政亦最易陷於權、利的誘惑中，迷失自我，忘卻原本服務、奉獻的初衷，終至變質為借政治來營私，而不顧人民的死活，所謂「絕對的權力，絕對的腐化」，此所以

「政」特在「正」字的偏旁，加上「攴」字。《說文》解釋「攴」云：「攴，小擊。」从又卜聲：又者，手也；卜通扑，即鞭子，意謂手執扑以鞭策也[17]。換言之，政治也是修身的最佳場域，人可於從政中，時時用「正」來鞭策自己，提醒自己，萬勿為權利所誘；唯能正己，以身作則，才能感格屬下，使大家都自我警惕，不敢妄為，故「子帥以正，孰敢不正？」「其身正，不令而行。」「不能正其身，如正人何？」

顯然可知儒家重在「為政以德」（〈為政・一〉），不只領導人當「先之，勞之」（〈子路・一〉），現身說法，引導屬下，使之亦能全力以赴，不貪不取，上下密切配合，讓政事運作步向正軌，展現效率；也同時要引導百姓，在物質生活的滿足之外，更要注重人文道德的陶養，此所以〈子路・九〉冉有問：「既富矣，又何加焉？」孔子答以「教之」。此即：富民只是政治的基本任務，德民才是最高使命，否則只以讓百姓富裕生活為最大政績，不講其他，無意間將導民陷溺在無限的物慾中，精神沈淪，極可能作姦犯科，此本當愛民、興民的政治本質，便易變質為殘民、激民，故對百姓，亦要注重「為政以德」，《論語》：

> 季康子問政於孔子，曰：「如殺無道，以就有道，何如？」孔子對曰：「焉用殺？子欲善，而民善矣！君子之德，風；小人之德，草；草上之風，必偃。」（〈顏淵・一九〉）

---

17 見《說文解字段注》（臺北・藝文印書館・一九六六年十月十一版）第三篇・下。

「如有王者，必世而後仁。」（〈子路．一二〉）要用德性來感召人，談何容易，即便聖君，也要歷經三十年的漫長歲月，才能使百姓逐漸普遍陶冶出道德心靈的自覺，而看到顯著的績效，雖然如此，只要堅信人性本善，人人性中都有天理、理性，在位者以身作則，順人性人情之自然中所固有之達道來引導，而不是用外在於「人」的概念設計，私意立理，硬生生壓迫在人民身上來實施[18]，久之，百姓就可如草必順著風吹來的方向披靡一般，自然潛移默化。

當然，人有現實存在的物氣，一味實施德化的治道，未必全然能竟其功，必須輔之以「他律」的強烈性制約工具，雙管齊下，才更易見效，故儒家不否定「法」存在的價值，也主張暫時兼用它來治國，《論語》：

> 子曰：「道之以政，齊之以刑，民免而無恥；道之以德，齊之以禮，有恥且格。」（〈為政．三〉）

此章所謂的政刑，指的是合情合理的政令與法律，它是依於道德理性所建立之防止個人或團體謀私害人的行為規範；防止不法，必須具強制性，才能嚇阻人民，使他們在恐受嚴懲的壓力下，不敢妄為，而達到安定社會的目的，但它畢竟只是壓制人之氣質性盲動的工具，使人「被動」地不敢妄為，卻沒有引導人「主動」地生發向善向道的願力，故當政刑之規定內容不完備，人民在趨利避害的心理下，必會想方設法去曲解規定，鑽其漏洞，繼續謀私，且自以為這才是聰明的作法，故說「民免而無恥」；然而此雖只是治標，卻也能「民免」於一時，自對安定社會有貢獻，我們不能一筆抹煞其價值。

「道之以德，齊之以禮」，是用大家都有的道德心性來引發人的共鳴，以激發其天良，用「柔性的規範」來邀請人，以共創一個人心光互映的高層次秩序[19]，它具有道德的合理性，也兼顧了道德的自由性（合情性），故易引導人主動去充分實現其良心善意，就道德的本質言，自較政刑之「強制的維持」要來得更具意義。

可見儒家理想的德治理念，不是把政治當成一種權力，而是一種義務，也不把國家當成純粹是壓迫的工具，依民本思想，統治者是把自己融解於被統治者之中，渾為一體，其間並沒有明顯的階級對立，人與人之間，不重在從外面的相互關係上去加以制限，而重在統治者善用人類固有善性的共鳴，去誘導、薰陶，以引發人民的道德自反自覺[20]，唯人人自反自覺，這樣的「主動」氛圍，才真能建立起可大可久的安定政治與祥和社會，此對政治不只重「暫時性」的現實，更有遠見地為「永久性」的理想找良方，這就是儒家的高明政治智慧。

講德治，不是只講如何用德、禮去治人民，統治者更要以德、禮去治其自己；而禮的精神在

18 同前註。

19 參看曾昭旭《孔子與他的追隨者》（臺北・漢光文化事業公司・一九九三年七月初版）中〈道德生活的外部考察——禮〉一文。

20 參看徐復觀《學術與政治之間》（臺北・臺灣學生書局・一九八〇年四月臺一版）中〈儒家政治思想的構造及其轉進〉一文之二。

敬，敬是約制自己，且能肯定、尊重別人的人格價值，由是所生發的禮讓意識，不只可以讓德，乃至可以讓權、讓位。《論語》：

> 子曰：「能以禮讓為國乎！何有？不能以禮讓為國，如禮何？」（〈里仁‧一三〉）

西哲黑格爾認為國家不是由我一人所能建立，乃必須仰賴古往今來之無數的他人一起來建立，它不是以滿足特定人或特定團體之慾望為目的，而是統整一切人、一切團體，並求能相互配合，各抑其私，而多方面貫通、統一，以求完滿成就各層面的人之各種理性活動的客觀精神表現，此即：從理型上言，它之所以能成立，人之所以能普遍承認一政府，以保有國家的主權、人民、土地，都是由於歷代無數人民以其理性活動、道德意志和融貫通，彼此相輝，前後交映，光光互攝所成的[21]。

識此，主政者當知國家是一超越我的存在，故不能視它為我所私有，人人都是國家的一分子，故它為人人所公有，國家既由人之理性活動、道德意志的和融貫通而產生，則最高領導人的「位格」尊嚴，乃原則上應為最能實現公共意志，最能以人民之道德意志為意志者，其權位也因於人民真誠之道德性的擁戴而來，知自己的權位乃他人所賦予，所擁戴，便會由中生發、加強自己的政治責任感與使命感。

念及自己的才德有限，別人亦有我所欠缺的長處，則由別人來承擔政治責任，未必不如我；為尊重別人的才德，義務與權利，對他們從政放心，主政者經常都會思有所讓；有自己做不好就隨時捲鋪蓋走路的決心，從政就不會畏首畏尾；開誠布公，全力以赴，便易有好的政績表現，故「能以禮讓為國乎！何有？」相對的，倘如主政者只想長久把持現有的權位，不能全幅散開、讓開，凡事勢必患得患失，偽裝掩飾，此不敬己、不敬人，即便推行德治，也只是表面工夫，又有何成效與意義？

主政之良窳，動輒關係到無數人的福禍生死，乃至民族、國家的盛衰興亡，責任甚為重大，知自己才德有限，而不敢保證一定比別人好，便可消滅奪權搶位的慾望，政壇能醞釀出有讓無爭的氛圍，大家只有使命感，沒有權利心，不但不會發生爭奪之齷齪的事，還能創造政通人和之理想政治情境，此所以儒家甚推崇禮讓為國的歷史人物，讚美其偉大的人格風範。《論語》：

子曰：「泰伯，其可謂至德也已矣！三以天下讓，民無得而稱焉。」（〈泰伯・一〉）

泰伯是周之先祖太王的長子，太王有意傳位給三子季歷，好讓季歷以後傳給其子之具有聖德的姬昌（即後來的周文王）繼承，泰伯也認為唯有如此，才有可能匡救危亂的天下，於是一借父之病危，遠赴荊蠻，假採藥之名而不歸，不如此，其賢父礙於禮制，便下不了傳位給季歷的決心；他甘冒不孝罪名，二借其父死，故意不回來奔喪、守孝，不如此，其賢弟亦下不了繼位的決

---

21 參看唐君毅《文化意識與道德理性》（臺北・臺灣學生書局・一九七七年四月四版）中第四章〈政治及國家與道德理性〉一文之八。

心；其後又三借從荊蠻「斷髮文身」的陋俗，寧受「忘本失禮」之譏，也要讓其弟死心，斷定其兄之不再回國，此為了成就國家天下之大我而三讓，寧可犧牲小我，遭受世人誤解、辱罵之不見光彩，不露痕跡的表現（此所以說「民無得而稱焉」），非有一隱己成人之禮讓大胸懷，如何可能？故孔子甚讚美他「其可謂至德也已矣」[22]。

「禮讓為國」更是儒家所嚮往之政權交替的理想方式，如此，才能使主政者從彼此和平、和諧的歡愉情境中得位，而不是從爭奪、戰亂的肅殺氛圍中搶權，故儒家論及政治，總以堯讓舜、舜讓禹的「禪讓」方式為美談，《論語》：

> 堯曰：「咨！爾舜！天之曆數在爾躬，允執其中。四海困窮，天祿永終。」舜亦以命禹。（〈堯曰・一〉）

「禪讓」之傳說，雖不必定真為史實，但以之「立象」，把政治形態之高遠理想放在歷史的開端，其義即在要人將它作為政治的準則，以共勉歷史發展中努力求實現之者[23]，誠然，天下無權位之爭，唯最有才德者居其位，國家社會方能長治久安。

「咨！爾舜！」此嘆不是堯因於對自身老邁必須讓位的不捨，而是「為成就全民生活福祉」的重責大任，必須全然推給舜去承擔，平添舜的沈重精神壓力，故嘆其對舜的「不仁」之出於不得已的無奈。

堯禪讓給舜的決定，非出於「擅自」的私心，而是本乎「薦於天」的形上方式，由天來決定，天不言不語，以百姓為祂的耳目視聽，天道流行，理則內在於民，民心之所在，即天命之所在[24]；舜相堯二十八年，政績斐然，無人能及，深受人民愛戴，即見舜之得位，乃「民受之」，「民受之」即等同「天受之」，天決定了帝位屬舜，即表示了天之曆數（運數）輪落到舜身上，這是天之善的理則的示現，即便堯不忍讓舜增添政治重擔，也是無可奈何的；但人德不定，如果無限的權利，衍生出無限的腐化與墮落，天便會收回成命，故堯勉舜要時時自我惕厲，「允執其中」，一秉公心來為民奉獻，舜亦以此命辭，勉禹謹記在心，正因兩人只有使命感，沒有權利慾，故能充分散發出道德人格的光輝，《論語》：

> 子曰：「巍巍乎！舜、禹之有天下也，而不與焉。」（〈泰伯・一八〉）

不與，猶言不相關。舜、禹心中全然沒有帝王之至尊「權位」的存在，如如而受，亦如如而授，受授之間，無喜亦無不捨，其受，是為承負權位所相應的奉獻責任而受，其授，也只循公不依私（禹子啟賢，天下屬意焉，禹之讓位給啟，也是順「啟最能承擔責任」之不避親的公情），無所謂得失，心中只是天理流行，故說權位與他們「不相關」。

---

22 同註7，冊二，卷八，〈泰伯篇・第一章〉。

23 參看牟宗三《政道與治道》（臺北・臺灣學生書局・一九八三年十月再版）中第一章〈政道與治道〉一文之一。

24 參看王邦雄等《孟子義理疏解》（臺北・鵝湖月刊雜誌社・一九八三年十月再版）中第三部〈政治文化〉之十。

總的來說，舜禹之所以「有天下而不與」，關鍵就在他們洞徹政治的本質在奉獻、盡責，而不在謀利、享權。不只帝王，每個從政者的名位（名）背後都有它相應的應盡道德義務（實），名實相符，樹立了「位格」莊嚴，此之謂「正名」，唯有這樣的政治自覺，政壇上的每個人才能各就各位，各盡其職，建立起了政治社會的正常秩序，才能營造大有為的政府，故論及政治，儒家特重「正名」，《論語》：

> 子路曰：「衛君待子而為政，子將奚先？」子曰：「必也正名乎！」……
>
> 子曰：「……名不正，則言不順；言不順，則事不成；事不成，則禮樂不興；禮樂不興，則刑罰不中；刑罰不中，則民無所措手足。……」（〈子路・三〉）

政治是現實的，不從現實面求解決之道，偏把「正名」的形上理念之辨識列為第一優先考量，是有相當理據的，因從反方向看：國君如無才無德，空有國君之名，而不盡其責，臣子也一樣無才無德，空有臣子之名，不盡其責，乃至人人胡作妄為（名不正），政壇上便顯不出個別「位格」的尊嚴，「位格」失去應有的尊嚴，就無法讓人對它有真誠的信念，如是他的發號施令，便易受到質疑而陽奉陰違（名不正，則言不順）；號令無法導達，不能獲得貫澈執行，一切政事必致停擺（言不順，則事不成），一切不能推行，整個國家的典章制度及社會秩序、規範就無法建立起來，人文精神的價值自無由深植人心（事不成，則禮樂不興），人人沒有正確的價值觀，一切防堵破壞社會秩序與和諧的刑罰工具，不但不能發揮作用，還可能因現實功利習氣而淪為是非不明，導致死不認罪之邪曲的人逃離了罪刑，正直認錯的老實人反受到嚴厲的處分（禮樂不興，則刑罰不中），當禮樂教化失去功能，懲罪抑惡的最後一道防線因而崩解之時，則由仁心自覺所開發出來的人文價值便不受重視，「揚善」的人生正道亦找不到出路，如是普天下的善良百姓真不知該何去何從（刑罰不中，則民無所措手足），此便陷天下於大亂[25]，這正是「必也正名」之所以列為行政治本的首要之務的道理所在。

綜上所論，儒家之論政治，雖似與現實相去甚遠，其實它是人類理想政治的指南。它主張為政以德，富民更要教民，如是百姓道德提升，明辨是非，才真能以理性「選賢與能」，落實為實質的民主政治；它所讚賞之避免流血的「禪讓」和平得位方式，不正是今日民主選舉的精神所在？它講為政在服務、奉獻，不都是今日選戰時參選人為爭取支持，所竭力強調的政見內容？它講的「禮讓為國」，也具民主政治「少數服從多數，多數尊重少數」所蘊含的精神，而「正名」的主張，除了可強化為政者的政治道德自覺，也可釐清各行政部門的行政責任範圍，免得遇事相互推諉，……即見儒家的政治理念，不只具理想性，對現實的政治氛圍也很有補濟作用，故說它甚具高明的智慧。

五、性情的陶養與教育的平等慧、差別慧

25 同註7，冊三，卷一三，〈子路篇．第三章〉。

功利社會，各行各業都競爭激烈，為增強專業技能，掌握職場上的勝券，以獲美好的物質生活，一般人總易因而認為教育其實就是客觀知能的傳授，這種「唯知第一」的價值觀，嚴重扭曲了「德、知、體、群、美」五育並重的教育本質，導致整個社會人人重知識，個個沒涵養，大家短視、功利、自私、迷糊，風俗澆薄，人心浮躁，無心也無意陶養品德。

知識可以加強道德實踐的落實，而道德卻是正用知識的指導原則，人如只重知識，不重道德，即可能在不自覺中，讓知識所生發的力量，往負面的方向走，其結果，必使個人、社會、國家比沒有知識更加沈淪，知識重要，道德其實更重要，於焉可見，《論語》：

子以四教：文、行、忠、信。（〈述而．二四〉）

所謂教，即指能啟發人之理性，並指導人運用其理性，通過各種方式的實踐，以純潔化一己的生命，以向最高理想之境而趨之謂[26]，上章即是孔子講求進德的四項施教綱領。

「文」泛指一切值得作為進德資材的人文創作，如古今賢哲的經典文獻、文學、藝術、哲學，乃至能成就人之客觀道德事業之科學等等均屬之，借著它，可增廣見聞，供人格物、窮理、致知，亦可陶冶情性，提升我們的人格涵養。而「行」即實踐，由「知」去落實「行」，從「行」去印證「知」，知行合一，那才是真有德。「忠」是做任何事都當抱持的「盡心盡力」態度，如是，即便事情做得有瑕疵，也才問心無愧。至於「信」，即信實，人在「做中學」後，不論成敗得失，都應真誠反省、檢討，借以增長處事的智慧，減少日後錯誤的嘗試，可見儒家的教育雖知德兼重，主要的還是特別強調道德、人品的陶養。

道德教育之實施要有效，不是用強行灌輸的方式即可勉強得來，最最基本的條件，在受教者要具備有「求道、學道」的寧靜心靈，所謂「定、靜、安、慮、得」，能心定靜下來，才可虛心受教，才真會有得，否則一為外物所誘，心浮氣躁，不但無心求學，還譏嘲「道德一斤多少錢」，如何可能受教？故道德教育，先要從陶冶性情入手，唯從輕鬆的氛圍中，寓教於樂，潛移默化，使人心逐漸自現實、功利層境中超拔，以成可以受教的質的，此乃對利慾心強之受教者實施德教的初步，《論語》：

> 子所雅言：《詩》、《書》、執禮，皆雅言也。（〈述而・一七〉）

詩言志，它是作者透過「思無邪」的豐富想像力，將真情至性托附在所面對的客觀境物中，以展現出來之物我、人我相融通的公情，以其是「公」情，故易感動人心，而能普遍與讀者、聽者引生精神上的共鳴，它可以讓人在不自覺中，從現實之情境中拉回，而提撕自我的本有善性（興）；可以透過作者描寫的客觀事象與感情活動中，而燭照人生的本質與究竟（觀）；它可以使人我之心易於相互涵融，而樂於彼此了解、溝通（群）；這種「溫柔敦厚」之情，過濾掉了生命的混沌與無明之後，自會對人間不如意之事，應幾而怨，也會幾轉隨轉（怨），性情坦然不

---

26 同註15，參看第六章〈圓教與圓善〉第三節。

滯，此所以實施詩教，可以在無形中感化、陶冶人，讓他心靈趨於純淨而願受教[27]。

「《書》以道事」，《尚書》的內容，主要在記述始自堯舜，終於六君子（禹、湯、文、武、成王、周公）的治國盛況，他們或採「精一執中」，或採「建中立極」的相傳心法，締造了令人稱頌的政治佳績，想當然，孔子平日應常用「說書」的方式，生動地講述這些聖王賢臣的治國歷史，使學生在「愛聽故事」的氛圍中，不知不覺地領受處事的智慧，從而景仰他們的人格風範，而思有以效法之，由是而生發了向道心志，才會增強求學的願力。

至於禮，它看似只是一種外在的形式節文，但舉手投足間，每個細節其實都蘊有它的精神義涵，孔子教學生，即是要他們行禮要執守其背後的精神（執禮），緊扣而不放失，才不致遭誤解那只是無謂的虛文，平日養成合宜的禮節習慣，進退應對就能在無形中展現文質彬彬的氣質。

性情之教，孔子除了經常強調（雅言）詩、書、禮外，可以讓人性情平和的音樂，自亦是不可或缺的施教要項。

一般人應都有這樣的生活體驗：當心情鬱悶、煩躁、焦慮、氣憤，只要哼哼歌，聽聽音樂，往往會讓情緒放平，怒氣消散，不僅如此，盡善盡美的雅樂（尤其是〈韶〉樂），更可充實心靈，使大道瀰漫我心，不知不覺地從飽滿的價值理想中奮然興起，在燦溢的精神境界中毅然上進，由是胸中全無物氣的搭掛，有的只是體道之樂，孔子即有這樣陶醉忘我的體驗，《論語》：

> 子在齊聞〈韶〉，三月不知肉味。曰：「不圖為樂之至於斯也。」（〈述而‧一三〉）

「人生而靜，天之性也；感於物而動，性之欲也。」[28]美與善統一的雅樂，因為其中有「善」的精神主導，故可消解「性之欲」的盲目鼓蕩，使人耳目聰明，血氣平和，「窮本志清」，而淨化人的氣質生命，此即：它是直根於人性，使人的性情向上提，向內收，故是具一「靜」之性格的樂，有此「靜」的作用，才能將人浮揚、衝動的情緒沈靜、安頓下來，如是才能感發人的善心[29]，此雅樂中由「善」所照映出「靜」的美，即是「人生而靜，天之性也」的本源美，亦即是與人性根源（仁）相湊泊的美，當此「靜」中之美所引生吾人對至善嚮往之情，由此情而激發出聖潔心靈時，即有浩蕩充周，無沾滯、無拘牽而與大化渾然同體的生命精神展現，這又是一種將精神往上提、往內收之「純亦不已」的動，此靜中生動，動中蘊靜的雅樂，正是孔子想主要用它作為陶養性情之素材的原因[30]，世俗一些只求宣洩情欲，只求滿足官能快感，只是助長人情緒激蕩，而讓人聽了隨之生發一向外放之物性盲動，任氣質之性，為所欲為，毫無理性約制的「鄭聲」（如當時齊人所餽之讓季桓子受之，魯定公因而三日不朝的女樂即是），自不能拿

27 參看戴朝福《儒家的生命情調——論語義理論叢》（臺北・臺灣學生書局・一九九三年八月初版）中〈論語之詩教探究〉一文。

28 《禮記・樂記》文。

29 參看徐復觀《中國藝術精神》（臺北・臺灣學生書局・一九八四年十月八版）中〈由音樂探索孔子的藝術精神〉一文之十。

30 同註27，參看〈論語的樂論及樂教〉一文之三。

來作為性情教學的素材，此貌似而神非的迷迷鄭聲，娛人也過，惑人也深，故孔子加以禁絕，正見其「樂則〈韶〉、〈舞〉，放鄭聲」（〈衛靈公・一一〉）只選擇雅樂作教材，是一實施性情之教的高明智慧。

孔子之德教，除了上述之詩、禮、樂的性情陶養教育，在課講經典義理的思辨上，也常論之精闢，故勉其弟子，將來從事教職工作，務必要從弘道的大方向著眼，《論語》：

子謂子夏曰：「女為君子儒，無為小人儒。」（〈雍也・一一〉）

一般俗世的講師（小人儒），常只溺情典籍，專注在務章句的考據與訓詁上，這樣的教學，只會在「認知」的層面上打轉，引不起精神生命的共鳴；「君子儒」則重義理的闡述，心在世道，除了自勉要有行道之志，憂國憂民，也要引導學生，培養出時代的使命感。

道德教育重在道德心靈自覺的提撕，每一個人都有天賦的善性，善性中都蘊有天理，蘊有是是非非、善善惡惡的義理，當人表現得好，我們自然會肯定、讚美他，當人表現得差，我們也自然會排斥、厭惡他，此即證明了人性中的理，與外在事物之理是相契相應的。人同此心，心同此理，人心既普遍都有是是非非、善善惡惡之理，則無人不可學，亦無人不可受教，道德教育自是對一切人開放，此即是教育的平等慧，故《論語》：

子曰：「有教無類。」（〈衛靈公・三九〉）

人人既都有平等的受教權，則只要是人，不論其個人的特徵（如性情、年齡、性別）如何，身世之貴賤如何，家境之貧富如何，天資之智愚如何，德性之賢不肖如何，……要之，不論他是那一類的人，都同樣可以受教，此有教「無類」的主張，不徒為一種教育的理論，孔子更落實到他的教學生涯中，如孟懿子是世卿子弟，仲弓是賤人之子，子貢的貨殖屢中，顏回的簞食陋巷，高柴的愚昧，曾參的魯鈍，子路的剛勇，冉求的怯懦，子羔身材的矮小，澹台滅明容貌的醜陋，……無一不可入孔門進學受教，甚至如達巷黨人、互鄉童子、空空鄙夫，泛泛或人等來請益求教，亦莫不竭力相告。對不夠積極進取的人，也時時抱持著「我深信他終必振作，而不期待他何時才自覺，才振作」的精神去教導，此「有教無類」、「誨人不倦」（〈述而・三三〉）的態度，所顯的即是一大愛無私之博厚的教育襟懷，故後世尊稱他為「至聖先師」、「萬世師表」。

道德教育雖對一切人開放，但施教要有成效，最起碼的要求，在於當事人要有真誠的受教意願，無此意願，教師再怎麼用心，他也學不來，故《論語》：

> 子曰：「自行束修以上，吾未嘗無誨焉。」（〈述而・七〉）

拜師禮象徵著人真心求學的開始，也是對老師的尊重，只要在儀式上能親自在老師面前，雙手捧著贄物以奉上，有此誠摯的態度，不必定要獻上玉帛之類的貴重禮品，即便只是至輕的「束修」[31]，能充分表示了拜師求學之出於內心的主動與真誠，孔子自會收徒傳道，「未嘗無誨焉」，因只有學生真心接受開導，於老師指點之昏昧不足處，他才會反省、改進，否則言之諄諄，聽者藐藐，對教師與學生，都是一種教育資源的浪費，對「道」更是一種無謂的蹧蹋。

學生是教育的主體，教師只是一助緣，所以教學除了要有平等慧，也要有差別慧，因人是活的，教師不可依自己的意願，來塑造通篇一律的學生，乃必須依於學生個別的差異，予以個別的氣質成全，此所以弟子之問仁、問孝、問政治……等等，孔子各有不同的開示，主客觀條件不同，程度不同，教學深淺自有差別，此因差別而應以差別，即是一種教學的藝術，亦即是一種高明的智慧展現。《論語》：

子曰：「中人以上，可以語上也；中人以下，不可以語上也。」（〈雍也・一九〉）

社會上絕大部分都屬中人，這是施教的主要對象，所謂「中人以上」應不專指上智的人，而是兼指肯努力上進，跟得上一般程度以上的常人；同樣的，「中人以下」亦非專指下愚的人，乃是兼指不肯努力上進，以至其程度跟不上一般人的常人，要之，要為中人以上或以下，端看自己上進或下墮為準。可不可以語上，在教材、教法上要依個別對象去調整，教材、教法過低、過簡單，不但引不起學生的學習情趣，也易造成學生無謂的學習懈怠與傲慢；教材、教法過高、過艱難，也讓受教者無法接受、消化，終必失去自信，致而自暴自棄，故如何能調和適中，實是考驗教師施教的大智慧。

除了程度的高下，對氣質上的不同偏蔽，也要因材施教，《論語》：

子路問：「聞斯行諸？」子曰：「有父兄在，如之何其聞斯行之？」冉有問：「聞斯行諸？」子曰：「聞斯行之。」公西華曰：「由也問聞斯行諸，子曰：『有父兄在』；求也問聞斯行諸，子曰：『聞斯行之』。赤也惑，敢問。」子曰：「求也退，故進之；由也兼人，故退之。」（〈先進・二一〉）

子路急躁、粗率、逞強（兼人），這種個性很可能因事前思考欠周，便橫衝直闖，致而容易遭到挫敗，故孔子為他踩煞車，告誡他行前應多請教社會經驗豐富的長者，此一則可借以集思廣益，減少錯誤的嘗試，二則亦可借以提撕他敬長尊賢的意識，領受自身的不足，才會收斂自己，敬謹自己，而不致目空一切，凡事小看，忽略了實踐中可能潛存的艱難與危機。

而冉有怯弱、退縮，這種個性常不免凡事考慮再三，不敢果斷，此雖或有慎重的好處，卻也可能因躊躇不前，而坐失良機，為免他顧首畏尾，拿不定主意，故孔子勉勵他當敢於進取，「聞

31 有關「束修（通脩）」，歷來註家各有不同解釋，或謂指十五歲的人，或謂為約束修潔之意，《皇疏》云：「束脩，十束脯也。古者相見，必執物為贄。贄，至也，表已來至也。……束脩最是贄之至輕者也。」今採《皇疏》義。

斯行之」。

孔子之勉兩人之或退或進，用意只在借以提醒他們，隨時要注意心靈自覺，留意自己的偏向，懂得自我修正，以免陷入氣質的錮蔽，並非說他們往後凡事都要改退為進，或改進為退，此所以沈無回云：「凡行當有時中之妙用。二子各以氣質之成見障之，夫子一進之，一退之，成見去而其中之神明變化自主矣；非謂求必進，而由必退也。若一於進退，又是執一矣。」[32]

道德教育與一般知識的傳授不同，一般知識的傳授是以人為主體，所要學的對象是知識，是相對於人的客體，而道德教育不只是把人當對象，且要把自己放在對象之中，這正如用一面鏡子照看自己一般，只要用心，就可了悟自身生命存在的現況，這套生命學問，全然是自己的事，任何人都幫不上忙，正如餓了，須自己吃飯，別人沒法代你吃，止你餓[33]，所以教師不能用灌輸的方式，必須採用啟發的教學方法，《論語》：

子曰：「不憤不啟，不悱不發；舉一隅，不以三隅反，則不復也。」（〈述而・八〉）

啟發的教學，主要即從學生的具體生活中，找一事來印證、開示，然後使學生將此印證、開示的心得，如實地收歸到自己身上，才真算有所了悟。此印證、開示的最佳契機，即在學生有真實生命躍動之展現之時，「憤」（心求通而未得）、「悱」（口欲言而未能）正是此最佳的生命狀態，教師能緊扣此適當時機來指點，學生才會有最深刻的領受，正如草木之獲得及時雨，最有助於其滋長一般，「憤再啟，悱再發」，教師所等待的，正是此一時刻。

然而人生的問題無限，教師要一一啟發，其實也啟發不完，故而話中常會有一些含蓄與保留，供學生去自我開發，若其問一事，便只安於此一小知，不能保任生命「不容已」的躍動，而自甘為一個「不曰『如之何、如之何』者」（〈衛靈公・一六〉），孔子自也不再提示他，以免他視師言為嘮叨，且無形中容易讓學生養成自我棄責與依賴，故「舉一隅，不以三隅反，則不復也」。

當然，道德教育不只重在義理的啟發，更須落實到生活中去實踐，從實踐中展現出來之「無方所」的智慧，更可以讓學生契會「道」的精神所在，此即所謂言教不如身教也。《論語》：

子曰：「二三子以我為隱乎？吾無隱乎爾。吾無行而不與二三子者，是丘也。」（〈述而・二三〉）

儒家講的道，原即都在日常生活之中，雖然極其平實，不露精彩，但學生還得要就自家日常用行處，用心體勘，才能處處與之覿面相遇，尤其孔子的作止語默，無非天理流行，都是「人生之道」的現身說法，都是生命的學問，沒有半點造作，一切都赤裸裸展現在大家跟前，故說「吾無隱乎爾」，學生求道要有心得，當自求努力，才能體得其中三昧。

32 引自日人・竹添光鴻《論語會箋》（臺北・廣文書局・一九七七年七月再版）下冊，卷十一，第二十一章。

33 參看唐君毅《病裏乾坤》（臺北・鵝湖出版社・一九八四年五月再版）中〈人學〉一文。

道德教育有深有淺，其淺處，大家都可以從孔子日常身教中領略一二；其深處亦只有涵養深厚之弟子如顏回者，始能體悟深不可測，大不可量之「純亦不已」的德性生命。《論語》：

> 顏淵喟然嘆曰：「仰之彌高，鑽之彌堅；瞻之在前，忽焉在後。夫子循循然善誘人：博我以文，約我以禮，欲罷不能；既竭吾才，如有所立，卓爾。雖欲從之，末由也已。」（〈子罕・一〇〉）

顏回「仰高、鑽堅、瞻前、忽後」的讚嘆，說明了他領受到孔子「所存者神，所過者化」的生命精神中，能對一切的日常生活，作各種意義與價值的創造，他的言行舉止表現，能普接眾機，不限在感覺界上只連結這一件事，或那一件事，而是全幅人文世界價值世界的肯定與創造[34]，此即：他不執著於任何特定的價值觀念，能於各種特殊的情境下，求各自相應的價值實現，所以他的人格精神雖深不可測，大不可量，但表現出來的，既高遠卻又平實，平實，所以讓人感到親近，而覺得人人都學得來，高遠，雖具有神秘性，卻可引領著大家的好奇，從不斷探索中自我精益求精。

其實儒家的道德人格教育，不論或淺或深，無非都教人在人倫日用中去作各方面的實踐（博我以文），而每一事都有一個天理，能從實踐中去學存此天理（約我以禮），這便是修養工夫，修養過程中，領受到一切所遇所學之人事中都有著種種的精神生命在那裏躍動，從而引生我之道德心靈的共鳴，故「欲罷不能」，這樣的由淺而深，由近而遠，循次漸進的「循循善誘」，都可讓學生忘了自我，陶醉其中，而此所顯的，正是孔子實施德教之極高明的智慧。

綜上所論，可知儒家德教的實施，先用詩、書、禮、樂之「寓教於樂」的輕鬆方式，來陶治人的性情，使人人心平氣和，以提高受教的願力，再依學生不同的氣質，及其涵養工夫的深淺，因材施以啟發教育，更特別用教師踐德的現身說法，讓學生親自領受，從而在無形中，陶冶出日益高尚的品格來，凡此種種教學智慧，都值得當今以灌輸為務之「唯知是重」的施教者省思與效法。

六、人倫日用中的生活智慧

除了上述之宗教、政治、教育所彰顯的智慧外，在人倫日用的細節中，也都處處可以看到儒家待人處事的智慧，《論語》：

> 孔子於鄉黨，恂恂如也，似不能言者；其在宗廟、朝廷，便便言，唯謹爾。朝，與下大夫言，侃侃如也；與上大夫言，誾誾如也。君在，踧踖如也，與與如也。（〈鄉黨・一〉）

與宗族中的尊長或鄰里間的父老在一起交談，孔子會表現卑順，自我收斂，一副溫和恭敬的

34 同註23，參看〈第四章　論政治神話之根源〉一文之三。

樣子（恂恂如），除了寒喧、問候和應諾以表示聽進對方的話之外，幾乎很少開口，更不會插嘴或高談闊論，此「似不能言者」，不是孔子不善表達，而是以「少言」來讓言，以彰顯長者、老者講話的份量，這正是一種用少言「以虛承實」之敬的精神。

在宗廟、朝廷之上，孔子就不再如此緘默，他「便便言」（便便，辯也，言語明辯的樣子），因為這是禮法之所在，政事之所出，關係著國家的典章制度與百姓的生活福祉，不可不慎重（唯謹爾），所以不明白的，當面便問，遇見禮法上的疑義，必會提出自己的看法，相互討論，以使儀節歸之於正。而朝廷是關係天下蒼生乃至國家安危存亡的行政中樞，一切決策上的難題，絕不敷衍帶過，必定會商榷、討論，取得共識，以減少錯誤的決定，降低彼此掣肘的阻力。

至於與同列的下大夫對話，由於位階相等，沒有職務上下之統屬關係的壓力，因此在朝中言談，如世俗的朋友一般，自然溫和而愉快（侃侃如）；而與有職務上之統屬關係的上司說話，就要有分寸，不可與一般朋友那樣親暱，以免淪為諂諛之嫌，言談雖當從容，卻要保持正經，與應有的上下距離，如是彼此「位格」的尊嚴才不致受到傷害，故與上大夫言「誾誾如也」（誾誾，中正貌，中即中和從容，正即正經不輕浮）。

當國君臨朝聽政時（君在），為人臣的心中即應持懷著高度的肅然起敬態度（踧踖如也），體認「君」位乃一國之至尊，它負有「統整全國力量，造福全民，以向一理想政治而趨」的總體政治責任，具有理型上之「位格」的神聖價值，能高度尊重「君」格，乃能在臣的職位上，認真負起君上所交付之應盡的政事使命；然而在儀容舉態上，卻要保持從容舒緩，恭敬適中（與與如），如其不然，在君前過度緊張，言行失常，反易遭來「圖謀不軌」的存疑，便失為臣之道了。[35]

此外，〈鄉黨篇〉還生動描述了孔子或接待外賓，或代表國君出使異國的細節，其言行舉止皆表現出莊嚴肅穆，容儀有度，不但不辱君命，也成功達成了邦交的敦睦，凡此看來皆極其平實，卻也充滿了待人處事的大智慧。

至於日常生活中食、衣、住、行各方面的細節，也都認真面對而不隨便，《論語》：

> 食不厭精，膾不厭細。食饐而餲，魚餒而肉敗，不食；色惡，不食；臭惡，不食；失飪，不食；不時，不食；割不正，不食；不得其醬，不食。肉雖多，不使勝食氣。唯酒無量，不及亂。沽酒市脯，不食。不撤薑食，不多食。祭於公，不宿肉。祭肉不出三日，出三日，不食之矣。……（〈鄉黨・七〉）

飲食的主要目的在養生，要達到這個目的，用食宜飽不宜撐，吃得過飽而撐肚子，不只造成胃腸的過度負荷，阻礙了消化系統的正常運作，不但無益健康，反容易產生胃腸疾病，乃至引發傷害其他器官的後遺症，有違「養生」之道。「食不厭（通饜）精，膾不厭細」，不是孔子反對

35 同註7，冊二，卷十，〈鄉黨篇・第一節〉。

美食，而是要大家留意不可受到美食的引誘而貪吃，否則撐壞了肚子，損害了健康，反而平白糟蹋了美食供人「養生」的原本意義。

儒家重視節儉，重視惜物愛物，但不能因此而勉強吃下不合宜的食物而害了健康，所以飯擱久不新鮮了（食饐），或已有餿酸的味道（餲），不吃；魚或肉類腐爛了（魚餒而肉敗），不吃；食品雖未腐壞，但已呈現異於正常的顏色（色惡），或氣味難聞（臭惡），不吃；食物煮得半生不熟，或過於爛熟，而失去了應有的滋味（失飪），不吃；不是當令的，或不到時候的東西，如五穀、果實未生長成熟即摘下的，不吃；食物既已不成為「食物」，只好無奈地選擇棄食或作其他用途（如拿來餵食胃腸可以適應的豬狗，或製作有機肥之類的再生物，以免暴殄天物），只要充分利用，即無違惜物愛物的精神。

此外，儒家也重視吃的藝術，合乎組織肌理的，吃來才對勁，反之不但降低了美好的口感，咀嚼時也容易黏牙，牙縫塞滿殘渣而難除，飲食便覺掃興，故「割不正，不食。」同時也會注重配料的對味，才不致糟蹋天物賜給人的美味享受，故「不得其醬，不食。」

飯是主食，肉類是副食，除非盛宴，原則上吃肉的量，不宜超過吃飯的量，此一方面或因於肉類原本具有調好的鹹味，必須要用更多量之平淡的飯去調和它，才易下口而不渴，另一方面或因於肉類原即不易消化，多吃易衍生疾病，有傷身體，故「肉雖多，不使勝食氣。」

至於餐後「不撤薑食」，用意在備取它以為清除口臭，但它畢竟屬調味品，是副食中的副食，且其性熱，非為可飽食之物，故「不多食」。

而酒更不屬主食，它只是宴席中用來助興主客間情意交流的媒介，喝多喝少，都應斟酌自己的體質與條件，唯一要把握的原則是：可別醉酒，以免傷身，又昏亂了神志，使儀態失度，故「唯酒無量，不及亂。」

除了上述從飲食的量、衛生及調味去談吃的藝術外，儒家也很注重飲食的安全，所以只吃自釀的酒與風臘，儘量不外買，因商家可能偷工減料，處理不潔，或妄加一些風味好卻對健康有害的假料，不吃為妙，故「沽酒市脯，不食。」

古時天子或諸侯的祭禮，當天清早宰殺牲畜（如牛、羊、豕之類）後才舉行，次日再進行「繹祭」之後，再將祭肉分贈給與祭的大夫，因此「祭於公」的肉，至少已放了一、兩天，故不宜再久留（不宿），應儘速吃完，或送鄰里親友分享，一則可免蹧蹋神的恩賜，一則借以敦親睦鄰，如此既可物盡其用，又符合飲食衛生，故分享祭肉，又是「食」的一種藝術。

除了注重食物本身的衛生、新鮮度等等之外，相關的吃飯禮儀，也都會留意，如宴席中應「食不語」（同上），這不是說餐敘不能講話，只是說口中含飲食，不宜說話，因一則容易嗆到氣管，引起咳嗽而噴食，再則也可能將口中的殘渣濺撒到桌面或座鄰，失態又不衛生，顯欠缺飲食的儀節。

再如座席要保持平整，以免座墊滑動，造成身體偏斜，失去重心，如此不但取物不便，也可能妨礙鄰座的用膳，故「席不正，不食。」（〈鄉黨・八〉）

又如邀請長老共喝鄉飲酒，應視老人家為主體，為最最尊貴的來賓，當他酒足飯飽或因故得先行離去，即使自己尚未飽食，也應先行陪他離席（招呼長者離去後，當然仍可返座續食），這對長者固是一種禮貌，也可使長者免於「獨自先行離席」的無禮尷尬，此所以「鄉人飲酒，杖者出，斯出矣。」（〈鄉黨．九〉）即見吃飯雖極其平常，很多細節卻大有學問在。

食如此，衣亦然。尤其出外更要「正其衣冠，尊其瞻視」，把適當的人文（衣）加在自然（身）上，這才是天人合一的表現。故什麼場合，要穿什麼衣服，配上什麼顏色等等，都不可隨便，諸如當時風氣喪主素（白色），吉主玄（青黑色），參加人家的喪禮，就不能穿吉服去，正如今人之不宜穿鮮艷衣服去參加公祭一般，故「羔裘玄冠，不以弔」（〈鄉黨．五〉）。

在住的方面，平日在家生活但求輕鬆愉快，不必過於拘束，所謂「寢不尸，居不客。」（〈鄉黨．一五〉）睡時自然就好，不必心存「如祭」的謹嚴驅迫（尸），與家人相處，固要有起碼的相應合宜態度，但不必像對待賓客那樣多禮，否則不只見外，還感造作不自然，家居不自然，生活便僵化而缺乏藝術情調，故「居不客」。當然白天與家人歡樂，就寢時即當歇止，此即上床即應闔眼睡覺，不宜多言，否則不只心欲寧靜而未能，影響安眠，也會干擾旁人入睡，有失儀態，故「寢不言」（〈鄉黨．七〉）。

如果遇到特別的事情，輕鬆的家居生活就暫時須作調整，尤其面對參加祭典，更要態度莊嚴，《論語》：

> 齊，必有明衣，布。齊必變食，居必遷坐。（〈鄉黨．六〉）

祭祀重在人神的感通，要感通，人必須要保持身心之莊謹潔淨，莊謹即是把「祭祀」當作是嚴肅神聖的事，這是對祂的一種虔誠表示；潔淨則是求心靈的清明，唯清明，乃能提撕精神，上與神靈相接相契，而達到人神感通之祭祀的真正目的，所以齋戒不只是一種形式，實有它的形上意義在。

要使心靈清明，首在生理上求潔淨，因身是心之器，有求潔淨的身，才證明有清明的心，故孔子「齊，必有明衣，布。」明衣即齋戒沐浴後所穿的潔淨貼身的內衣，所以名為明衣，象徵遠離塵垢，使身體保持明潔；而特強調「布」，意在標示它有別於纖縞靡麗之服，布取其純素，所以表示誠朴之意，心誠朴而無外求的嗜慾，即展現一清明的心。

而所謂「變食」，即不飲酒，不茹葷的意思，因酒乃刺激的飲料，喝了容易使人亢奮，難以平靜；葷除了指魚、肉等葷食外，還包括蔥、薑、大蒜等等之類之帶有濃烈辛臭氣味的食物，吃了易使口腔身體有異味，且可能增強性慾的衝動，故為齋戒時所禁忌，此所以「齊必變食」。

至於齋戒前三天，夫妻須分房，意在表明自己有超越生理慾求的決心，以求與神明精神上的真摯感通，故「居必遷坐」[36]。

再談到行的方面，儒家特別重視安全的問題，《論語》：

---

36 同前註，〈鄉黨篇・第六節〉。

升車，必正立，執綏。車中，不內顧，不疾言，不親指。（〈鄉黨．一六〉）

要御駕前，必須站穩在適當的位子（正立），然後緊握牽引繩（執綏）上車，這樣才能防備馬萬一突然受外事驚嚇奔逸，仍可站穩位子，隨機應變，不致因車廂激烈震動，讓自己跌倒受傷。

馬車行駛中，駕駛人尤不可向後看（不內顧），而當專注於前方的種種情況，如天候、路況及迎面而來的人車等等，且不大聲吆喝、喧嘩（不疾言），以免驚擾其他乘者，造成無謂的心慌，也不鬆手指東指西（不親指），以免自己和乘者分心，因一時的疏失而帶來危險。總之，這種駕車須時時「慎微」的態度，很值得今日習慣邊開車邊看手機的駕駛者戒惕與學習。

由上可知，儒家對日常生活之食衣住行各方面都認真面對，其論看似都極其平常，要全做好它實也不容易，這些雖平實而不露精采的表現，甚有助益於吾人生活得踏實、和諧、妥適、平安、快樂，故可謂為生活的大智慧。

七、結語

《論語》是儒學中最簡潔、最平實的生活寶典，只要吾人細心體會，就可發現原來短短的每一章都是發人深省的智慧語，內中所蘊含的精神義涵，都是孔子及其弟子門人在生活中所體驗得來的智慧結晶，所以讀來倍覺親切平實，而親切平實的話語中，又是充滿了人生的「真」、道德的「善」與生活藝術的「美」。

儒家不講來世，不講前生，只重當下的現實存在，唯當下的現實存在才是人之理性所能及的最真實存在，所以人要用智慧，面對所遇的各種人、地、時、事、物，去創造各種意義與價值，讓自己過好生活，乃至陶醉在自創之「真、善、美」的現實境域中，如此，就不必捨現有的美好人間，再去找另外一個極樂世界或天堂。

現實世界雖不完美，但人可以用智慧去創造，使它變為合適，如上述之為生活而宗教，即可一方面尊重每個人的宗教自由，一方面又可消泯彼此不同信仰的衝突；講政治，志在成就服務、奉獻國家社會的道德義務，而不在個人之名位權利的把抓，如是則彼此便知要禮讓為國，而不會明爭暗鬥，政治乃能回復其神聖的本來面目，而不致扭曲為齷齪的高明騙術；談及教育，一方面重視個人原則性的平等受教權，一方面又注重個別資材的差異，因材施教，這樣受教的主體才能各得其所；而在日常生活的食衣住行中，吃的要注意衛生與健康，穿的要留意合適的儀表，住的則平日家居無妨輕鬆自然，遇祭祀等等特別事，便須分別作適當之生活步調的調整，行的如駕車，則要小心行程中的安全，……這些平凡的人生大原則，也都須用智慧在生活的細節中下工夫，踏實地實踐，才能達成。

智慧離不開道德理性，有道德而沒理性，或有理性而沒道德，都產生不出智慧，今之媒體報導詐騙集團等等相關之類的社會奸巧行為是「智慧型」的犯罪，這是誣衊了「智慧」，害人既是缺德，何來「智慧」？智慧只是人精神提升的表現，而不是精神的沈淪。

只要有助於精神的提升，只要富有生命價值與生活意義的，其實平實（平凡、真實）也是一種智慧，因為平凡合乎自然，自然即顯天道，真實則能坦誠，坦誠便不虛偽，人如果不知辨別是非善惡，為了超越平凡，寧可違背真實，以為這樣才是智慧，就會走入偏蔽的方向而不自知，所謂「好知不好學，其蔽也蕩」，誤用了智慧，反淪為沒智慧。

誠然，智慧從學中來，《論語》的「無可無不可」，是一種「無方所」的智慧，它就是從生活中認真體會得來的，只有懂得生活的人，才能體得其中三昧，才知超脫各種習氣的桎梏，而活出有智慧的人生。

貳、《論語》論仁綜論

一、前言

文化是心靈的產物，由於人的心靈無限，由之而創造出來的，自也會有很多不同文化的品貌，是以在繁雜浩瀚的文化內容中，人要清楚了解一種文化，委實不容易；儘管如此，只要我們細心推究，就會發覺每一種文化，都有它最基本的內在心靈，以作為創造該文化的動力，也使這種文化因之而展現了它之異於其他文化的特色。

宗教無疑是最具有文化生命的基本動力，因為它不只鋪陳了人日常生活的軌道，也啟發了人精神向上之機，指導了人精神生活的途徑[1]，所以想要提綱挈領地了解一種文化的特色，最便捷之路，應從宗教入手。

1 參看牟宗三《中國哲學的特質》（臺北・臺灣學生書局・一九八二年八月六版）第十二講〈作為宗教的儒教〉一文。

宗教的儀式給了人現實生活的軌道，這是「安身」，宗教的教義給了人「終極關懷」的指引，這是「立命」，如何安身立命，正展現了不同文化的生命情調。

一般宗教都有特殊的儀式（如耶教的祈禱、作禮拜，佛教之唸經、禮佛等等），也有它所講的「終極關懷」，其教義大體上多是否定人在現實世界中暫時存在的價值，而肯定、嚮往一超越於現實之外的永恒價值世界，它要信徒信仰、跟隨教主，以便從「原罪」中獲得救贖，從「原苦」中得到解脫，以使人離世後，永遠安樂生活在天堂或極樂世界裏，而在來世得到永生。

中國文化以儒家為主流，它只講現世，不講前生，也不講來世，它只講如何踐「仁」，使每個人有意義地活在當下，以創造出現實存在的價值，可見「仁」是儒家認為之人生的常道，踐「仁」實是現世安身立命最重要的課題，整部《論語》就有五十幾章談仁，全書亦實都直接或間接地繞著踐「仁」以說。

「仁」既是人生的常道，「道可道，非常道；名可名，非常名。」[2]什麼是仁，任何人自也難以交待清楚，因此孔子一直沒有明白、整全地說，越不明言，越易引生學生的好奇，此所以《論語》中記載著很多學生對何者為「仁」的發問，孔子之答，都轉向為如何「踐仁」以說，而其答問中，每有不同，即使同一個弟子在不同時間發問同一問題，所得到的，亦有相異的答案，這一方面固是聖人應機開示，因材施教，借著答問，以提醒問者踐仁當要留意主客觀條件的限制與艱難，一方面也實因於仁道深廣，涵義無窮，一言難盡，它真的「瞻之在前，忽焉在後」，無一處不在，卻又無一處可稱其全，是以吾人要論《論語》之論仁，也只能錯綜地講，以使「仁」之本來面目，從中逐次呈顯出來。

二、天道之契接與天命之承擔

儒家甚重在如何踐「仁」，以在現實存在面上創造意義與價值，使人在當下的生活中，活出人之所以為「人」的尊嚴，所以它是「人學」，有別於其他甚重視「神話」色彩的宗教。此人學中的「人」，指的不是自然生命之孤伶伶，不去講精神源頭的人，乃是有異於禽獸之具有特殊心靈之源於天的人，因此所謂「人學」，就是本著這種特殊心靈，報本返始地求能契接天道，以能達到「天人合一」之謂。此特殊的心靈指的就是「仁」心，此能契接天道的路子，就是「仁」道，用「仁」道來彰顯天道，用天道來遙映「仁」道，這等同說：從形上精神言，「仁」即是天，天即是「仁」，天深廣幽微，「仁」自也蘊義無窮，難以完整表詮了[3]。

天即是神，祂當然具有宗教性，但孔子只重在如何從人倫日用中，以踐仁去體現天道，而不

2 引自老子《道德經》第一章。

3 參看周群振《儒學探源》（臺北・鵝湖出版社・一九八四年九月初版）第一篇〈心性之學義理溯源〉及第二篇〈孔子之仁教與性命天道〉二文。

就訴求之情，轉入祈禱等等宗教的儀式上去[4]。即見《論語》記載子不語：怪、力、亂、神。（〈述而・二〇〉）此「不語」，不是說孔子排斥宗教，不信鬼神，只是說鬼神在不測之中，祂既非人智所能及，我們自不應花無謂的力氣在神話的臆度與討論上，以免淪為迷信、空談，而失去心靈的自主，與人道的自信[5]。

儒家的人學既是求「天人合一」，以成就人的精神生命之學，則它當然也與無神論之純講人本主義者不同，此即它既不是宗教之重神而輕人，也不是人本主義者之重人而輕神，而是兩者兼重，特別的表達方式是：把求神助之宗教性的天道意識，轉化為道德性的天道意識，把求神助之外在形式，轉化為內在之求感通、契會天道，且順著源於天之無形心性，表現到外在具體而看得見的行為上，此所以《論語》：

> 子貢曰：「夫子之文章，可得而聞也；夫子之言性與天道，不可得而聞也。」（〈公冶長・一三〉）

性與天道，都是形上的東西，它們不是無稽的存在，而是不易言詮的實有，人要體證性，體證天道，都必須借用人世間踐「仁」之各種客觀、具體之道德人文活動（文章）來朗顯，來體證，換言之，性、天道、文章三者本質上都是相通的，乃至可以說是三位一體的。西哲黑格爾名著《宗教哲學》一書中，就用「三位一體」的理論來解說耶教，它說第一階段（聖父階段），上帝是神的自身，是最高級客觀存在的「自存」，是「神之在其自己」的客觀原則；第二階段（聖子階段），說耶穌是上帝的獨生子，是上帝的化身，是上帝為了表現祂自己所必須要通過的大生命，這是「神之對其自己」，是唯耶穌才能使上帝成為自己所對的主觀性原則；第三階段（聖靈階段），是上帝精神由耶穌體現的外在現象，返於其自己，這是聖父、聖子綜合統一而出的「靈格」表現，是「神之在而且對其自己」，黑格爾認為這樣的三位一體，即所以謂耶教是「涵義最為完全」的宗教，所以它是世間絕對宗教的唯一代表。

儒家所講之連結於天道的「仁」，雖沒有這樣強烈的宗教色彩，但天道具有它「在其自己」的客觀性；每個人都具有承自天的仁性、神性（有別於耶穌之為獨生子，為獨承自上帝的神性），即等同屬第二階段的主觀性原則；而在人倫日用中，人人都能表現之「可得而聞」的「文章」（踐「仁」的具體客觀道德事業），它都可以證實部分的天道內容意義，可謂是具有主體性與客體性統一的性格，這相當於天道之「在而且對其自己」，吾人如能消滅其中的宗教意味，用這種方式來理解，應有助於對「何謂仁」進一步的了悟[6]。

天道雖「不可得而聞」，在大自然中，卻時時都在展現它的精神義涵，問題在人是否懂得去認真體會而已。《論語》：

---

4 同註1。

5 參看戴朝福《論語闡義》（臺北：正中書局，二〇一〇年二月初版）冊二，卷七，第二十章。

6 同註1，參看第七講〈主觀性原則與客觀性原則〉一文。

子曰：「予欲無言。」子貢曰：「子如不言，則小子何述焉？」子曰：「天何言哉？四時行焉，百物生焉，天何言哉？」（〈陽貨・一九〉）

「予欲無言」，說明了孔子之傳道，原本不必多言，只教人從生活中力行，從道德實踐中默默地體現「仁」，而不是如子貢之欲把「仁」作客觀的知識來傳授，正如天之不言，卻時時「四時行焉，百物生焉。」一切依著天的奧體[7]默默運作，革故鼎新，相續不息，即展現了宇宙存有論的原理。以一年四季為例：春是生命的生發，夏是生命的暢旺，秋是生命的收斂，冬是生命之能回歸於其自己，而自我把持得住，唯其把持得住，靈明歸來，宿根深植，才能有第二年生命之從隱中顯發，依此周而復始，流行不已，萬物就這樣秩然不亂，而化育於其間[8]，此「天」不言之教，落實到人間來，亦正是「仁」之與天遙契之期每一人、物之能各得其所，各得其生，各得其長，所蘊涵之「生生不已」的至德。

天不已地起創生作用，此即天之誠體神體寂感真幾的神用，有此神用，才有氣化上動了又靜、靜了又動的過程顯現。《論語》：

子在川上，曰：「逝者如斯夫，不舍晝夜。」（〈子罕・一六〉）

水之流逝，這不是氣邊事，不是氣化的過程，亦不是現實存在物之變化的過程，它乃是指「流行之體」而言，因此孔子在川上，對水流逝之「不舍晝夜」的讚嘆，實即是從流水的現象，悟會到此生化之所以為生化之真幾的讚嘆。

「生生之謂易。」[9]易體即誠體、神體、理體。說它是理體，此理體是「即活動即存有」的理，而不是「只存有而不活動」的但理；說它是神體，即因它無方之妙用，創生之不測；說它是誠體，即因它無已地以成化為道；落到人處說，即指人誠敬不已於天理的仁心仁性[10]，足見仁指的即是一「誠敬不已」的精神，一與天契接之創生之理、之體的自身。

復次，人之現實存在是一「生命」表現的存在，生命也者，即「生」生不息之天「命」也，人既只有生命存在才能表現仁，則除了從天道去悟會「仁」外，吾人亦可從天命去悟會「仁」，《論語》中，孔子自謂其學知歷程「五十而知天命」（〈為政・四〉），又要人於踐德時當持懷「畏天命」（〈季氏・八〉）的態度，正見其對天命的重視。而所謂「天命」，《易經》講得很扼要：「動而健，剛中而應，大亨以正，天之命也。」[11]

熊十力闡釋其義十分精闢：

7 參看牟宗三《圓善論》（臺北・臺灣學生書局・一九八五年七月初版）第六章〈圓教與圓善〉第五節。

8 同註5，冊四，卷十七，第十九章。

9 《易・繫辭傳》語。

10 參看牟宗三《心體與性體》（臺北・正中書局・一九八三年十二月臺修五版）第三部，分論二，第四節。

11 《易・无妄卦》彖辭。

動而健者，正顯本體之流行，……惟其剛健，乃生生，而不可窮竭，無有留滯也，故曰動而健。……動而健，言體之成用也，下言剛中而應，則就其在人而言之，人得此動而健者以生，是本體在人，乃為吾人之性，此性德澄明，所以運乎吾身，而御物不失其則者，是謂本心。……陽剛為本心之象，剛居中，即本心內在炯然，為一身之主之象，故曰剛中；而應者，六二之陰，物欲之象，以柔應剛，是物從心，欲從理，即欲莫非心之發，物莫不隨心而呈之有則也。《正義》云：有應，則物所順從，不敢虛妄，此明吾人有炯然在中之宰，能制馭物欲而不與俱靡者，此即動而健之本體也。大亨以正者，本體流行，無有阻礙，無有匱竭，亨通之至，故曰大亨；體備萬善，剛健而無所不勝，凡物各得之以有生，故說為正。

其結曰：……天者，言乎本體之絕待而無相也；命者，言乎本體之流行也。……首言動而健，正明本體流行，次言剛中而應，則明本體不待外求，吾人有炯然在中之真宰，能用物而不為物役者，此謂本心，即是本體，何勞向外窮索哉？次言大亨以正，正之為言直也，本體之動，無虛妄故。亨者，通義，物皆同體，無間隔故，極欣暢故。[12]

上引熊十力一大段文字，旨在說明天命與本心本性的關係，此中所謂的本心本性，指的即是仁心仁性，即見「仁」是受之於天之所命，而為存乎人之內在之自主自由的道德實體。自由，所以不為世間的物欲所誘所陷所束縛，而能不失天命的剛健不已精神，一往無前地作各種道德實踐；自主，亦說明了「仁」不必依於外力（如依宗教教主的加持）才有力量，而自身便是一種主動行善力量的根源，一種生生不已之道德創造的源泉。

仁心仁性既在現實存在的人身上，因而要行善踐德，最便捷之路，就是依循此心此性而行，《論語》：

> 子曰：「誰能出不由戶，何莫由斯道也？」（〈雍也・一五〉）

門戶是居家通往外界必經的路，是人人應走，且必是常走的，不採翻牆跳窗，而直從門戶進出，正說明了門戶是通往外界的正道、常道，只是人走久了，習焉而不察，忘了這居家出入所必由的戶是正道，正如人之得自於天命的仁性，大家皆有，不假外求，卻忘了這是人人皆當依德而行，循道而行，遵天而行的常道[13]，這是最令人感嘆的。

只要一念自覺，吾人就可領受到原來天與人的關係，是一理則德性的關係，天命於人的「仁」，有一既超越又內在的自主自由性，所以不論順境或逆境，我都會看到其所命於我的，正是它要我於其命我處，去契會天命、天意。《論語》：

---

12 引自熊十力《讀經示要》（臺北・洪氏出版社・一九八三年十二月五版），卷二。

13 同註5，卷六，第十五章。

子曰：「天生德於予，桓魋其如予何？」（〈述而・二二〉）

由此章之義，去觀照聖賢之受天命、承天意，便知孔子之一度發心，有著某種理想願力，天未必會從其所願；也不是說處此艱難之境，桓魋必不能困厄孔子，而只是說孔子自知如何處此困厄之道，依天命而行，無所畏懼，心安理得，所以終不為惡劣的客觀情境所影響，此即是「仁」之無憂無畏之精神的發用[14]。

誠然，剋就「人有理想志向，天未必從其所願」言，似已暗示了天之未必能仁，尤其自萬物之個體來看，天確實有其不仁處：既要生長青草綠葉，卻又要生牛羊來嚙食它，既要生牛羊，卻又要生獅虎之類的兇猛野獸來咬噬牠，……凡此一物剋一物，如何能說各得其生，各得其長？老子謂：「天地不仁，以萬物為芻狗。」[15]吾人不能說其論持之無故。然而從宇宙之生生不息的現象來看，物之生成，乃是一此之滅，必繼之以彼之生的歷程，人如能把自然視為一整體以觀，就會領受到自然界乃是一生機洋溢的世界，無生，便無宇宙，無世界，倘如一切整體皆空，又如何會看到「生」的現象，是以吾人不能因此而說天不仁，頂多只能說天之生物，未能全然充量顯示其仁，知其未能全然充量顯示其仁之用意背後，乃在顯示天之大仁，此即是知天。《論語》：

子曰：「莫我知也夫！」

子貢曰：「何為其莫知子也？」子曰：「不怨天，不尤人；下學而上達，知我者其天乎！」（〈憲問・三五〉）

天生物之過程中，有生有滅，剋就滅言，當然有憾，但「滅」中又革故鼎新，生生不已，此即是天所展現的一種超越，一種創造，此無限之超越與創造，即是天之大仁；是以人面對挫折時，當知艱難雖是天之所降，但祂同樣降我以克服艱難的能力，所以天之降此災難，不是刁難我之不仁，乃是用它來鍛練我之能力，助我人格成長之資具的大仁，識此，便可「不怨天」。同樣的，天一視同仁賦予一切人以善性，我對一切人性的本善即應有根本上的信任與尊重，所以一些阻礙善的現實中人，我固可厭惡其惡行，卻不可因此連帶厭惡本質皆善的一切人，此之謂「不尤人」。

一切之人生德行人格，都要靠自己去實踐、挺立，天意不阻遏此道，亦無人可以阻遏此道之遂行，故一切痛苦與罪過的責任，都要由自己來承擔，而不應把它推卸到自身以外；我承擔之，從而自現實的艱難中求突破，求超越，以展現各種道德的創造，此在生活中補救天之所憾，成就、效法天之大仁，即所謂「下學而上達」。

補天、法天、成天，以求天人合一，這是人透過人道來顯示天道的創造，也是對天的一種默契，天人相感相通相知，此即「知我者其天」的寫照，於此天人相知處，吾人又可以因此而意會

14 參看唐君毅《病裏乾坤》（臺北．鵝湖出版社．一九八四年五月再版）中〈病裏乾坤〉一文之四。

15 同註2，第五章。

到天命所示現的仁，即是一無限超越，無限創造之絕對自主自由，永遠自強不息的精神[16]。

三、自覺、剛毅與誠樸惻怛的大愛

上論「仁」之精神，是超越地透過形上之天道、天命之顯現、襯托以說，吾人只要細心尋繹，落到人間的現實生活中來，不論人正面或負面的言行表現，其實都可讓人領受到處處都有「仁」在那裏顯發。《論語》：

司馬牛問仁。子曰：「仁者，其言也訒。」曰：「其言也訒，斯謂之仁矣乎？」子曰：「為之難，言之得無訒乎？」（〈顏淵．三〉）

對直腸子，沒有心機的司馬牛而言，孔子固因材施教，勉他說話要多謹慎，多斟酌（訒），以免隨興妄言，終使來日的行為表現無法兌現所言，而失信於人，此「訒」正是人對其言語之「實事求是」的真誠負責態度，此真誠，即是「仁」之一精神，而「為之難」，正說明了人對言語之謹慎，不可只有三分鐘熱度，乃須持之以恒，貫徹到底，此強韌的精神生命力，亦是「仁」之一精神展現。

言語如此，行為亦然。《論語》：

（樊遲）問仁。（子）曰：「仁者先難而後獲，可謂仁矣。」（〈雍也・二〇〉）

「孔子言仁者先難後獲，乃謂仁人用功，無所為而為，止先盡其事之當然，絕不敢有畏難之意，至於效之所得，則放在後著，聽其自至，全不生計較想，若有所為而然，則是未作之先，必計其有效，方纔下手，著著希冀，所謂先獲者也。試觀古人原不如是，但見其朝乾夕惕，為致知，為力行，為靜存，為動察，孜孜矻矻，滿腔切實精神。」[17]

誠然，人生本來就有無盡的艱難，事君難，事親難，事妻子難，朋友難，耕難，……人在有生之中，面對著種種無可奈何的艱難，只有勇敢面對它、承擔它，不計成敗得失，只問當下應如何做能如何做，這種切實之能自作主宰的精神，又是「仁」之一表現。

人之正面的言行，處處充滿著「仁」的表現，例子繁多，不勝枚舉，即使負面的過錯，追究其所由來，其實其中亦都有原本的「仁」在。《論語》：

子曰：「人之過也，各於其黨。觀過，斯知仁矣！」（〈里仁・七〉）

人有氣質的障蔽與困限，所以生活中常會犯錯，西方宗教認定人有「原罪」，即由此中發

---

16 參看唐君毅《中華人文與當今世界補編（上）》（臺北・臺灣學生書局・一九八八年五月全集初版）中〈論中國原始宗教信仰與儒家天道觀之關係——兼釋中國哲學之起源〉一文之五及之七。

17 引自《近思錄集解》（臺北・世界書局・一九八一年二月三版）卷二，張伯行集解明道語。

義。然而吾人仔細推想，人之犯錯，不是因於惡性的發用，乃是善心之扭曲所致。諸如：父母之所以慣寵，原出於對其子女過度慈愛；世上很多情人，之所以會含恨殺害對方，多因於愛心表達受到阻礙所引起；對名利會貪得無饜，乃由於仁心之求「超越」現實對象的無限，變質為對其「追求」的無限；驕傲原由於為求自己能長久駐留在對方的心底之善意，竟致刻意膨脹自己，而無意間貶抑了對方所致；……凡此種種過錯，在在說明了生活中行為之非理性的表相背後，都隱涵了良心善性（仁）之無時不在，而錯誤表現之後，會時感內心的矛盾與痛苦，亦正凸顯了良心隱然的自責[18]，此所以謂：「觀過，斯知仁矣。」

可見仁中蘊有一種隱然的向善「覺」性，此「覺」性，乃是每一個人自身本有的，是天賦如此的，而不是外來的，只要自我提撕，便可馬上超脫渾噩，馬上撥開氣質上的迷霧，馬上生發一種想「實現自我（仁）」的意念，不執著地否定先前不理性的念頭，而遷善改過，故《論語》：

子曰：「仁遠乎哉？我欲仁，斯仁至矣！」（〈述而·二九〉）

「欲仁」而可以「斯仁至」，正說明了「仁」性的自主自由，自在自如，它可以不受外在事物的引誘，也可以不受自然生命之不良慣性的制約。然而，現實存在的人畢竟是一仁性與物氣的夾雜，「仁」性雖在他身上，但他可欲仁，亦可不欲仁，可欲可不欲，這是意志的問題，也是人的一種選擇自由。可不欲仁，這表示他選擇自我放縱，自甘墮落；可欲仁，則相對地選擇要支配自己，要戰勝自己。語云：「征服世界難，支配自己更難。」人能征服世界，只表示人的意志力，能破除外界一切阻礙；而支配自己，戰勝自己，則表示人能主宰「用以破除外界一切阻礙之意志力」的本身[19]，《易經》謂：「顯諸仁，藏諸用。」[20]心回歸於仁，自會由中生發無限的實踐精神生命力，由此可見「仁」中亦涵有一種自我支配的強韌願力，一種力圖戰勝自己的強烈意志力，故《論語》：

> 子曰：「我未見好仁者，惡不仁者。……有能一日用力於仁矣乎？我未見力不足者。蓋有之矣，我未之見也。」（〈里仁・六〉）
>
> 冉求曰：「非不說子之道，力不足也。」子曰：「力不足者，中道而廢，今女畫。」（〈雍也・一〇〉）

一心向道，內中便可激盪出一向善向上的強烈意志力，所以孔子說真心好仁的，「我未見力不足者」。冉求性懦，眼見求仁之路悠悠漫漫，行事永遠達不到理想，便裹足不前，畫地自限，向艱難豎起白旗；其實踐仁之路本來就無窮盡，也無法完美走完，但走一步，就有接近向善向道

---

18 參看曾昭旭《道德與道德實踐》（臺北・漢光文化事業公司・一九八三年十月二版）中〈說道德與道德實踐〉一文。

19 同註5，冊二，卷七，第二十九章。

20 《易・繫辭上》。

一步的意義與價值，所以當下便可心安理得，充實自足，有這種「純亦不已」的精神，自不會有「力不足」之感，可見冉求說「非不說子之道」，恐怕當時還未真了解孔子所講的仁道精神，未真了解而借口推辭不想實踐，顯示了他當時內心還不夠真誠。

真誠，原本就是「仁」的一根本精神展現，人能真誠，才會坦白面對自己言行上的錯誤，認過改錯，所謂「過，則勿憚改。」（〈學而・八〉）對他人，亦才能真心對待，不虛假，不敷衍。《論語》：

子曰：「巧言令色，鮮矣仁！」（〈學而・三〉）

子曰：「鄉原，德之賊也。」（〈陽貨・一三〉）

人原本就不是一完美的現實存在，在社會中為了求和諧，人際間本當彼此多從正面看，少從負面想，多讚美，給他鼓勵，少責罵，以免他難堪，這雖是待人處世的基本原則，但讚美仍得一本真誠的態度，此即：對方有一分美好，我才讚美他一分，有兩分美好，我才讚美他兩分，我有如此的真實感受，乃因於對方有如此的實然表現，我能恰如其分地讚美他，言語不浮誇，表情不虛偽，內外合一，此即是真誠。相對的，倘如我為了討好他，刻意甜言蜜語，裝出一副親近和悅的臉色，這其實是用「虛假」來矇騙他，不出於真實的性情，自無法獲得彼此的真誠感通，故「鮮矣仁」。

可見「仁」不是一表面的忠厚。在流俗的社會，能八面玲瓏，處處都應付得好的，看似一個「爛好人」，似有「仁」心，其實往往只是個「偽君子」而已。這種人只會一味對世俗敷衍、牽就，自己內心簡直是一大空虛，沒有自己的人格，沒有自性、自信，只依阿世俗，只為取悅別人而活，其用「偽善」的手段，讓人誤以為「敷衍、牽就」的表現就是美德[21]，此所以謂「鄉原，德之賊也。」

人有別於禽獸，一方面固然為滿足個人生理欲求而過著自然人的生活，一方面更想過富有精神價值的文化人生活，此文化人的生活方式，離不開禮樂，「鄉原」之所以為「德之賊也」，正因它所表現的是一種扭曲禮樂的生活之故。「仁」是人之生命的誠樸本質，禮就是為了裝點此誠樸的本質，以用來成就人與人之生命精神活動的次序、節制與條理；同樣的，樂也是為了裝點此誠樸的本質，以用來成就人之生命精神的充實、和融與歡喜[22]，所以禮樂雖各有其外在形式，卻都不是一種無謂的虛文、空文，它們都在導達人內在良心善性的交相感通，故而都有「仁」湊泊其間，而展現其意義與價值，故《論語》：

子曰：「人而不仁，如禮何？人而不仁，如樂何？」（〈八佾・三〉）

21　參看錢穆《雙溪獨語》（臺北・臺灣學生書局・一九八五年三月三版）篇九之二九。

22　參看唐君毅《中華人文與當今世界（下）》（臺北・臺灣學生書局・一九七八年四月再版）中〈中國文化之原始精神及其發展〉一文之二。

孔子「人而不仁，如禮何」之嘆，暗示了禮之本在「仁」，所以人要表現禮，內在的精神（質），要重於外在的形式（文），此即：禮文的形式意義，本來就在裝點人良心內在的真誠（仁），使之展現禮儀富美的文明姿采，而不在遮撥人之善性的樸實本來面目，而使之淪為一空洞、虛華的外貌。《論語》：

林放問禮之本。子曰：「大哉問！禮，與其奢也，寧儉；喪，與其易也，寧戚。」（〈八佾・四〉）

此章林放問「禮之本」，實即等同問禮儀所蘊的「仁」義，「仁」義深廣，很難一言以蔽之，孔子只好借著世俗的吉禮、喪禮的背後精神，來襯托「仁」所蘊涵的誠樸本質。說吉禮的外在排場，原本只在表達對其事的隆重，而隆重的用意，在傳達人對其事的內在敬意、愛意的真誠，如果過於鋪張，使原本為求對其事的真誠，變質為炫耀，誇人耳目，便失去仁之「惜物愛物」的質樸精神，故喜吉的禮儀，只需如實地依禮質作合宜的表達，倘如難以拿捏分寸，與其超過，不如不足（如合宜的分寸是一百分，只讓它作不超過一百分的表達，而不作二百、三百甚或更多的表達），此之謂「與其奢也，寧儉。」同樣的，喪禮的用意，在表達對死者的哀思與懷念，不忍死者離去而哀，這是對死者有情，故辦喪事也不宜講華麗的場面，否則降低了哀傷的氣氛，便有損喪禮的意義[23]，故「與其易也，寧戚。」

喪禮求不減損對死者的哀戚氣氛，乃是「禮之本」，此即說明了「仁」具有一渾然與人無間隔之溫純樸厚，一惻隱之不忍人之心的性格[24]，「仁」既與人渾然無間，人我一體，則愛自己，必也同時愛他人，此所以樊遲問仁，孔子直截了當地答以「愛人」（〈顏淵・二二〉）。

此愛不只是把自己當作主體，也同時把對方當作主體，我與他都互視對方等同自己一般，此「兩人合而為一體」之相感互通的心靈，即謂之愛。此愛乃我之生命精神，直接透過他人精神的核心，而成為他人生命精神的一種融和的體會，故而可直覺到他人的精神中，有我精神的投影，而照見自己，於是他人的精神乃如成為我自己精神之一種客觀表現，我見他人將昏昧墮落為禽獸，亦便不覺然而然地不忍他繼續過非人、非理性的生活，而期望他能及時幡然省悟，更希望今之為政者，能常持道德理性，施行王道，使國家社會安和樂利；當時局需要我作最大的奉獻，也願為大我犧牲，只求心之自安，而不求任何回報[25]，……要之，「仁者，愛人也」的愛，是精誠惻怛的愛，是人間世的大愛。

此人間世的大愛，與耶教的博愛有別：耶穌是上帝的獨生子，祂為了顯示上帝這個純粹的「絕對實在」，必須用「絕對愛」把現實的、感覺的一切剔除淨盡，而將自己回歸於神，與神合

---

23 同註5，冊一，卷三，第四章。

24 參看唐君毅《文化意識與道德理性（下）》（臺北・臺灣學生書局・一九八〇年四月四版）第八章之四〈基本善德通釋〉一文。

25 參看唐君毅《道德自我之建立》（臺北・臺灣學生書局・一九八三年七月六版）之四〈精神之表現〉一文之二。

一，是以在實踐上，表現的是「你打我的左臉，我便連同右臉也讓你打；你剝我的裏衣，我就連外衣也一起給你」的宗教情懷，不只愛世上的好人，也同時愛世上的壞人，乃至愛自己的仇人、敵人，這種「絕對的愛」，是一超越的客觀妥實性，缺乏一現實的妥實性，它不能對揚、反襯，以成就現實生活中的道德判斷，不能成就現實生活中的特殊肯定（肯定好人）與特殊否定（否定壞人），此即：這種「絕對肯定」、「普遍肯定」的愛，與現實世界有隔，無法使人間的善與惡對照出來，所以它是離教，因為是離教，故俗世與天國是對立的，不是圓融、綜和的[26]。儒家講的「仁」愛，則異於是，它雖具感性，卻也同時具理性，它雖也愛一切人，卻是愛人以德，不愛人以姑息，是以對作奸犯科的壞人，必加以惡絕、貶斥，加以裁制、禁止，乃至該判死刑的，還是會忍痛判其死，以警效尤，以維護社會的公道，這才是對人間的大愛，故《論語》：

子曰：「唯仁者能好人，能惡人。」（〈里仁・三〉）

此「能」字，表示能依於天理來好惡，不夾雜私人的恩怨，不憑個人一時的情緒激動，也不受惡勢力所脅迫，而能在現實生活中成就價值的判斷，道德的判斷，以使物各付物，好人壞人各得其所；當然也不會因對方平日之好，而不見其某一表現的壞，不因平日表現的壞，而抹煞他此刻表現的好，能如如燭照好壞，如如善善惡惡，是是非非，如宋儒程明道之所言：「聖人之喜，以物之當喜；聖人之怒，以物之當怒。不繫于心而繫于物也。」[27]此即是「仁」愛所展現之一性格。

所謂「聖人之喜怒，不繫于心而繫于物」，不是說仁者之好惡，不在心，而是說其好惡不為私心所牽泥，這表示仁心是自由、自主的，是自覺的，唯其自由、自主、自覺，才能不囿於私己的情緒，而隨對象（物）之當喜當怒而喜怒，亦唯其自覺而不黏滯，才能面對周遭的事物，作「各得其所」的應變與處置，此本於天理之「仁」心的自由、自主、自覺，即是孔學講道的根本所在（所謂「一」），一切依此「一」來實踐，就能生活得充實圓融，讓生命展現意義與價值。

《論語》：

子曰：「參乎！吾道一以貫之。」曾子曰：「唯。」子出，門人問曰：「何謂也？」曾子曰：「夫子之道，忠恕而已矣！」（〈里仁‧一五〉）

「吾日三省吾身」的曾子，經常用心在清澈生命，時有道德的自覺，所以他對孔子所講的「一」貫之道，體悟特深，其斬釘截鐵地直指「忠恕」是夫子「一」貫之道的主要內容，精神上應若合符節。

26 參看牟宗三《道德的理想主義》（臺北‧臺灣學生書局‧一九八二年一月五版）中〈理想主義的實踐之函義〉一文。

27 引自黃宗義《宋元學案》（臺北‧華世出版社‧一九八七年九月臺一版）冊二，第十三卷〈明道學案‧上‧定性書〉一文。

「盡己」之謂忠，此即人於做人處事時，都能一本自己的良心，盡心盡力去表現，凡有意義與價值的，在主客觀可行的條件下，能不畏艱難地去做，而表現出剛毅的精神；而「推己」之謂「恕」，此即人於待人接物時，都要將心比心，從自己之所求所欲上，推知他人亦有此求此欲，從而體悟自己的道義務所在，而知所力行，此「盡心盡力，推己及人」的忠恕精神，亦是「仁」之一性格。

本著「恕」的精神，仁者除了「愛人」，自亦必推廣到「愛物」，所謂「親親而仁民，仁民而愛物。」愛物不是不用物（所以儒家沒有素食的主張），而是讓「物」能儘量發揮其效能，盡其為人所用，是以科學之用物理、化學、數學……等等原理，借著宇宙間的自然資源，來創造更多更有益於生活使用的器物，使人類提升了更美好的物質享受水平，這當然也是一種「愛物」的表現，但倘如為了刺激消費，強化經濟發展，而誘導人生發可以不必要的無窮貪婪慾望，而過度開發，生產過程中所造成地球能源的耗竭，將帶給人類更大乃至毀滅性的浩劫（如過度的二氧化碳排放，造成地球臭氧層破洞的擴大，聖嬰現象所帶來的一連串不正常天候如澇旱等等），此原本是愛人愛物，最後反變質為害人害物，都有違儒家「仁」愛的精神，故《論語》：

子曰：「奢則不孫，儉則固。與其不孫也，寧固。」（〈述而・三七〉）

人能「儉」而撙節開支，保留不必要浪費的財力、物力，讓它發揮更多更大的「實用」，一則可讓物力孳息更多的能，再則可減緩能源的耗竭，使後人享有更多的生存條件與空間，此為大我而節制當下之私我，愛物長物而不耗物滅物，正是「仁愛」所蘊涵的精神。

由本節上述之從私慾之超拔上所表現的不屈撓之剛強生命意志力（剛）、對理想價值充滿信心而不畏艱難所展現的奮發強韌精神（毅）、本自主自覺心靈之對人、物的大愛所呈顯的人性之誠樸不虛偽（木），以及謹言慎行等等之生活實踐之坦然對自己人格尊嚴的負責態度（訥），……凡此，在在都顯示了「仁」的精神，故所謂「仁」，孔子又綜此作了簡賅的表述，《論語》：

子曰：「剛、毅、木、訥，近仁。」（〈子路・二七〉）

「近仁」，只表示此剛、毅、木、訥的態度與「仁」之精神相接相契，它指明了行仁所應持的主要精神，但並非謂這樣即是「仁」的全幅朗現，不是全「仁」，正說明了仁道的內涵廣大，非三言兩語所能道盡，亦非生活中之幾項美好態度即可概全「仁」的精神，此所以說「仁」之難也。

四、本心的操存與愛敬同行的內在修養

上兩節從形而上之天道、天命與從形而下之人的現實生活言行表現上論仁，乃原則上都是就理論性而說，言說固可增加人對「仁」概念的理解，但孔子之論仁，其實重點不在概念的認知，而是在踐履上的體證，蓋「仁」是儒家生命學問的重心，生命學問要表現在生活中，才能具體體

認生命的精神，故它不在空說，而在力行，能力行而表現「仁」，體現「仁」，此乃是對「仁」最真切的體悟。《論語》：

> 子曰：「二三子以我為隱乎？吾無隱乎爾。吾無行而不與二三子者，是丘也。」（〈述而・二三〉）

「仁」中蘊存有活活潑潑的生命精神，孔子在日常生活中雖表現得極其平實，不露精彩（無如耶穌之釘死十字架上，釋迦之離家，歷經長久時間坐在菩提樹下求道、悟道……等等之驚世駭俗的超凡表現），言行中卻在在都有「仁」在那裏展現，誠如明儒薛敬軒之所謂：「聖人無行而不示人以至理，理即作止語默之則也。人多以言語觀聖人，而不察其天理流行之實，故聖人無行而不示人者，皆天理流行之實也。天理只是仁義禮智信，散而為萬善，當於聖人作止語默間，一一默識其何事是仁，何事是義，何事是禮、智、信，無不了然於心而無疑，庶可以知聖人所以為聖矣。」[28]

人或可用言語來掩飾自己於一時，但人由言行所展現的人格，終究是無法長久掩飾的，試問與人相處久了，誰不知他的為人？孔子是個有德的人，他的舉止云為中，時時都在表現「仁」，他的日常生活簡直就是「仁」的現身說法，坦坦白白擺在學生面前，沒有半點造假，故說「吾無隱乎爾」，其義，正是要學生從老師生活的身教中去體會「仁」，而不是要他們多從老師的言教中去認知「仁」。

孔子之講「仁」，既重在生活中體證，而生活之事無窮，一己之力有限，人又如何從中實踐仁，體現仁，乃至又當如何表現才能臻於一完美的「仁」境，凡此諸多課題，自必為好學、好問、好德的弟子所想追尋的。《論語》：

子貢曰：「如有博施於民，而能濟眾，何如？可謂仁乎？」子曰：「何事於仁，必也聖乎！堯舜其猶病諸！夫仁者，己欲立而立人，己欲達而達人。能近取譬，可謂仁之方也已。」（〈雍也．二八〉）

子貢認為孔子講的「仁」境極其高遠，以為它應是人間之外王事業的完美表現，故特拈出一個「博施濟眾」的政治理想情境來提問，認為唯有如此，才是真正踐「仁」的落實，才符合孔子心目中的全「仁」，此問，正有試探老師言「仁」之極致的用意。

所謂「博施」，指的是在物質或精神各方面能普遍施惠給社會上之每一個人；所謂「濟眾」，即每一個人之受施，均能恰合其所需求，正如陽光之普照，使萬物各得其生，各得其長一般[29]，此即是子貢心中構劃之人間完美的政治理想藍圖。

28 同註17，引自《廣近思錄》卷之十一。
29 同註5，冊二，卷六，第二十八章。

此貫通於太極、人極之皇極的「博施濟眾」之理想外王功事，是待緣而有命的，不是一般人所能臻於此境，即便聖王如堯舜在世，也未必就能辦到。其實孔子所提倡的「仁」，不必定要說到這個極致上去，它是人人都可以踐履得來，不是聖王的專利。朱子曰：「仁者如水。有一杯水，有一溪水，有一江水，聖便是大海水。」又曰：「譬如東大洋海同是水，但不必以東大洋海之水方為水，只瓶中傾出來底亦便是水。博施濟眾固是仁，但那見孺子將入井時，有怵惕惻隱之心亦便是仁。」[30]剋就性質言，仁與聖原皆指理想、完美的人格而言（所謂水），只是「聖」除了完美人格外，仍需兼對世間有鉅大教化或影響力而言（所謂大海水），人只要把握「己欲立而立人，己欲達而達人，能近取譬」的行「仁」要領，都可稱得上是向仁、行仁，而不必定要講求做到什麼彌天蓋地的大功業才算踐「仁」。

馬一浮曰：「立以體言，達以用言。體立而後用，有以行，未有不能立而能行者。己立己達是立身行己，立人達人是化民成俗，先體而後用，故先立而後達。淺言之，立只是見得義理端的，站得住，把得定，不傾側，不放倒，不為習俗所動，不為境界所移。」[31]己立是立人的基礎，達人是己達的圓滿實現，人只有時時精進德性，陶養獨立堅強的人格，才能建立愛人的意志力，而越能愛人（達人），亦才越有助於真實自我的實現（己達）。

至於如何具體實踐，其著力點即在「能近取譬」，此即從當下生活所面對的人、事下手，當下只有甲，我便只考慮甲，當下仍有乙，我便兼考慮乙，我真誠無妄地對眼前所遇的人、事，生發「己立立人，己達達人」的願力，做我所能做的事，此便是「行仁之方」。即見「己立立人，己達達人」的心願雖無限，踐仁卻是人人都可行的，剋就「人人都可行」言，雖極為平實、平易，但剋就「力行之無止境」言，人要成為仁人，亦委實不易，此易，可引生人對行仁的信心，此不易，亦可鞭策人作無限的努力，此易而不易，不易而易，正凸顯了孔子講「仁」的高明藝術性[32]。

「己立立人」是要我們行仁當先作「內聖」的工夫，以為「己達達人」的「外王」功業打下紮實的主觀性基礎，此「內聖」工夫不是要我們作宗教性的禪坐冥想，而是要我們在生活中踏踏實實地努力去「克己復禮」。《論語》：

> 顏淵問仁。子曰：「克己復禮為仁。一日克己復禮，天下歸仁焉。為仁由己，而由人乎哉？」
>
> 顏淵曰：「請問其目。」子曰：「非禮勿視，非禮勿聽，非禮勿言，非禮勿動。」
>
> 顏淵曰：「回雖不敏，請事斯語矣。」（〈顏淵・一〉）

---

30 引自《朱子語類》（臺北・漢京文化事業公司・一九八〇年七月初版），卷之三十三。

31 引自馬一浮《泰和宜山會語合刻》（臺北・廣文書局・一九八〇年十二月初版），《宜山會語》〈說忠信篤敬〉一文。

32 同註5，冊二，卷六，第二十八章。

郝敬詮釋「克己復禮，天下歸仁」十分諦當：

> 萬物皆備曰仁。仁也者，人也。人耳目口鼻四肢腹心具，即己；己者，我也。有己則私意錮蔽，將天地萬物體段，隔作窠臼，負固如堅城，須用大師克，一朝蕩破，即故物依然，是曰克己復禮。
>
> 莫不有自然之天則之謂禮。禮之言履也。仁渾然中存，而外有儀則有履；踐履則為禮，而涵藏則為仁；仁藏諸用，禮顯諸仁，全外內之道也。仁如果實，仁藏甲內，其根幹花葉具，但甲閉則生機不復，如形骸隔則三千三百之用不顯，萬物一體之量，局在軀殼之內，不得與天下通。……。
>
> 有志為仁者，但患禮為己奪，而不得復，斯仁為己隔，而不得通耳。苟物我無礙，痛癢相關，視人猶己，愛人人親，禮人人答，凡有血氣，孰不歸依？而八荒在仁育中矣。[33]

從上述之文字，可知所謂「己」，指自然的、生理的生命，「克己」是在自反自覺中突破自然的生理生命之制約，依人人本有道德理性、良心、良知去限制（克）自己生命中「非理性」的成分（己），以使自己恢復「人文的我」之價值（復禮），此時，被我的自然生命所隔的「天下」，又回歸到我的仁內，而與我復合為一了（天下歸仁）[34]。特強調「一日」，即相對暗示了人如不能時時自覺，人我、物我相通之路馬上斷阻，「己」便隨即又受到自然生命的桎梏，可知此修養工夫是不可一日息肩的。

而人願不願意「克己」，願不願意踐「仁」，這是出於自性中的德性，它不受任何外力的威迫，全然是自主自發的行為，所以「為仁由己」是人最高尚的自由，也是人之最可貴的尊嚴所在。

然則「克己復禮」的自我支配意念，又如何具體在生活中去加強此修養工夫呢？孔子答以就直在當下，把「非禮」勿視、聽、言、動當成它的實踐綱領。此「四勿」不是要人斷去生理欲望，只是要人於日常生活之視聽言動中，時時操存本心，使之不流於非禮處而已。換言之，它不是要人絕斷視色之欲、聞聲之欲、發言之欲、行動之欲，只是要人以本心應萬變之欲，要之，如用「斷欲絕感屏事而孤求此心」的方式來修養，都不是操存本心的工夫[35]，耳目口身是人之自然生命的大用，踐「仁」只是敬用此大用而不濫用，由本心之所主，而使之用得合禮中度罷了。

33 引自日人・竹添光鴻《論語會箋》（臺北・廣文書局・一九七七年七月再版），下冊，卷十二，第一章。

34 參看徐復觀《學術與政治之間》（臺北・臺灣學生書局・一九八〇年四月臺一版）中〈釋《論語》的「仁」〉一文。

35 熊十力說：「我不是主張縱欲的。但用功去絕欲，我認為方法錯誤，只要操存工夫不懈，使昭昭明明的本心常時提得起，則欲皆當理，自不待絕了。如果做絕欲工夫，勢必專向內心去搜索敵人來殺伐他。功力深時，必定入寂滅，將有反人生的傾向，否則亦好執意見以為天理，因為他一向孤制其心，少作格物的工夫，結果自非拿他底意見來做天理不可。……」其見解與此接契。參看所著《十力語要》（臺北・洪氏出版社・一九八三年二月再版），卷四。

「四勿」是從踐仁時，如何對「己」的起心動念工夫上來說，踐仁當然也同樣須對「人」講求如何持懷「敬、恕」的態度，《論語》：

> 仲弓問仁。子曰：「出門如見大賓，使民如承大祭；己所不欲，勿施於人；在邦無怨，在家無怨。」
>
> 仲弓曰：「雍雖不敏，請事斯語矣。」（〈顏淵．二〉）

古時迎賓的禮節，主人須出室到屋簷下迎接平輩的訪客，對長輩或貴賓的蒞臨，則須出門接待，以示最高的敬意，踐仁必須以這種「如見大賓」的高度敬意來對待一切人，同樣的，政治人物也要用虔誠之事天祭祖的禮敬精神去使喚百姓（使民如承大祭），視人民的人格尊嚴與為官者自己相等，即見儒學所講的「仁者，愛人」，此「愛」是愛與敬同行的愛，此即愛人的同時，持懷著對人絕對的、無條件的，而真視對方為「人之自身即是一目的，而非我之表現愛的工具」的敬，故也不會有如一些宗教家「於施愛時，常不自覺地回頭自念自己是信上帝的，能知道效法其愛，而認為受施者不能」之潛意識覺得對方低我一階的心理[36]，能從彼此相敬互尊中表現的愛，這才符合「仁」愛中的平等精神。

復次，由於人不是神，「仁者，愛人」的愛，其實也未必在任何情況下都能實踐，尤其當別人對我不好，予我以非理性的傷害，而成為我的敵人或罪人時，人要如宗教家之仍舊愛一切敵人與罪人，委實不易，不只按捺，也嫌虛偽矯情，是以人要表達「仁」愛，不是從直接愛或原諒敵人、罪人，以化解怨惡之情入手，也不是要以強制方式，要對方去遷善改過（改或不改，這是他的自由，誰也勉強不來），而是要「直把我對他之『所當惡』的表現，不再拿來複製，以施加在他及其他人的身上」，此即是「己所不欲，勿施於人」的踐仁工夫。

此工夫，不只可消極地減少我對他的怨恨之情，且可積極地轉化它為我所當為的準則，一切的人間罪惡，能從我這裏直下截斷，不再通過我而流行，即表示了我對世間惡罪的一種承擔，此承擔，雖似沒有形式之積極施愛，卻是所有人所望與所愛的，故它可謂一廣博的「仁」愛表現[37]。

聯結上述之「仁愛的實踐，要同時愛敬同行」的精神來看，「己所不欲，勿施於人」，不必定意味著「己所欲，當施於人」，當對方如感我之關愛對他而言是一種困擾，一種不想背負的人情債時，則我不能因於關照心的驅使，而強要施恩給他（如他生病不想麻煩我去探慰，我即應尊重，不要強行去看他；據聞日人在公車廂上常不讓座給長者，亦常基於這種心理），此「敬重其自主權，而不去干涉、困擾他」的關愛，反成了「仁」愛另一種方式的表現了。

由是知夫儒家講的「仁」，具有一「愛而不愛，不愛而愛」的高明藝術性格，此所以謂其難言也。

---

36 參看唐君毅《說中華民族之花果飄零》（臺北・三民書局・一九八四年一月五版）中之〈附錄：中國文化與世界〉一文之十一。

37 同註16，參看〈略釋孔門言恕〉一文。

五、立志、好學與博約、中庸的踐仁工夫

人要落到現實生活中去踐仁，除了要講求上述之操存本心的內在基本涵養，亦需培養、儲備各種成就道德事業的條件，此中首當講求的，即是立定向仁向道的心志，故《論語》：

子曰：「三軍可奪帥也，匹夫不可奪志也。」（〈子罕・二五〉）

戰時三軍失帥，可陣前換將，找人頂替，繼續領導，仍能取得勝利，唯人的志，必須自己立，無法期待別人幫我立，自己不下決心，踐仁便流為口號，於事無成。

誠然，「志」是人之道德心性所生發的一種向仁向道的願力與理想，它一方面求自免於罪惡，一方面求「真善美」之能實現於自己，乃至求能實現於家、國、天下，此願力既發於仁性之悱惻，仁性不可易，故由此而引生的志，亦當不可奪，可奪便非真志。

然則人要立真志，亦委實不易，因人之公私目標，本來相互摻雜（如參選人冠冕堂皇地以服務社會為目的，來掩飾求名利之私，有了名利，亦可真借此來服務社會），人只有時時逆覺，才能從公私的夾雜歷程中，把一切私志的到達，轉化為公志之實踐的憑藉，而真立下「不可奪」的大志[38]。

只要是真志，不管從「內聖」方向去立，或從「外王」方向去立，都符儒家講求的踐仁之志。《論語》：

顏淵、季路侍。

子曰：「盍各言爾志？」子路曰：「願車、馬、衣、輕裘，與朋友共，敝之而無憾。」

顏淵曰：「願無伐善，無施勞。」

子路曰：「願聞子之志。」子曰：「老者安之，朋友信之，少者懷之。」（公冶長・二六）

子路有感於現實中人，常計較物利、得失，故立下「願車、馬、衣、輕裘，與朋友共，敝之而無憾」的志，期能透過自己「不計較物利」的超越，以帶動社會中人彼此真實情義的交流；顏回則自覺優點有限，無數的人都有我所沒有的長處，值得學習（無伐善），而即使自己做了一些有貢獻於社會的事，往往也是無數個他人直接或間接的協助與成全，不但不值得自誇，反更應尊重社會中的每一個人（無施勞）。他們兩人求「內聖」的志雖各有異，但不斷向前，求自我超越、求與人感通的心志則相同，這都與「仁」的精神相符，故亦是踐仁的表現。

孔子「老安、友信、少懷」的志，則屬「外王」的層境，他最期望的是普天下的老人都能受到其子女的孝敬、奉養，以安享天年；社會中人都能真誠相待，互不猜疑；年幼者都能受到長者

---

38 參看唐君毅《人生之體驗續編》（臺北・臺灣學生書局・一九八〇年十月四版）第四篇〈立志之道及我與世界〉一文之二。

的照護，過快樂的生活；這種「分明天地氣象」[39]之物各付物，各正其性命的太和境界，需要人人都能喚起道德自覺才有可能達到，這是人類所當共同奮鬥的目標，也是孔子一生所持懷的最大願景。

人要立向仁的真志，必須先要有不為外物所牽引的涵養，這才表示自己下了最大的決心，此中最易在日常生活中印證的，即表現對衣食好壞的不在乎。《論語》：

子曰：「士志於道，而恥惡衣惡食者，未足與議也。」（〈里仁‧九〉）

「恥」是對自己言行之不善感到不安而羞愧的一種自覺，人之或貧或富，可否有好的物質享受，這是天命，與人言行之善或不善無關，故因此而「恥」，顯無理由；唯人能立定自己，自作主宰，心不外馳，不視衣食等「外圍的我」為真我，才能堅定向道，建立起踐仁的心靈基礎。此不「恥惡衣惡食」，只是起碼的向仁涵養（〈子罕‧二六〉記載：對當時志得意滿於「衣敝縕袍，與衣狐貉者立，而不恥」之涵養的子路，孔子並未進一步讚美他，只淡淡地說：「是道也，何足以臧？」即因於此），蓋踐仁畢竟是一無盡的歷程，除了要有堅定之志外，還必須要永持弘毅的精神。《論語》：

曾子曰：「士不可以不弘毅，任重而道遠。仁以為己任，不亦重乎？死而後已，不亦遠乎？」（〈泰伯‧七〉）

弘者，寬大也。士為四民之首，不只要有遠大的眼光，也要有恢弘的心量。有遠大的眼光，他才能高瞻遠矚，望前顧後，才能承先啟後，繼往開來，當一個引領世人向前向道的靈魂人物。有恢弘的心量，他亦才能超越一己之私，為社會服務，表現出「犧牲小我，成就大我」的宗教精神。

然而一己之力有限，天下之事無窮，是以所謂「仁以為己任」，不是說所有的社會重任，要自求一身攬來全挑，只是說在自己的心靈上，先點燃熱誠服務的光輝，照耀在家國天下之一切人、一切事、一切物上，以喚起大家一起來發光發熱，共同為「成就大我」作最大的努力[40]，此無盡的道德事業，無論如何總盡不完，永無息肩之一日，故「仁以為己任，不亦重乎？」

當然，落到現實存在面來實踐，一定會遭遇到很多艱難，故也需要有堅忍不拔的毅力（毅），來承受各種可能挫敗的打擊，除了對不合理的現實要忍耐，更要對理想價值充滿著信心與希望，相信漫漫長夜終必會有黎明的到來，即便自己無法完成，也要秉持「功成不必在我」的毅力，作永恒的人性奮鬥，此大雄無畏之「死而後已」的強韌精神，正是踐仁時所必備的道德情操。

---

39 朱子引程伊川語，見《四書集註》（臺北・世界書局・一九六七年九月十一版）上論，卷三。

40 參看戴朝福《儒家的生命情調——論語義理論叢》（臺北・臺灣學生書局・一九九三年八月初版）中〈從論語看儒家的天道與憂患意識〉一文之三。

踐仁固然要有上述向仁求道的志向，也要有「造次必於是，顛沛必於是」（〈里仁・五〉）的弘毅精神，但現實畢竟是一極具複雜性的存在，有甚多的陷阱與困難，人往往受制於個人氣質上的錮蔽，而無法超越它，行仁於是常易淪為教條的墨守，而引生各種流弊，《論語》：

> 子曰：「由也，女聞六言六蔽矣乎？」對曰：「未也。」「居！吾語女。好仁不好學，其蔽也愚；好知不好學，其蔽也蕩；好信不好學，其蔽也賊；好直不好學，其蔽也絞；好勇不好學，其蔽也亂；好剛不好學，其蔽也狂。」（〈陽貨・八〉）

「六言」的言，指的是道德名言，是道德項目的專有名詞（如仁、義、禮、智……等等），它的精神內涵生鮮活潑，有其普遍義，也有其特殊義，人如只單方向依自己的見解，盲目順名言中的某一義來執守，便易限制了道德心靈，而產生名言習氣[41]，名言習氣再與知識習氣、情欲習氣相結合，踐仁時便易變質，而產生很多流弊。

諸如：原本懷著一股熱誠，去幫助一個窘困的人，後來吃虧上當，才發現他心存不軌，一味同情關愛，想成就「仁」道，不料竟使自己淪為一個愚不可及的「老實人」（愚）。做一件事，確實努力深思，但由於黏滯在自己慣性的思考模式中，以致往往向一偏蔽的方向作永無止境的無謂摸索（蕩），終致走上偏鋒而不自知。為了執守「因於一時的興起，而其實沒有實質意義」的承諾，以表示對自己的應允負責，結果卻成就了對方的不義，反帶給自己很多困擾，乃至利益、人格、生命的傷害（賊）。想用「爽直」來表示自己的誠實，竟口無遮攔地批評人的過失，不知委婉勸告，沒留給人餘地，這樣就會造成對方心理的壓迫，而下不了台（絞）。為了展現臨危不懼的勇氣，面對爭執，竟未經縝密考量，一任逞血氣而硬碰硬地蠻橫使力，以致原本可轉圜的情勢，弄到不可收拾，而破壞了群體秩序（亂）。同樣的，為了表示自己有不為外物所屈服的堅強意志，人往往也易在現實中用「逞強、爭勝」的方式來表現，這看似剛強，而實已淪為粗暴（狂）了[42]。

由上可知：現實生活的踐仁場域，處處可能都有陷阱，時時可能都有艱難，所以要「好學」，好學不只要見賢思齊，更要刻刻反躬自省，保任道德心靈的明覺，換言之，即須效、覺兼顧，學、思並重，此所以《論語》：

子曰：「學而不思則罔，思而不學則殆。」（〈為政・一五〉）

心能靈活，做事便不會預設立場，不執守成見。懂得「毋意、毋必、毋固、毋我」（〈子罕・四〉）的智慧，才能將心放空，所謂「空空如也」（〈子罕・七〉），有空乃能靈，能靈乃有自由的心，才能認識一切，了解一切，而不致黏縛於一般的道德教訓，否則「攻乎異端，斯害

41 同註25，參看〈智慧之表現與道德實踐〉一文之一四。

42 同註5，冊四，卷十七，第八章。

也已。」（〈為政・一六〉）讓自己盲目地走向極端，都會使踐仁之事變質，不但無法成人之美，反易造成無謂的傷害，值得吾人戒惕。

踐仁要不變質，除了要注重心靈的覺、思，注重內在的陶養，也同時要重視客觀知識的效、學，重視處事能力的培養，孔子說：「不學詩，無以言。」「不學禮，無以立。」（〈季氏・一三〉）在在說明了客觀知識的重要。

古時六藝經傳是成德之知，也是見聞之知，不論成德之知，或見聞之知，只要有益於人生的，都應該學，且當博學，所以今日之有關社會、經濟、政治、科學、文學、哲學、藝術……等等各方面的學問，都當學（此所以〈先進・二四〉記載孔子反駁子路「有民人焉，有社稷焉，何必讀書，然後為學」之論，說他狡辯），誠然，書是一面大鏡子，是古今中外賢哲的智慧結晶，借著它，可使我們了解世間很多的事物與知識，增加我們見識上的廣度；也可使我們從中獲得無數人所累積的經驗與智慧，幫助我們思維上的深度，使我們更能作正確的價值判斷。要之，讀書可加強我們處事的能力，促進我們理性面對生活・減少我們的時間去作錯誤的嘗試，故人人都應讀書，且要博學，此所以《論語》：

子曰：「吾嘗終日不食，終夜不寢，以思，無益；不如學也。」（〈衛靈公・三一〉）

子曰：「君子博學於文，約之以禮，亦可以弗畔矣夫。」（〈雍也・二五〉）

人之思也，通常易順著自己的思考模式去進行，因而會有許多盲點而不自知；多讀書，透過無數人心靈的鏡子所重重疊疊相互照見的，反映到自己的鏡中，就可把自我的小鏡，變成大鏡子[43]，如是，對生活事物的問題，乃可統觀全局，博達貫通，做起事來，亦才易左右逢源，得心應手，孔子之所以能成就其聖格，由「學不厭」來，不是沒有道理的。

博學於文（此「文」不專指書籍中記載的文字，廣義地講，也指一切自然、人事的種種內容），固可增廣知識、見聞，培養正確的處事能力，但人畢竟是一物氣的現實存在，在執行歷程中，要使踐仁不變質，更要「約之以禮」。禮者，履也，理也，「約之以禮」即是要收斂身心，於視聽言動時，都能本乎天理，依乎理性，如是，對他人不合理的言行，才不致盲目效仿而受污染，對價值中立的客觀知識，也才能轉它為正用，而不致誤用、濫用，這樣所成就的知識功業，才算有意義有價值的踐仁活動，故「亦可以弗畔矣夫」[44]。

世間之事物無窮，知識無限，為人處世的學問亦無止境，故人人都應抱持著「學如不及，猶恐失之」（〈泰伯・一七〉）的態度去追求，除了要「日知其所亡，月無忘其所能」（〈子張・五〉），要以「譬如平地，雖覆一簣，進，吾往也」（〈子罕・一八〉）的積極精神自我鞭策，更要「敏而好學，不恥下問」（〈公冶長・一五〉），「博學而篤志，切問而近思」（〈子張・

43 參看唐君毅《青年與學問》（臺北・三民書局・一九八四年九月再版）中〈說讀書之重要〉一文。

44 同註5，冊二，卷六，第二十五章。

六〉），「視思明，聽思聰」（〈季氏・一〇〉），客觀的知識日積月累，做人處事的學問日新又新，我們就會從中逐漸培養出圓融之「中庸」的處世智慧，踐仁之事亦才不致變質。

「喜怒哀樂之未發謂之中」[45]，此所謂「未發」，指的是「去人欲，存天理」的未發[46]，可見中庸的「中」，是根源於人含而未發的仁，「天命之謂性」，人的仁性既根源於天，它便是天地的心性，天地之心無所不包，無所不容，人能用這種「無所不包，無所不容」的心，去觀照世間之一切事，就不覺有是非善惡的絕對對立，故在主觀上便不會預設立場，堅守成見，把事情視為可通兩端的一線，再就其可通處，作最合宜的處置，以使內在要求的意義與價值，在現有的環境與條件下，作最合宜的表達與實踐，此即是「不偏不倚，無過不及之謂『中』」的精神展現。

而所謂「庸」者，用也，通也。此即將上述「去人欲，存天理」的內心，如實感通於外在的人、地、時、事、物，讓自己的情緒，喜所當喜，怒所當怒，哀所當哀，樂所當樂……，此對境物作對象當、性質當、程度當的心情反應，正說明了人如有「中庸」的涵養，對主觀與客觀條件（有自省的工夫，才知自己的限制；有豐富的經驗與知識，才知事物的艱難，與可能的合宜解決之道），乃能等視齊觀，心不為物轉，物亦不為心所變，心物平施，各如其分，處事接物方可對應合宜，而讓踐仁之事落實，可見中庸之情不在我，亦不在事物，而在物我交互貫通處；情不在內，亦不在外，而在內外之間；如此，乃能打開內外、物我、人我、天人交通之路[47]，而圓融求問題之解決，此所以孔子極力讚美它是「至矣夫」的高明智慧。《論語》：

子曰：「中庸之為德也，其至矣乎！民鮮久矣！」（〈雍也・二七〉）

「不易之謂庸」，不易即平常。「中」既發於本心的要求，只要率性而行，從一點一滴之平常事上用心，乃原則上人人是都可以修養得來的，然而人畢竟有現實存在的習氣，非有至大至剛的強靭生命力，實也不易做到，故孔子因而也有「民鮮久矣」之嘆。

而人力有限，世事無窮，即使人真能陶養出「中庸」的精神，且以它來表現，也未必能完美，只能因於當時之主、客觀條件，表現得「恰當」而已，恰當不必定是完美，此即：情境、條件有了變化，人自也須隨之改變，而找出另一個平衡點，作另一種「合適」的展現，此所以謂它「極高明而道中庸」。

於此，可知踐仁原本不必定能臻於完美，只是求事事之「圓融」、「合宜」而已，不必定能完美，而人在精神上仍有理想的嚮往，有求完美的憧憬，以此引領著人不斷向前，故踐仁之事便

45 同註37，《中庸》第一章文。

46 王陽明《傳習錄・上》謂：「須是平日好色好利好名等項一應私心，掃除蕩滌，無復纖毫留滯；而此心全體廓然，純是天理，方可謂之喜怒哀樂未發之中。」見《王陽明全集》（臺北・宏業書局・一九八三年七月初版），本文以「去人欲，存天理」之未發釋「中」，即依其見解。

47 參看唐君毅《中西哲學思想之比較論文集》（臺北・臺灣學生書局・一九八八年七月全集校訂版）中〈如何了解中國哲學上天人合一之根本觀念〉一文。

也成了一永無止境的人生奮鬥歷程。

六、承體起用與生趣盎然的仁者氣象

上從內聖的修養與外王的實踐工夫去論述，已大抵鈎勒出了「仁」的性格，然則在生活中要怎樣做，如何表現才配稱為「仁者」，自亦是志在追求更高道德涵養的孔門弟子所想了解的答案，子張於是舉現實中兩個人物為例提問，冀圖借著孔子的看法，了解如何才具仁者的氣象。《論語》：

> 子張問曰：「令尹子文三仕為令尹，無喜色；三已之，無慍色；舊令尹之政，必以告新令尹。何如？」子曰：「忠矣！」曰：「仁矣乎？」曰：「未知，焉得仁？」「崔子弒齊君，陳文子有馬十乘，棄而違之。至於他邦，則曰：『猶吾大夫崔子也。』違之。之一邦，則又曰：『猶吾大夫崔子也。』何如？」子曰：「清矣！」曰：「仁矣乎？」曰：「未知，焉得仁？」（〈公冶長・一九〉）

子文視「當官」只是居一服務眾人的公位，是義務的奉獻，不是權利的享受，所以不管「三仕」或「三已」令尹，無喜也無慍。為了讓政事順利推展，每次新舊任交接，都「必」對有關職務上的事，告知新令尹，這種念念不忘在公，當然是「忠」於職責的表現，但此「必」，也可能處處引領新令尹蕭規曹隨，掣肘了他開創新局的政治思維，故雖曰「忠」，卻有可能使新官失去踐仁的活潑性，故未必是仁。

同樣的，文子出於無力討賊的無奈，毅然放棄祿位與家產，選擇潔身離亂，而不隨波逐流，不同流合污，這當然是「清」（清高）的表現，但可能由於對客觀環境的道德標準要求太高，奔走了幾個邦國，都覺得「天下烏鴉一樣黑」，此抱怨無處可居，不知從中自我調適，隨遇而安，恐因而淪為「清者」的偏執，故亦未必是仁[48]。

可見「仁」涵蓋了諸德，它是眾德的綜合體，「忠」、「清」雖是仁之一表現，但局部不必定代表整體，故未必是仁；未必是仁，但也未必不是，故曰「未知」。是或不是，須看它是否為仁心所滋潤，能經常與天地合德，不失天地之創生不已的本質，而保持生命不「物化」，充分展現出人之生命精神的，這才算是仁，此義，明儒王船山論述切要：

> 然使其當事一念，即無所私而發於天理，要為仁之見端而非即仁，況其猶在不可之天者乎？子文只是盡心所事，文子只是利祿情過輕，遇著平居時，兩件無所見長，則敗缺盡見；一蒞乎變，恰恰好教者忠、清露穎而出，故一似中當事之理而若無私，然亦一事之

48 同註5，冊一，卷五，第十九章。

忠、清而已。……子文心有所主，故事堪持久，而所失愈遠；文子心未有主，故驀地暢快，且若無病，而後不可繼。託體卑小，而用乘於偶然，其與全體不息以當理而無私者，直相去如天淵矣。49

誠然，一個人是否為仁者，不能只看其一時的行為事相，更必須領會其生命精神的底蘊。《論語》：

子曰：「……仁者必有勇，勇者不必有仁。」（〈憲問・四〉）

仁者對合於義的事，即便困難重重，他也敢於面對、承擔，從中反省改進，淬礪自己，再接再厲，毫不畏懼，此即是「仁者必有勇」所展現的強韌實踐意志力。至於匹夫之勇，它純發乎自然生命的一時衝動，是情緒化的，非理性的，故常犯錯不敢承認，遇上艱難與壓力，便無法承受打擊，這種只顯暴烈，而沒有堅毅精神之似「勇者」的表象，自非仁者之勇的姿采，故曰「勇者不必有仁」。

仁者除了要有內在的道德涵養，也要有表現於外在的治事能力，故要擁有怎樣的治事能力才算是仁者，也就成了孔門弟子追問的課題。《論語》：

孟武伯問：「子路仁乎？」子曰：「不知也。」又問。子曰：「由也，千乘之國，可使治其賦也，不知其仁也。」

「求也何如？」子曰：「求也，千室之邑，百乘之家，可使為之宰也，不知其仁也。」「赤也何如？」子曰：「赤也，束帶立於朝，可使與賓客言也，不知其仁也。」（〈公治長・八〉）

從孔子之答，明顯可知孟武伯是從處事能力的角度來問仁，孔子說子路可治賦，冉求可為宰，公西華可與賓客言，也只是就三人個別的客觀才能如實地回答而已，三度說「不知其仁也」，說明了客觀的處事能力，也許是仁，也許不是仁，乃至可能與仁無關，這不是說此等專長沒有客觀價值，只是說仁者必須要有道德心（體）的自覺，懂得自我振拔，以清澈自己的生命，不是只看有否習得各種客觀知能而已。要之，能「承體起用」的客觀知能，才是仁的實踐，而仁又是一「無限精神的向上，無限自我的超越與實現」的漫漫歷程，是死而後已的（此所以孔子只稱許已故的踐仁之人為仁者），此等三人當時是否能「承體起用」，將來是否能永續不息，這都是孔子當前所無法預測的，故曰「不知其仁也」，可見要展現一個仁者的風采，實不容易[50]。

而人不是神，當然處事未必事事圓滿，但生前他的表現，能潛移默化後代的人，而啟導世道人心，使那段歷史沒有留白的，便也稱得上是個仁者。《論語》：

49 引自王船山《讀四書大全說》（臺北・河洛圖書出版社・一九七四年臺景印初版）卷四。

50 同註10，第一冊，第一部，綜論第七節。

微子去之，箕子為之奴，比干諫而死。孔子曰：「殷有三仁焉。」（〈微子・一〉）

微子見紂弟無道，國之將亡，為保續殷的宗祀，免因紂亡而隨之滅絕，只好回到原來食采的微地，率民安和耕耘，以消滅當地遭到暴政的迫害，這種時時以蒼生為懷，以商祚為念之避人而不避世的表現，即是一種「道隱」的精神。箕子（紂之叔）也因想為國為民，追求安定幸福，而由衷生發了一股強烈的諫紂意志，他不計個人死生榮辱，故勇敢承擔了披髮佯狂受囚的結局。比干（亦紂之叔）則更秉「君有過而不以死爭，則百姓何辜」之一念，決心豁出自己的性命，三日極諫不去，最後惹惱了暴紂，遭到剖腹觀心的酷刑而殉道。三人都在國家危急存亡之秋，明知進諫或將遭到不測，為了家國百姓，為了「憂亂寧民」而仍堅持下去，這種「愛人」而不顧己，充分展現了人我之痛癢休戚與共的真誠責任感，深蘊有「仁者愛人」的精神，故孔子讚嘆地說：「殷有三仁焉。」[51]

能表現在人我之痛癢休戚與共上，且影響既深且廣的，莫過於政治的領導人，他們能施行仁政，使社會中人都能老安少懷，而物各付物；能選賢與能，「恭己正南面」；能過儉樸生活，「有天下而不與」；尤其能把自己的政治權力散開、讓開，「禮讓為國」，不僅打破了「絕對的權力，絕對的腐化」之政客型的政治魔咒，且能全心為國為民，負起「奉獻」的道德義務，而為人類樹立起「落實政治之神聖莊嚴性」的典範，……凡此，在在展現了仁者的氣象，孔子屢屢讚美堯、舜的禪讓，讚嘆禹，都因於肯定他們是仁君、聖王之故。

要表現「仁者」的風采，當然不是聖王的專利，人臣如能輔佐君王，造就偉人的外王功業的，亦不失為「仁者」的表現。《論語》：

> 子路曰：「桓公殺公子糾，召忽死之，管仲不死。曰未仁乎？」子曰：「桓公九合諸侯，不以兵車，管仲之力也。如其仁！如其仁！」（〈憲問・一六〉）

> 子貢曰：「管仲非仁者與？桓公殺公子糾，不能死，又相之。」子曰：「管仲相桓公，霸諸侯，一匡天下，民到于今受其賜。微管仲，吾其被髮左衽矣！豈若匹夫匹婦之為諒也，自經於溝瀆，而莫之知也。」（〈憲問・一七〉）

管仲協助齊桓公「九合諸侯，一匡天下」，其事蹟早在歷史上獲得極高的正面評價，但其個人的德養，仍有諸多缺失，〈八佾・二二〉即記載孔子因他「有三歸」、「樹塞門」、「有反坫」，而批評管仲器小（心量狹小，容不下富貴，所以溢滿出來）、不儉、不知禮；子路更舉「桓公殺公子糾」，用召忽死的史實來襯托管仲之不能盡節殉身；子貢尤其反諷他不但「不能死，又相之」，把原本對立且欲置他於死地的對象，竟一百八十度轉化為投靠的主子，其不屑於管仲道德人格之卑賤，已溢於言表，其對讚美管仲為「仁者」的傳統史觀，亦顯然不敢苟同了。

---

51 同註34。

孔子則是站在較高之德性與理性上通權來看問題[52]，他認為在當時紛亂的大環境下，管仲能促進桓公以禮會盟諸侯，不用武力的威脅（不以兵車），而能獲得列國諸侯國君的信任與悅服，不但用和平的方式達到國際關係的穩定，使衰微的周室政統維持住尊嚴，得到尊重，還使天下百姓安定生活，沒有戰亂的恐懼，逐步走向安和樂利之境，大家至今仍受到他的德澤（民到於今受其賜），尤其因為他的「尊王攘夷」政策，維護、承繼了傳統優美的文化生命於不墜，不僅使天下與齊國相結合，也與民族的是非利害相結合，與整個歷史文化相結合（微管仲，吾其被髮左衽矣），可見他不墨守俗眾之小忠、小信等等細節，不步入「自經於溝瀆」的泥淖中，而能超越之，讓自己未死的生命，提升到更高的層境，使之作更完美的生命成就，作更高的價值實現，要之，他的一生，顯然對當世乃至後代人具有莫大的影響力，剋就此言，在主觀的個人德性涵養上，他雖有失仁德的風采，但在踐仁的功業上，卻大有功於仁道的實踐與落實，所展現的，是一個「曲成」的仁者，故孔子再三強調，說：「如其仁！如其仁！」[53]

從上述管仲之是否為「仁者」的爭議，可知要恰切描繪「仁者」的本來面目，委實不易，是以孔子在《論語》中常談「君子」，而罕說「仁者」，其講「仁者」，亦只說「仁者」當會怎麼樣（如說：「唯仁者，能好人，能惡人。」）或不會怎麼樣（如說：「仁者不憂。」）而不直說如何才是整全的「仁者」，因為不好整全說，為使弟子易於意會，有時就用「智者」作陪襯，來托顯「仁者」的性格與氣象。《論語》：

子曰：「知者樂水，仁者樂山。知者動，仁者靜。知者樂，仁者壽。」（雍也・二一）

人的仁性，承自於天，而天之仁，即表現在大自然中，所以中國的哲人、詩人之欣賞大自然，常能於一物見一太極，而識取其中的美善，故能意會物之德與人之德相孚相應[54]。智者順循天理，處事清明，隨遇而化，正如水之本質清澈，自然地由高處往低處流，而周流無滯；仁者安於義理，莊重博厚，具參贊之機趣，正如高山巍峨矗立，安固厚重，草木鳥獸借著它棲息而繁生；此智性水性相契，仁性山性相涵，所展現的就是「智者樂水，仁者樂山」的氣象。

智者天機活潑，周通萬物而無蔽，利用萬物而不繫，故「智者動」；仁者具老天「湛寂不亂」的本性，能時時收斂精神，不隨順軀殼起念，故「仁者靜」。

智者不為外物拘縛，胸襟灑落，心靈有「鳶飛魚躍」的大自由、大自在，故「智者樂」；仁

52 牟宗三謂：「孔子稱管仲是本仁者之心量識量而大其客觀之功，是站在較高之德性與理性上通權以稱之，……（如其仁，如其仁，是就客觀功業說，是說仁之客觀表現。仁之主觀表現雖差，而有功業，使人免于被髮左衽，亦是仁也，仁之客觀表現亦甚重要，故就弟子疑其不死公子糾之不仁而移就客觀面以解之。）不是積極與之也。」見所著《政道與治道》（臺北・臺灣學生書局・一九八三年十月再版）第十章之九。

53 「如其仁」三字，歷來註家各有不同詮釋，依本文之論，或可解讀它為：「假如」從仁的客觀事業面來說，他「應該」可以算是一個「仁者」的表現了。

54 參看唐君毅《中國文化之精神價值》（臺北・正中書局・一九七九年修訂本）第十章〈中國藝術精神〉一文之一。

者寧靜知足，安舒從容，心不役於物，且其所展現的生命精神能傳諸久遠，生生不息，故「仁者壽」。

仁是全德的總名，智包含在仁之中，所以上述之仁、智雖對言，智者的氣象，其實也是仁者的氣象。仁是一切德性的表現根源，一切道德的創造源泉，「仁者，人也。」能時時存養，合宜表現出人之善性的，他便是仁者。剋就本心言，仁是人本有的善性，是一具有怵惕惻隱的自覺心；剋就其妙用言，它感通無限，覺潤無方，此「感通」、「覺潤」就是智的性格。仁者由於能安於義理，安於善性的自己，所以其心靈生機流暢，無內外之對，無人我、物我之對，在此「無對待」的氛圍中，所以他能安於存心的真誠，安於心靈的自主；而智者本「潤身」、「潤踐德」的天德良知，能主動自發，應機知變，所以能鋒利地向外作合宜的道德實踐，它顯然是成就仁道的利器[55]，故《論語》：

> 子曰：「……仁者安仁，知者利仁。」（〈里仁・二〉）

由上述心靈存養之境界的描繪，可知不必定要有顯赫功業的外相建立，才能領受仁者的面目，其實只要具慧眼，即便日常生活中的個人儀態，也可從中悟會仁者的氣象在那裏展現。《論語》：

> 子之燕居，申申如也，夭夭如也。（〈述而・四〉）

此章孔門弟子以客觀記述的手法，來呈顯孔子之仁之極其平常的氣象，說明了這位描述者本身也是一具有相當高德養的弟子。

「申申」形容容貌的舒暢，有舒暢的性情，才能展現出儀態的舒暢。孔子心不繫「所」，物過則情不留，所以心中豁展通暢，「申申如也」就是此通暢無滯的心境寫照。心不繫物，常能隨遇而安，對眼前的生活本身，便覺生趣盎然，無入而不自得，故「夭夭如也」（夭夭，其色愉也）。

一個仁者，生活處處都是他表現仁德的場域，孔子「為之不厭，誨人不倦」（〈述而・三三〉）、「從心所欲，不踰矩」（〈為政・四〉）都是仁者的姿采，他說：「……吾無隱乎爾。吾無行而不與二三子者，是丘也。」（〈述而・二三〉）他的「現身說法」都是仁者的氣象，是以如何才算是個仁者，其實都已呈顯在孔子行為的不言之中了。

七、結論

本文之綜論《論語》之論仁，先就仁性之承自天性，說明天深廣幽微，「仁」自也蘊義無窮，天不已地起創生作用，「仁」自具有承天之誠體、神體、寂感真幾的神用，故也具有「生生

55 參看牟宗三《時代與感受》（臺北・鵝湖出版社・一九八四年三月初版）中〈哲學的用處〉一文之一。

不已」的至德：天之生物，剛健不已，不為他物所拘縛，故是自由的，它之生物、長物，出於自發的願力，主動的創造，不依於外力，故是自主的，「仁」承自天之所生所命，自亦有如天之自由、自主的性。自天言，它是超越於人的存在，但它之生人，使人具有仁性，這又是內在的，足見「仁」具一既超越又內在的性格。天生萬物，也生人，人是萬物之靈，最能彰朗「仁」性，故它要借著人來顯示天道。要之，天命所示現的仁，是一無限超越，無限創造之絕對自主、自由，永遠自強不息的精神，此即是仁的「生」性。

由於人是仁性與物氣之夾雜的現實存在，為了顯示天道，就個人修身言，仁心就會發用為立志向道、遷善改過、溫厚儉樸、謹言慎行、真誠無妄、克己復禮……依著主客觀情境，創造出各種道德品貌的表現；就群體之相處言，它就會展現出「感通」、「遍潤」，想成全一切，求全幅價值之充量保存、實現的道德責任感，一方面「己所不欲，勿施於人」，一方面「己欲立而立人，己欲達而達人」，不只渾然與人不隔，痛癢休戚與共，還能推愛人之心，去惜物愛物，且從中陶養出「中庸」的生活藝術，使待人處事更趨合宜、圓融，達到物各付物的和諧之境，此所顯的，即是仁的「覺」性。

天生生「不已」地創造，落到現實存在面來，「仁」自也會表現為自強不息，無限向善向上的奮進精神，所以遇到艱難，它會敢於面對、承擔，「造次必於是，顛沛必於是」，有此強韌的力行意志力，才能走完踐仁的無限歷程，所以行仁不可間斷，一刻間斷，便不可稱仁；而一個人的表現，能正面影響世道人心，讓後代人感念追思，想見賢思齊，繩繩相繼的，這才可稱為仁者，此永續不息的生命精神，又是仁之「健」性的展現。

總之，生、覺、健是「仁」的三大特質[56]，生是情（性），覺是知，健是意，此生、覺、健可謂為「仁」之一體的三面。

綜上之論，吾人只是用認知的角度方便權說「仁」的三面，卻未整全地說到「仁」的一體上去，其實「仁」的道德本體，是道德的形上學，它屬「無執的存有論」[57]，人要求真能悟解它，必須用無限的智心，作超越的悟會，而不是執著在現象上，用感性經驗去理解，此即要悟會它，只能依智不依識。「仁」體既超越又內在，它就在每一個人的身上，有絕對的普遍性，但又由於它具有無限的道德創造性，沒有固定的表現樣相，故《論語》中孔子說仁者，常會讓人覺得它帶有一股難以名狀的神秘感，既無法整全說，只好勉人積極踐仁，以從生活的力行中，去親身真切體悟「仁」中的三昧了。

（孔孟學報第九十七期）

56 牟宗三說孔子的「仁」具覺、健兩大特質。見註一，第五講〈孔子的仁與「性與天道」〉一文。本文因論天生人、生仁，天有「生」性，故附加說仁亦有「生」性。

57 同註7，參看〈附錄：「存有論」一詞之附注〉一文。

參、《論語》說勇述要

一、三達德與大自然「不已」的生命力

儒家注重道德，並且視人生為踐德的歷程。講德，不是要人成天枯坐冥想，高談闊論，而是必須落實到生活中去實踐，實踐之路如何？人又需用何種精神去面對？《中庸》一書中，引孔子答哀公問政的話，說得相當簡明：

> 天下之達道五，所以行之者三。曰：君臣也，父子也，夫婦也，昆弟也，朋友之交也，五者，天下之達道也；知、仁、勇三者，天下之達德也；所以行之者，一也。[1]

所謂達道，即是大家踐德時所必共同走的路子[2]。生活中，人與人相處，都離不開關係中的

1 《中庸・第二十章》。

2 朱子謂：「達道者，天下古今所共由之路。」見《四書集註・中庸・第二十章》。

五倫（君臣、父子、夫婦、昆弟、朋友），此即它是人表現「踐德」的場域，人能處理好五倫關係，彼此都能和諧、圓融共處，此便是「踐德」的落實，即見「五倫」是生活中人人所必經歷的普遍踐德之路，故曰「達道」。至於人要如何才能使言行在「踐德」中不偏違正道，則需持懷「知、仁、勇」三種德養。仁是就善意之存心上說，愛自己同時自覺兼以愛他人、他物，所謂「民胞物與」，此便是仁；知（智）是就所面對的人事，能依主、客觀的條件，作最合宜而圓融之抉擇的處世藝術之謂；而勇則指人向善的實踐意志力，人倘如沒有堅強不拔的力行意志力，再怎麼存仁用智，踐德都無法落實，所以「勇」德實不可忽，儒家是力行之學，仁、智之外，自亦重視「勇」德，故《論語》：

子曰：「知者不惑，仁者不憂，勇者不懼。」（〈子罕・二八〉）

子曰：「君子道者三，我無能焉：仁者不憂，知者不惑，勇者不懼。」子貢曰：「夫子自道也。」（〈憲問・二八〉）

不論知、仁、勇之順序如何排列[3]，三者在踐德中同樣重要，都不可或缺。智屬「知」，仁屬「情」，勇屬「意」，人之言行舉止都離不開知、情、意三個層面，儒家以「知、仁、勇」三達德作為人踐德必具的人格涵養，實已涵蓋了人之內裏踐德精神的全面。

說知、仁、勇為三達德，為普遍在人性之中的三種本有潛德，這不是孔子憑空拈來的理念，乃是依於天德之於大自然界中的精神呈現。天生人，生萬物，天有此德，自亦流傳給人、給萬物以此潛德，正如父母所生的孩子，在孩子身上，便接承有父母流傳的特殊基因一般，《論語》：

> 子曰：「予欲無言。」子貢曰：「子如不言，則小子何述焉？」子曰：「天何言哉？四時行焉，百物生焉，天何言哉？」（〈陽貨・一七〉）

四時運行，百物生生不已，這種讓百物「生」，即是天所展現的「仁」，讓百物依時令而各得其生，各得其長，這種助長的藝術，便是天所展現的「智」，而百物生生不已的「不已」精神，即是天所展現的「勇」。

剋就「勇」言，大自然界中亦處處充滿著這樣的「不已」機趣。《論語》：

> 子在川上，曰：「逝者如斯夫，不舍晝夜。」（〈子罕・一六〉）

川上之嘆，固是孔子有感於時光一去不再回，正如流水之日夜流逝不復返，借以勉己勉人要把握當下，及時奮進，同時也有讚嘆天之運作不息的剛健「勇」德之意。

不只大川長河有這樣流動不息的生機，即使小如植物，亦同樣有這樣的堅強生命力。《論語》：

3 《集註》引尹氏曰：「成德以仁為先，進學以知為先，故夫子之言，其序有不同者以此。」

子曰：「歲寒，然後知松、柏之後彫也。」（〈子罕・二七〉）

松、柏不只與一般植物一樣，具有不斷向上生長的生命力，它還與竹、梅等等同樣能在秋冬嚴寒之際，表現出不服於自然天候，依舊保持其青翠、鮮豔之抗拒勇氣，……凡此在在說明了天之勇德，常流傳、貫注到大自然之物上，所謂「天命之謂性」，人為萬物之靈，其具有承自天的潛在「勇」德，自不待贅言。

二、氣質之勇的弊害

從理型上言，人性承自天命，應都有「純亦不已」的潛德，但落到現實存在面來，人畢竟是仁性與物氣的夾雜。依仁性表現出來的勇，便是道德之勇；依物氣表現出來的勇，便是氣質之勇。氣質之勇常因於人之稟氣與欲望之激盪而生，遇問題雖有求儘速解決之衝動，卻因常流於意氣用事，反致治絲益棼，造成事情的複雜化，及個人或群體的困擾與傷害。《論語》：

子曰：「道不行，乘桴浮於海。從我者，其由也與！」子路聞之喜。

子曰：「由也！好勇過我，無所取材。」（〈公冶長・七〉）

子謂顏淵曰：「用之則行，舍之則藏，唯我與爾有是夫！」

> 子路曰：「子行三軍，則誰與？」子曰：「暴虎馮河，死而無悔者，吾不與也。必也臨事而懼，好謀而成者也。」（〈述而・一〇〉）

此處道不能行，要改到異域去行道，這一方面要敢於面對新環境之艱難，一方面也要有直道而行的勇氣，剋就此言，子路勇武的生命風采，固是甚佳的伴隨人選，但他表現的勇，常流於稟氣之勇，遇不合理的客觀情境，甚易以「激怒」的方式反應，而橫衝直闖，這不但容易破壞原本規劃好的行事美意，還可能平白使自己遭受到無謂的傷害，故孔子警之曰：「好勇過我，無所取材。」

也正由於他有敢衝敢於挑戰的好勝好強勇氣，雖可當帶領部隊衝鋒陷陣的悍將，但作戰之事，除了體力、勇氣，更需要智慧，如何用最小的代價，去「理性冒險」，贏得漂亮的勝利，這才是將領所當講求的作戰藝術，故應時時小心謹慎（臨事而懼），不可大意，好好作周詳的策劃，以期於成（好謀而成），否則單憑勇力，如徒手搏虎、無舟空身強渡，儘管可借以表現個人不屈的英烈，嚐試一時威猛宣洩的快感，即使獲得最後的勝利，恐也讓自己傷痕累累，付出了極大的代價。

勇本是一種「活動力」的展現，此活動力用到適當的地方，可以成就客觀的道德事業，用到不適當的地方，反破壞了原有的秩序，造成了社會人際間的混亂。《論語》：

> 子曰：「好勇疾貧，亂也。人而不仁，疾之已甚，亂也。」（〈泰伯・一〇〉）

「兩『亂』字，生于兩『疾』字。疾則不平之念起，不肖之心生，雖不軌之事，亦不難為之矣。」[4]不管疾（厭惡）貧或疾不仁，人只要心中激憤不平，而付諸行動以發洩，都易流為血氣之勇。人想過舒適的生活，這本是正常的生理欲求，然而「富貴在天」，富有不富有，冥冥中都有命限在，如果心中只有價格（物質享受的豐乏），沒有價值（人生的意義與價值），不敢承擔現實的無奈，接受生活匱乏的苦痛，而為世俗種種名利所羈絆[5]，勢必不顧一切，強求迅速脫離貧窮，如此往往會不擇手段，即使作姦犯科，也在所不惜，等到身陷囹圄，悔之莫及，所謂的「勇氣」也就瞬間消逝了。至於對別人的「不仁」表現，基於「能惡人」的正義感，原也出於一種健康人性的公心，但要不要行善，這是人是自由，所以勸善，本當用寬懷的態度去包容他，用躬行的大德去感化他，以使他悔悟自新，才符正辦，否則「疾之已甚」，嚴以律人，使他下不了台，表面上看似有責善的勇氣，其實欠缺誘導的藝術，終致激起對方不必要的仇怨與對立，而破壞了彼此的和諧，此所以說「亂」也。

也正因為氣質之勇有助「亂」的催化作用，可能會造成個人或群體的疏離與傷害，所以儒家雖以「勇」為三達德之一，卻也提醒人要慎用「勇」，當「忿思難」（〈季氏．一〇〉），切勿「一朝之忿，忘其身，以及其親。」（〈顏淵．二一〉），對到了盛年的人，要自我警惕：「及其壯也，血氣方剛，戒之在鬥。」（〈季氏．七〉），尤其像子路之具有稟氣之勇的同類人，行事之前，更應三思，「有父兄在，如之何其聞斯行之？」（〈先進．二一〉）……總之，「好勇不好學，其蔽也亂。」（〈陽貨．八〉）勇雖是人行事「活動力」的表現，卻也是成事壞事的雙面刃，如何表現才不陷為氣質之勇，實為吾人人格修為的一大考驗。

三、「道德之勇」的生命風采

儒家所重視的勇，乃道德之勇，三達德中所講的勇，實即屬此。道德之勇雖也是一種「活動力」，但它與生發於人之自然生命之為爭求慾望之獲得，或為求贏過他人之衝動力有別。它乃生發於心靈之求理想的實現，所爭乃是對自己之爭，求自我超越的一種「活動力」，以其是「自」爭，故會時時否定自己，對抗自己，從不斷超越過去之「自我」中，建立起自己的人格尊嚴，所以這種「活動力」，正是人之精神「生命力」的表現。《論語》：

> 子曰：「已矣乎！吾未見能見其過，而內自訟者也。」（〈公冶長・二七〉）

孔子慨嘆，因於一般人常渾噩過日，不知自己有錯，原因在：「一是為氣質做主而不能變化，一是為物欲牽引而不能割斷，一是為習俗陷溺而不能跳脫。由此三件，所以有過而不能見，不能自訟者亦由此三件。這三件帶了一分，便成一分病痛，所以天下有過者多，而能改者卻

4　引自竹添光鴻《論語會箋》（臺北・廣文書局・一九七七年再版）卷八，頁四九八。

5　參看戴朝福《論語闡義・冊二》（臺北・正中書局・二〇一〇年初版）卷八，頁六六五。

少。」[6]一個有道德自覺的人，他不但時時能凝聚精神，從外在世界收歸自己，以使自己的過錯呈顯於自己之前，還能用對別人的「好善惡惡」之批評標準，拿來對付自己，正如「對簿公堂的兩造，在庭上非得把是非曲直追究得徹底，以贏得自己絕對的勝訴，才肯罷休」的態度一般，這種用放大鏡來檢視自己，不閃躲，不找借口，勇於承認、承擔自己的過失，而認真改過[7]，所展現的，即是精神生命的光輝，是道德之大勇表現。

人之勇於精進自己，自不會自恃其聰明而目空一切，也因此才會生發「有容乃大」的心量，坦承自己的無知，而不矯飾地向人學習，《論語》：

> 子貢問曰：「孔文子何以謂之『文』也？」子曰：「敏而好學，不恥下問，是以謂之『文』也。」（〈公冶長·一五〉）

孔文子生前在言行上雖有諸多缺失，但他「敏而好學，不恥下問」，貴為「大夫」，仍不自認為「官大學問大」，而能放下身段，向下屬請教，此不以位尊之虛榮自尊，而真誠地向一切人學，則一旦他自我改進，原來的缺失便都成了「暫時」，所以剋就整個人生歷程來看，瑕不掩瑜，他展現的還是道德性的人生，故謚他為「文」（一切道德活動的外在文采皆謂之「文」），亦若合符節，應無疑義。

人能勇敢對付自己，吹毛求疵地尋找自己的缺失，於過錯，必會在自作自慚中求贖罪，由是心靈便激盪出一股強韌的道德勇氣，面對橫逆的客觀環境，猶積極奮鬥不懈，此之謂「知恥近乎勇」[8]。《論語》：

子曰：「孟之反不伐。奔而殿，將入門，策其馬，曰：『非敢後也，馬不進也。』」（〈雍也．一三〉）

孟之反是當時魯國的大夫，他帶領部隊與齊軍交戰，不幸敗北，灰頭土臉之餘，乃表現為「斷後卻敵，以保護兵員安全撤退」的勇氣。一般人趁勝追擊的「仗勢」之勇容易表現，敵強我弱，節節敗退，而仍表現為不畏迎戰勁敵以斷後的「失勢」之勇，則為難能，此所以孟之反的「奔而殿」，可謂為真勇、大勇也。

敗軍之將，不能言勇，消極地「斷後，以減低兵員折損」之功，亦不能言功；其率軍作戰，不能取勝，再怎麼英武，也沒資格誇勇讚功，反因沈痛於敗戰之屈辱，激發了他以「勇於斷後」的方式自我贖罪，「非敢後也，馬不進也」，用自己坐馬之不爭氣，跑不快，所以不得不壓陣以卻敵為借口，這種悲壯的幽默，正托顯出他處變不驚，從容應戰之「勇者不懼」的精神，誠可謂

6 引自周群振《論語章句分類義釋．上冊》（臺北．鵝湖出版社．二〇〇三年初版）頁二一七，引陸隴其《松陽講義》文。

7 同註5，冊一，頁三九五。

8 《中庸．第二十章》語。

不露痕跡之大勇表現[9]，故孔子以「不伐」許之。

唯「勇者不懼」，乃敢於撕下「無明的自尊」之假面具，而「過勿憚改」（〈學而・一八〉）；亦唯「勇者不懼」，才能面對當下應盡的道德義務，一往無前，勇於履行，而「當仁，不讓於師。」（〈衛靈公・三六〉）此「不讓」，不是目無尊長，刻意與老師爭勝，而是在老師之前，要表現一「不容已」的行道勇氣，以使老師所傳授給我的至道（仁），得以在我身上充分發揮、體現，此能使師道因我而發揚、光大，正是學生對老師之最大、最崇高尊敬的表達[10]。

總之，道德之勇是一不容已之求向上求超越的精神力量，這種精神力量生發於人之異於禽獸之高貴可感的心靈，而不出於人之動物性的自然生命，動物性的生命力量都會慣性地從抵抗力最低的方向走，這種慣性，遇到外在的抵抗力稍大，便繳械投降，停止而不想再動（所謂懶惰），而此發於心靈的道德勇氣，則是朝抵抗力最大的路徑走，它能不斷拒絕引誘，克服阻力，而積極奮進其自己[11]，孔子「為之不厭，誨人不倦」（〈述而・三三〉）即是這種精神展現，顏回亦具此「不容已」的強韌向前生命力。《論語》：

子曰：「語之而不惰者，其回也與！」（〈子罕・一九〉）

儒家講的生命學問，是一問自己生命現有存在本身應當如何表現的學問，由於每個人的生命狀態不同，所以所講的也隨著不同的個別生活內容而應機指點，這種啟發式的教學，學生只有將老師話語裏之淵淵浩浩、無限深廣的精神意義收歸到自己的主體上來體會，而消融之，才最受用，也才能生發不息不懈的精神，超越氣質的「惰性」，而表現為「欲罷不能」的道德勇氣，顏回之所以是最為孔子所激賞的弟子，即因具此「不容已」的勇者情操，故其歿也，孔子很感傷地說：「惜乎！吾見其進也，未見其止也！」（〈子罕・二〇〉）

誠然，只有人心自強不息，才會生發無限的願力，去求實現無窮的人生價值，求實現無窮的人生價值，即是求無窮的「自我實現」，而這正是一個人能時時把握當下，活在當下，而展現為「積極剛健」之道德之勇的生命風采。

四、立志是養勇的基本工夫

上謂「道德之勇生發於人之異於禽獸之高貴可感的心靈，而不出於人之動物性的自然生命」，然則心靈又如何生發道德之勇呢？此中最基本的工夫，即在立志。

志不立，向道的衝動便提振不起，即便有美好之人生理想的嚮往，也只對它停留在「歎為觀止」之純欣賞的層面，而不進一步去自求實踐。《論語》：

9 同註5，卷六，頁四四四。

10 同前註，冊四，卷十五，頁一四一三。

11 參看朱光潛《談修養》（臺北・前衛出版社・一九八三年二版）中〈朝抵抗力最大的路徑走〉一文。

冉求曰：「非不說子之道，力不足也。」子曰：「力不足者，中道而廢，今女畫。」（〈雍也．一〇〉）

孔子所講的道，實即仁道。仁道廣大深遠，沒有止境，任誰都無法圓滿走完，也因此性懦的冉求，望之卻步，尚未舉足，便想繳械投降，不知只要勇敢面對，走一步，就有一步的意義與價值，達不達成理想目標，已無關宏旨，其所以畫地自限，不願前進，而找「力不足」為借口，即因於胸無大志，沒有自信，人志不能立，踐德的勇氣便餒矣。

「志者，心之所之也。」唯立志，才能讓心靈產生主動自發的力量，「沛然而莫之能禦」地往（之）理想的方向挺進，正如引擎之於車輛，槳舵之於船隻，發動它、把好它，便可斷然決定車船的運動方向，而讓它們保持運輸功能的動態，如其不然，車船便成為徒具外殼的廢物，即見引擎與槳舵是車船運輸的先決條件，正如立志是人之培養踐德勇氣的基本工夫。《論語》：

子曰：「譬如為山，未成一簣，止，吾止也；譬如平地，雖覆一簣，進，吾往也。」（〈子罕．一八〉）

「此章只重進字、止字，及兩吾字。論止則不特始基之時不可止，即垂成之時亦不可止；論進則不特垂成之時當進，即始基之時亦當進；大意只當進不當止。而進止之機，總決於吾。猶曰是其止也，豈或有阻之撓之者耶？即或有阻之撓之，而其受人之阻受人之撓者，則吾也；是其進也，豈或有誘之勸之者耶？即有誘之勸之者，而其受人之誘受人之勸者，則吾也。」[12] 誠然，人要不要接受外在的引誘而沈淪，抑或要不要接受外人的勸勉而向上，此「進止之機，總決於吾」之自然生命的自由沒有向上或向下的必然保證，只有人發心立志，建立起道德生命的我，才能真作主宰，超越乎外力的左右，而積極無畏，堅持到底，立志工夫之重要，於焉可見。

然則志有公私之分，私志乃是自己的所作所為，為了來日能為個人的名利權勢之獲得而努力的志；公志則指為了求得社會、國家、民族之幸福，為了人類歷史文化的發展，乃至為了光榮上帝等等之得以實現客觀的真善美之價值的志而言。由於人要落實公志，在社會中常必須對世間的事物有所佔有，以此立足點為手段，才能協助成就公志的事業；然而為了保有這個立足點，人卻也相對地常以實現「公志」為借口，來求得確保此立足點為目的，此到底是為公或為私，易讓人混淆不清，故在實踐中，往往不擇手段，所作所為陷為罪惡，以致變質為私志而不自知[13]，即見如何立志，其基本工夫值得講究。《論語》：

子曰：「苟志於仁矣，無惡也。」（〈里仁・四〉）

「志」緣於人之仁性的生發，「志於仁」就是仁心之專一於其自己，一個人能真誠地（苟

12 同註4，卷九，頁五七九。

13 參看唐君毅《人生之體驗續編》（臺北・臺灣學生書局・一九八〇年臺三版）中〈立志之道及我與世界〉一文之三。

使自己的仁心專一於其自己，就能時時保持清明的自覺，而不會被物界的形色、財貨之欲求所誘，故即使行事仍因有氣質的障蔽，而不免犯了無心的過錯，卻也不致表現出「心所欲」、「誠中形外」的罪惡[14]，此即不只消極地「無惡」，也能積極地生發大雄無畏的道德勇氣，承擔一切橫逆，而無間斷地踐仁，所謂「君子去仁，惡乎成名？君子無終食之間違仁，造次必於是，顛沛必於是。」（〈里仁・五〉）其蘊義即在此。

復次，再就公志之內容言，一個人所嚮往的社會理想、文化理想，可由自己立志去完成它，抑可與他人合作，而加以實現，乃至因於理想之高遠，無法自己實現，必須世世代代的人接踵努力，才可能實現，而當下的我，亦只能持懷「功成不必在我」的態度去做當下所能做的事，此就目標內容之實踐言，當然誰都可以取代誰，乃至不必言「取代」，大家都可以有共同的心志；但剋就立志之動能本身言，每個人只能自立自遂其志，此中便有其獨特性與不可替代性[15]，故《論語》：

子曰：「三軍可奪帥也，匹夫不可奪志也。」（〈子罕・二五〉）

統帥是部隊的靈魂人物，三軍失帥，仍可陣前換將，只要新人戰術靈活，能鼓舞士氣，將士用命，便有戰勝的機會；而個人之志，則屬唯一的個人，任何人都不能代人立志，因為踐德的勇氣是由個人內中主動的生發而來，不是被動受人鞭策而來，主動生發，其勇氣乃可大可久，被動受人鞭策才動，其力便有時而竭；亦唯自己的踐德勇氣踐德意志自己提撕，才能呈顯自己實際存在的意義與價值，此正說明了立志，實是養勇的基本工夫。

五、從事上淬礪道德勇氣

「立志」是陶養道德勇氣的基本工夫，此所謂「基本工夫」，只說明了它是陶養勇德的第一步，讓勇德在心中有個建設性的底蘊而已，並不是說單憑「立志」，人所生發的行事勇氣，必定是道德勇氣。蓋人的現實存在原本都有種種氣質的障蔽，所以雖有心想向道、向仁，在生活的言行中卻也未必能成就仁，此所以孔子感嘆地說：「回也，其心三月不違仁，其餘則日月至焉而已矣。」（〈雍也．五〉）

連賢弟子之於仁，都常只能「日月至焉」，一般的普羅大眾之不能至仁，自無庸贅言。即見仁道廣大，非一蹴可幾，志於仁的人仍必須在生活中的事上自我淬礪，表現的勇才不致陷為匹夫之勇。《論語》：

> 子曰：「……仁者必有勇，勇者不必有仁。」（〈憲問．四〉）

---

14 朱子曰：「過，非心所欲為；惡，則心所欲。」「惡是誠中形外，過是偶然過差。」見《朱子語類．卷二十六》。

15 同註13，之一。

仁者與天地合德，他能正視自己的生命，常惺惺，面對生活中的橫逆，會遇一物，格一物，從中反省，自我調適，把艱難當成人生的歷練，越挫越勇，毫不畏懼，故「仁者必有勇」。而一般人面對有意義的事，雖也能積極去做，但常不免求好心切，急欲速成，忘忽自己的有限，與現實的艱難，以致陷為「一時衝動」，魯莽從事而不自知，勇氣生於「一時」，便是盲情，不能持久，遇到失敗，極易灰心，表現不出仁之「剛毅」的本質，故「勇者不必有仁」[16]。

如果勇行表現得過於急切，不只會陷為「一時衝動」的氣質之勇，而自恃其勇，也可能成為「肆無忌憚之敢於對抗一切」的挑戰者，子貢「惡不孫以為勇者」（〈陽貨．二四〉）的話，所點出的就是這種勇行的流弊。

「勇」是對有意義有價值之事的堅持意志力，而非不分青紅皂白，敢於「對抗傳統」的逞勇，傳統有錮蔽的地方固要反對，力求改進，好的一面則要守護；尊卑長幼的人倫大序，是維繫社會程序，表達人文精神的媒介，是對列平等之道德人格在人倫日用中的藝術展現（如父慈子孝、兄友弟恭之類），剋就實踐道德的義務言，這是在成全人，不是束縛人，而今為了表現勇於抗拒傳統，勇於逃脫禮教的束縛，竟自我膨脹，不知謙遜（不孫），此不了解自己的有限與渺小，忘忽與別人相處應相互敬重，卻目空一切，不論男女老少，長幼尊卑，一概自大以對，此拿「不知禮數」當瀟灑、當勇敢，不能自我裁制，正因於人不懂得拿生活的資材來淬礪自己所致。

復次，人都有惻隱之心，在日常生活中，遇到他人有災難，自會有一股想協助的衝動，隨之而生發趕往現場搶救的道德勇氣，但要如何處置才得體，此中又是否有客觀情境的艱難、自己的限制乃至有諸如受人設計的圈套，以致可能讓自己遭到無謂的犧牲與傷害，凡此皆任人之行勇歷程中所可能遇到的考驗，《論語》：

> 宰我問曰：「仁者，雖告之曰：『井有仁焉。』其從之也？」子曰：「何為其然也？君子可逝也，不可陷也；可欺也，不可罔也。」（〈雍也・二四〉）

君子在「成物」的熱誠中，亦必同時要保持心靈的自覺，才能不受制於感性，不桎梏於見聞，而能運用良知之機竅，善用耳目而不為耳目所役、所累，如此，才有一「合內外」之圓照的智慧，有此智慧，即使可能一時被人欺之以道（如說「井有仁焉」之類）而引生悲憫不安之情，而趕往（逝）救助，卻不致自陷其中，不能自拔，因為他會適時查明事情的真相，看是否井中真有人掉入，也會衡量各種條件，選擇最有效、最無副作用的方法來處理，如是的「不可罔」，就能化除道德勇氣變質為匹夫之勇的危機，即見生活之事，處處都可能為考驗吾人勇德的關卡，亦時時都是淬礪吾人勇德的機遇。

而世事無窮，學無止境，人之淬礪勇德的歷程亦無盡，是以子路雖以「勇德」見著，孔子仍勉勵他，更要配合各方面的涵養，來精進自己，以便道德勇氣的表現日趨於完善。《論語》：

---

16 同註5，冊三，頁一一五七—一一五九。

子路問成人。子曰：「若臧武仲之知，公綽之不欲，卞莊子之勇，冉求之藝，文之以禮樂，亦可以為成人矣。」……（〈憲問・一二〉）

成就完善的人格（成人），除了道德勇氣，還要有先見之明的智慧，「不欲」的剛強，及處事的圓融；孔子特舉臧武仲、公綽、卞莊子、冉求等現實社會中的四個人為例，只是就他們具體陶養來的偏勝道德人格姿采以說，並不是要子路一味模倣他們，放棄自己的特質，而只是提供具體的進德參考，從中領略得失，以在人倫日用的言行中「文之以禮樂」，以免再陷溺在自己氣質的障蔽裏。

所謂「禮」，不是呆板地恪守規範，而是在言行中要懂得斟酌損益，適時變通，以權衡得中，準確地掌握到「可以」的那一關鍵的時點上；而所謂「樂」，即人我感通、物我相應的和諧情懷，有此情懷，乃能悠游自得，圓融地走出生命的困境[17]。禮樂交融，心靈活潑，勇行沒有負面的流弊，這正是儒家所講的「義以為質，禮以行之，孫以出之，信以成之」（〈衛靈公・一八〉）之君子的人格丰采。

六、勇者「自我實現」的飽滿精神

道德勇氣需要在日常生活中淬礪，乃能成就其自己，此淬礪，不是只求人在自己的份位上認真為群眾服務即完足的，這種「自覺地求表現」之積極精神，雖或有顯著的外在行事業績，但內在根源處，仍可能糊塗混沌，無法清澈生命的渣滓，如是，表現出來的勇，就可能又陷為情緒之勇的盲動而不自知；真正要在事上淬礪的，不光是行事經驗之方法的體會與鍛鍊，而是要在行事過程中，下「從根上化除生命中之非理性反理性的成分」工夫，由此生發的勇，才能開出生命價值之源、理想之源，此之謂「自覺地求實現」[18]。

當人能在生活中下「自覺地求自我實現」工夫，徹悟生命價值之源，便會油然生發一股沛然莫之能禦的道德勇氣，而敢於承擔自己所犯的過錯，子路後來的涵養，就具有這樣的剛勇表現。《論語》：

> 子曰：「片言可以折獄者，其由也與！」（〈顏淵．一二〉）

說法曹如果想了解案情的原委，只要聽子路這一造的片面之言，就可大白真相，作出公允的判決，孔子這番幽默的話，旨在襯托他對子路「信實」人格的信任，亦即對子路之能超越早期匹夫之勇，轉化為道德之勇的激賞。之所以即便判處死刑，也不說謊，敢於承擔，乃因子路領受到

---

17 同前註，頁一一八四。

18 參看牟宗三《中國哲學的特質》（臺北．臺灣學生書局．一九八二年六版）中〈第十講．復性的工夫〉一文。

了生命的價值，原不在個人現實上的利害得失，而在有真誠無妄，敢於承擔一切的道德勇氣。人能真誠無妄，從生活中「自覺地求自我實現」，亦便會有一飽滿的精神，面對自己，去克服、轉化氣質上的不善與不正，以精進自己的德養。《論語》：

顏淵問仁。子曰：「克己復禮為仁。一日克己復禮，天下歸仁焉。為仁由己，而由人乎哉？」

顏淵曰：「請問其目。」子曰：「非禮勿視，非禮勿聽，非禮勿言，非禮勿動。」

顏淵曰：「回雖不敏，請事斯語矣。」（〈顏淵・一〉）

人是物氣與仁性夾雜的現實存在。有物氣，便會有物慾、情慾，有很多私心，人要克服私慾，看似平易，實也艱難，因為一般人對自己都下不了手。「三月不違仁」的顏回，由於他有飽滿的生命精神，敢於狠心對付自己，敢於像「殺賊」一般[19]對自己的不善、不正趕盡殺絕，故孔子才在踐仁的工夫上，勉勵他要「克己復禮」；「克己」極需要道德勇氣，這勇氣，不是與生俱來的，也不是受法律規範等等外力的驅迫而來，是「由己」，由「自覺地求自我實現」之工夫中生發來的，再透過生活中對言行舉止（視、聽、言、動四者，已涵蓋了個人生活形態的全部）之「非禮」成分的去除工夫，終能使德養日進，到達「天下歸仁」的境地。

人有飽滿的生命精神，才有「所欲有甚於生者」的自覺，也才會超越現實，展現「堅持到底」地邁向理想的勇氣，因此到了生死關頭，也才敢於殉道而不苟且偷生；無此飽滿精神，即便敢於「蹈死」，其死亦只是情慾激盪反應的血氣之勇而已。《論語》：

> 子曰：「民之於仁也，甚於水火。水火，吾見蹈而死者矣，未見蹈仁而死者也。」（〈衛靈公・九〉）

一般人由於物氣泥重，講現實，重功利，把物質的豐贍，視為人生終極的價值，於是為達目的，不擇手段，大膽作出罪大惡極的壞事，最後身繫囹圄，乃至遭到處決，這種「蹈水火（水火，象徵現實生活需求的一切物質）而死」，所顯的只是匹夫之勇。

唯志士仁人，他們了悟人生的價值與意義，其實只是如何善用自然生命，來實踐理想，從而成就精神生命，此即：自然生命固然重要，但它畢竟只是工具，精神生命的展現，才是人生的目的，故當兩者不可得兼，迫不得已而當死的時候，他會慷慨犧牲，「殺身成仁」（如戰事慘敗，強敵包圍眼前，為了國家的尊嚴，將帥寧可自盡，也不願被虜受辱等等即是），此「殺身成仁」，不是求如何「死」之道，而是人之求如何「生」，求如何符合「生理」之道，當志士仁人從容就義之前，他依然清明在躬，了悟：這由道德勇氣所生發的飽滿生命精神，是一「成物即所以成己，愛生必求有以繼之」的精神，它必留下人間正氣，垂範百世，成為後人有以繩繩相繼的文化慧命[20]，如此的殉道，又何憾之有？

---

19 同註14，朱子曰：「（孔子）告仲弓底是防賊工夫，告顏淵底是殺賊工夫。」

唯人有飽滿的生命精神，在政壇上，他才有「隨時捲鋪蓋走路」的決心，當人君不理性，言行重大失德，決策嚴重疏失，將構成國家、社會傷害，他會不顧一切，展現力諫的道德勇氣，「勿欺也，而犯之。」（〈憲問・二三〉）此「勿欺」，是諫前深切反省，摒除自己可能的成見，而忠誠地輔成人君以正道的「勿欺」；此「犯」，是犯人君無明的好惡，犯人君無明的妄尊，以及時喚起他的道德覺醒而說「犯」，故這是人臣對事君的大禮，不是對人君的大不敬[21]。如果人君物氣泥重，無論如何都無法改進、革除其非，他會毅然去位，絕不戀棧，回到民間做他所能所應做的事。即便時局紛亂，濁世滔滔，難以挽回，他也會一本「知其不可而為之」（〈憲問・三五〉）的態度去面對。「知其不可」是對大環境之艱難的理解，「而為之」，是對現實世界的敬重與承擔，之所以敬重，乃因現實世界是人之精神表現的場域，精神實在的本身是無限的，無限必須表現於有限，從中超越，才能證明其無限，是以吾人對現實世界不可生厭惡心，厭惡提供精神展現的場域，豈不等同厭惡我們精神實在之求表現本身[22]？畢竟「鳥獸不可與同群，吾非斯人之徒與而誰與？」（〈微子・六〉）人間之路無限的寬廣，到處都可讓我們行道、表現道，展現人的精神價值，所以人活在人間，要永遠抱持希望，找出路，必須在人間找，不可能在人間之外，另找一片淨土。愛人間，只有與所有人為伍，一起努力，才有更多意義與價值的創造[23]。政治原也只是人間的一環，不可為此而抹煞整體人間其他部分的重要，所以儘管政局不可為，必須隱退，也只作「辟人」之隱，不作「辟世」之隱，只作「道隱」（暫時隱退，以徐待「天下有道」的到來），而不作「身隱」（隔絕俗世，全身隱退），時時飽滿著精神，在人間盡自己所能盡之義務，以奉獻社會，此即是道德之勇者所展現的生命情調。

唯人有勇者的飽滿精神，對現實承擔之外，對民族、國家、歷史文化亦才能懷有無限的使命感。《論語》：

> 曾子曰：「士不可以不弘毅，任重而道遠。仁以為己任，不亦重乎？死而後已，不亦遠乎？」（〈泰伯・七〉）

「士」並不等於今人所謂的知識分子，他除了要有過人的學識外，也要有過人的道德勇氣與使命感。他的精神所要表現的，重在明道、行道，而不在個人的衣食生活，他可不信任何宗教，卻時時持懷著「犧牲小我，成就大我」的宗教精神，他有識見，能繼往開來，所以是國家的靈魂人物，是社會的中堅分子。由於真正的「士」，基本上需要有這樣的必要條件，所以曾子特別自勉勉人要陶養「弘」、「毅」的精神，以配當一個真正的「士」人。

---

20 參看唐君毅《中華人文與當今世界・下》（臺北・臺灣學生書局・一九七八年再版）中〈中西文化之一象徵〉一文。

21 同註16，頁一二二一。

22 參看唐君毅《道德自我之建立》（臺北・臺灣學生書局・一九八三年六版）中〈精神之表現〉一文之四。

23 參看王邦雄《行走人間的腳步》（臺北・漢光文化事業公司・一九九一年初版）中〈生而為人就在人間做人〉一文。

「弘」指眼光的遠大，亦指心量的恢弘。眼光遠大，才能瞻前顧後，超越現實，而看到有比個人之自然生命更為重要之國家與歷史文化的生命，由是生發「任重道遠」的恢弘情懷，了悟原來我是一包涵多方向的關係存在，是家庭中人、國家民族中人，也是歷史文化傳統下的人；我之現實存在，是直接或間接受惠於天下一切人，乃至古人，我對大家便有一永遠還不完的債，故我的還債責任，便永無息肩之一日，此即是「仁以為己任，不亦重乎」的報恩胸襟。

當然，一己之力有限，天下之事無窮，歷史文化的長河更是綿延而不絕，士當然無法把一切的責任總攬在自己身上，必須時時鞭策自己，當一個心靈的領航員，以「毅」的精神，與世人共勉互勵，同為大我作無限的奉獻，此堅忍不拔的毅力，「死而後已」的決心，充分表現出士對理想的信心與希望，亦充分展現了士「功成不必在我」之至大至剛的情懷，要之，這些都是道德之勇之生命特質的寫照[24]。

七、結語

勇有氣質之勇，有道德之勇，《論語》所講的，兩者兼而有之。講氣質之勇，其義在彰顯此勇所帶來之「亂」等等的禍害，從而提醒人言行當戒慎恐懼，切勿因於一時的衝動，造成人生的遺憾。講道德之勇，旨在強調人原本都有這樣的天賦潛德，只要發心立志，就可奠定勇德基礎，然後在日常生活中的事上磨練，不斷修正自己的錯誤嚐試，就可逐漸轉化它為道德之勇。

智、仁、勇三達德，「仁」自人之善意的存心上論，「智」是從處世的圓融藝術上講，「勇」則是就人之踐德意志力上說，三者雖各具特質，但其實是三面一體，且相輔相成，缺一便會變質，便有缺憾。就「勇」德言，行事時即須問應不應該（合於善意存心，而有意義與價值的即應該，此即是對合「仁」與否的考量），合不合適（符合主、客觀條件的即合適，反之，則不合適，此即是「智」的發用），既應該又合適，此便是義，依義而行，奮鬥到底，道德之勇即在此中展現，《論語》之講修身，講從生活中淬礪勇德，其精神義涵即皆就此以說。

總之，「勇」是三達德之一，達德即普遍於人性中的潛德，「德者，得也。」潛德得自於天，故屬天德，天德雖由天賦予每個人，卻沒有自然落實為「人德」的絕對保證，人必須「學而時習之」（〈學而・一〉），時時學習，處處學習，乃能日有所得，而逐漸陶養它為人德，其他德性之涵養如此，「勇」德之陶養工夫亦如此，此即是《論語》說「勇」所給我們的啟示。

（孔孟月刊第五十五卷第十一、十二期）

---

24 同註5，頁六五三—六五六。

肆、《論語》講信旨趣

一、前言

接受過中華文化洗禮的人，皆知「五常」指的即是仁、義、禮、智、信。所謂「常」，就是常道，常道乃永恒不變的人生之道，它是超越時空的，亦即人不分男女老幼，地不分東西南北，更不分古今中外，只要有人的地方，在人倫日用中都必須遵守它。此常道，不是先哲憑空想像，訂出來讓人墨守的教條，而是透過他們生命的深刻體會，感受到它乃是發於人性之所自求，是為人處世必須恪守的準則。沒有它，人就展現不出「所以異於禽獸」的尊嚴，沒有它，人際關係的相處必會紊亂，人個別的生活，整個社會的生存，便會發生問題。而「信」正是此五種常道之一，故為《論語》所重視。

工商社會，自私、短視、功利、迷糊之現象普遍存在，大家講利不講德，講投機不守信用，於是倒會、倒債、打假球、網路電話詐欺等等之不誠實的事不斷發生，政治候選人亂開支票，欺騙選民，政壇爾虞我詐，政黨間相互猜忌等等之事，亦層出不窮，……影響所及，社會普遍對人沒有信任感（據最新民調，大陸有七成民眾不信任陌生人，即可見一斑），不唯人心不安，處處猜疑，連政事亦由於彼此的不信任，而屢遭杯葛，寸步難行，整個社會因而流於空轉，欠缺「奮起」的生命力。

一切的病灶，就在失信，「信」之重要性於焉可見，先哲立「信」為五常之一，良有以也，不只古時要重視它，當今更應重視它。

二、天道的「信」息與人間的「信」道

《中庸》開宗明義就說：「天命之謂性。」此即說明了人之良心善性乃從天來，天有其善性，人為天所生，自亦有天賦的善性。「信」既為良心善性之所自求，為五個常道之一，此即等同說明了人道乃本天道而來。天道的「信」其實處處蘊存，人只要用心體會，即可從大自然中悟得「信」息。《論語》：

> 子曰：「予欲無言。」子貢曰：「子如不言，則小子何述焉？」子曰：「天何言哉？四時行焉，百物生焉，天何言哉？」（〈陽貨．一九〉）

天雖不言不語，從未向世人作任何口頭的告白，亦未作任何口頭的承諾，但它在一年四季中運行不已，雖看似時時生滅變遷，但此中自有大原則在：春天之後，夏天必來，夏天之後，秋天

便至，秋天之後，冬天又臨，然後再返回到次年的春天，周而復始，繩繩不絕，自古至今，始終如一，自有人類以來，從未見其混亂過秩序，此即是天道所展現的「信」息。人信此永恒不變的天道，故依節令之特性種作，使農作物依序而各遂其生，各得其長，春耕夏耘秋收冬藏之農務，因而井然有條，此即順天道而展現的人道。

天生人養人，依於天道的「信」，下貫到人世間來，人與人之間有真誠的互信與互動，才能彼此和諧相處，社會亦乃得以正常運作，故《論語》：

> 子曰：「人而無信，不知其可也。大車無輗，小車無軏，其何以行之哉？」（〈為政・二二〉）

輗與軏分別為大車（牛車）小車（馬車）之活動小筍頭，它是一以外裹鐵皮作成的堅韌豎木，其為物也雖小，看似微不足道，卻是聯結牛馬與輪輿的樞紐，是車輛能安穩且靈活上路的重要關鍵，欠缺它，牛馬再壯，輪輿再堅，兩者不能接連為一體，整部車亦便終究動彈不得，無法上路，以此類比到人身上來，「信」正是個人身世作合的環節所在，倘如世上人人猜疑，我之真心待你以仁義，你卻推測我別具居心，你之誠懇對我以禮敬，我竟懷疑你有意巴結，所謂「事君盡禮，人以為諂也。」（〈八佾・一八〉）如是，人間的仁義禮智亦不得傳達、推展，即見「仁、義、禮、智、信」五常，「信」雖居後列，卻是成終而成始者[1]。

---

1 參見戴朝福《論語闡義》（臺北・正中書局，二〇一〇年初版）冊一，頁一二一—一二三。

「信」是天道，亦是人道。深信「人道」乃人生之理想方向，而為人存在價值之所必走的路，乃能挺住自己，不論現實世界如何黑暗，都會勇敢面對，堅持下去，永不畏縮，死而後已，此即是「信」之對其自己的真誠實踐之一表現。《論語》：

子張曰：「執德不弘，信道不篤，焉能為有？焉能為亡？」（〈子張・二〉）

子張把抱持「信道不篤」之態度的人，當作是世間可有可無之「無足輕重」者，用它來自我惕厲，正見他內中懷有一股飽滿的精神生命力；而此中亦暗示了「信道」要篤，「執德」乃能弘，真的，如果不信漫漫長夜之後，終必有黎明的到來，一旦遭到挫折的打擊，又如何可能陸續走下去？「焉能為有？焉能為亡？」語氣雖甚沈重，卻彰顯了「信」道在人生之道德實踐的路上之莊嚴性[2]。

三、「信」是奠定崇高之道德人格的基石

要落實道德實踐，須靠教育，教育的項目雖多，總離不開四個綱要，《論語》：

子以四教：文、行、忠、信。（〈述而・二四〉）

「文」指人人都當學習之一切有益於人生價值的客觀學問，「行」即學以致用到德行的實踐

上來，「忠」是抱持盡心盡力的態度去做，「信」則是要人對做過的事，作真誠的反省。孔子特將「信」包涵在教育的綱要中，正見他對「信」道的重視。

人原本有氣質的障蔽，要修養成聖賢，談何容易，但只要心中有「信」，時時持誠而不放失，盡心盡力去實踐（忠），德養便在此中滋長，此所以子張問崇德，孔子答以「主忠信，徙義，崇德也。」（〈顏淵・一〇〉）他如「主忠信，毋友不如己者，過，則勿憚改。」（〈子罕・二四〉）等等諸章，孔子亦在在強調忠「信」，即見忠「信」是成就道德人格的必備條件。

人能有「信」，不虛假，即或不免陷為道德教條的墨守，而使踐德的品貌走樣，孔子不但不指責，有時還給予起碼的敬重。《論語》：

> 子貢問曰：「何如斯可謂之士矣？」子曰：「行己有恥，使之四方，不辱君命，可謂士矣。」
> 曰：「敢問其次。」曰：「宗族稱孝焉，鄉黨稱弟焉。」
> 曰：「敢問其次。」曰：「言必信，行必果，硜硜然小人哉！抑亦可以為次矣。」
> 曰：「今之從政者何如？」子曰：「噫！斗筲之人，何足算也？」（〈子路・二〇〉）

一個人言而有信，即表示他願為自己所說的一切話負責；行必果決，亦表示自己之所做雖未

---

2 同前註，冊四，頁一六四九—一六五二。

必全然合義，仍願堅定意志，頑守此原則，這種「硜硜然」的小人，行事雖不免有弊，但他有一堅定的情操而不浮偽，重視自己「人格」的尊嚴，而想極力去維護它，即使沒有為國為民奉獻的能力，沒有在鄉黨中具特別突出的「孝悌」表現，至少總比那些口是心非，虛偽巧詐，連「言必信，行必果」之堅決情操都欠缺的「斗筲」政治人物，要真實得多，故還勉強稱得上是「正價值」存在的「士」人。

可見講道德修養，最重在誠「信」的建立，一切虛假的俗情，再怎樣表現得世故，孔子都不予認同，不但不認同，還以之為可恥。《論語》：

子曰：「巧言、令色、足恭，左丘明恥之，丘亦恥之。匿怨而友其人，左丘明恥之，丘亦恥之。」（〈公冶長・二五〉）

也正因「信實」對人格陶養的重要性，孔子才特別鼓勵人，在社會上要找性情中人結交，因為他的心直口快，可以直指我的過錯所在，他的坦實而不掩飾缺點，可以在交往中受他那股純真氣息的薰染，而無形中陶養出我心地的樸誠，故《論語》：

孔子曰：「益者三友，損者三友。友直、友諒、友多聞，益矣。友便辟、友善柔、友便佞，損矣。」（〈季氏・四〉）

人能信實不偽，做錯了事，便敢於直下承擔，不逃避；亦才能使自己逐漸陶養出寧靜、安詳、自在，任何無謂的外來冤屈，都激憤不了他的生命精神。子路與公冶長就分別有這樣的人格涵養。《論語》：

子曰：「片言可以折獄者，其由也與！」

子路無宿諾。（〈顏淵・一二〉）

子謂公冶長：「可妻也。雖在縲絏之中，非其罪也。」以其子妻之。（〈公冶長・一〉）

孔子以詼諧的口吻說，如果子路是官司的兩造之一，法官只要光聽他片面之詞，就可以作公允而準確的判決（折獄），這當然不是說法官可以草率辦案，而是在襯托子路「勇於為自己負責」之道德勇氣，絕對值得信任，因為子路「無宿諾」，他不輕然諾，但有諾必劍及履及，貫徹到底，這種言行如一，信實不二的道德涵養，樹立起了他誠「信」的人格招牌，人人崇敬，法官自也不例外。

而公冶長「雖在縲絏之中」，孔子深信他遭受的是枉牢之災，而敢於將自己的女兒許配給他，亦正因於對他平素真誠為人之人格修養的信任。由上兩例，更證明了「信」是奠定崇高之道德人格的基石。

四、「信」是政道，亦是治道

「信」不只是人之道德修養的基石，引用到政治上來，它是政道，也是治道[3]。自古以來，政爭之事，層出不窮，政壇之齷齪，亦不敢令人恭維，及至今日之民主時代，主權在民，政治人物為了主政，仍常用「民粹」手段騙取選票，只重現實，不講理想，而甚多選民，由於欠缺民主素養，不只不知其騙，即或存疑，亦常於無形中受其騙，故從黑暗面看，說政治是一「高明的騙術」，委實有其充分的事據。然依儒家「政者，正也」（〈顏淵・一七〉）的理念，政治原本即是管理眾人的「公」事，每個政治人物都應一本「大公至正」的心去從事，才符合「政治」的本義。誠然，政治的意義與價值在實踐「成人」的理想，在服務人民，而不在服務自己，在受託創造社會的福祉，成全人民物質與精神生活的安適與享受，而不在詐欺、愚昧百姓，識此，政治人物要講誠，要講信，有誠信的人格風範，一切政事才能彰顯其公信力，而得以順利推展。《論語》：

> 子貢問政。子曰：「足食，足兵，民信之矣。」子貢曰：「必不得已而去，於斯三者何先？」曰：「去兵。」子貢曰：「必不得已而去，於斯二者何先？」曰：「去食。自古皆有死，民無信不立。」（〈顏淵・七〉）

「足兵」是國防、治安的問題，「足食」是民生的問題，而「民信」則是民心的問題，三者對國家、社會、人民都甚重要，故當為政治領導人（君）所重視。

然則「必不得已而去，於斯三者（二者）何先？」施政先後順序的拿捏，關係著重要性之輕重的比較，孔子答以先重「民信」，再講「足食」，最後才講「足兵」，何以故？蓋武力原即是為了保護人民生命的安全與生活的安定而設，如果物質匱乏，人民最基本的生活本身成了問題，生命就難以自保，主體不保，如何捨本逐末地求武力（輔體）的強大？相對的，足食之後，才可能作充分的後勤補給，軍事乃有強大的後盾，故兩者相較，「足食」應比「足兵」列優先考量。

再就「民信」與「足食」比較：人民是國家的主體，政府只是接受民意，受民之託來管理全國之事而已（所謂「民為貴，社稷次之，君為輕。」）人民相信政治領導人之主政，必能一本「因民之所利而利之」的原則去推動，而願全力支持他，配合他，擁戴他，所謂「上好信，則民莫敢不用情」（〈子路・四〉），則上下一心，眾志成城所生發的弘大力量，必使國家富強，一切

3 牟宗三說：「政道是相應政權而言，治道是相應治權而言。……政道者，簡單言之，即是關於政權的道理。……以往之政道，即以開始之德與力及後繼之世襲兩義……。宗法世襲制之政權之道，並不能真成為政權之道也。蓋彼不能相應政權之本性而完成之也。……治道就字面講，就是治理天下之道，或處理人間共同事務之道。其本質就是『自上而下』的，無政道的治道，尤其順治道的本質而一往上遂，故言治道惟是自『在上者』言。……儒家講德化的治道，……這種治道之不足處，不是治道本身的問題，乃是政道方面的問題。假定相應政權有政道，民主政治成立，使政權與治權離，則此治道當易實現，且反而使自由民主更為充實而美麗。……」見所著《政道與治道》（臺北・臺灣學生書局・一九八三年再版）〈第一章〉、〈第二章〉，其論政道與治道之本質綦詳，本文為配合民主時代之民選方式之取得政權，而權說政道與治道，其實本質上還是相應於君道與臣道而說。

兵與食之「足」的問題，都可在「民信」的氛圍中獲得圓滿的解決，故「民信」當列最優先考量。此中要附帶說明的，即所謂「去食」，當然不是說百姓難過日子，政府仍不管他們的死活，只是說在取得「民信」之前，暫緩考慮食「足」的問題而已。

民「信」之重要，由此可見：一個政治領導人如能體悟「自古皆有死，民無信不立」的道理，時時抱持著寧死也不失信於民的決心[4]，為了守「信」而願全力以赴，「鞠躬盡瘁，死而後已」，即使真的為國為民而犧牲，能全然活出個人生命的意義與價值，於己亦無所憾。有這種強烈堅守「全民付託」的承諾，才能真正贏得民心，而為全民所擁戴，故要鞏固政權，「信」實是最須講求的政道。

剋就從政者（臣）言，他一方面須執行上焉者（君）的決策，各自負起分內應負的任務，以成全、貫徹君「照顧全民」的意志，一方面也要一本正義感，忠於君之「對全民服務、奉獻」的大愛，而時時提醒君之不理性的言行或決策。要完成此兩大使命，治道更需要講「信」。《論語》：

> 子夏曰：「君子信而後勞其民，未信，則以為厲己也。信而後諫，未信，則以為謗己也。」（〈子張・一〇〉）

為在現實上排除政事推行之障礙，必須制訂一些禁止不理性之行為的法令，從政者在禁民之先，尤須先拿它來嚴禁自己，一切以身作則，才能樹立威信，使民感動而信服，尤其更要清廉行政，不只不貪腐，不假公濟私，還抱持「宵旰從公，永不倦勤」的態度，如是，即使在政事的推行上或不免有擾民、勞眾之處，百姓亦才會感動、諒解而密切配合，所謂「信則民任焉」（〈堯曰・一〉），否則，對政府還在懷疑的狀況下，心不甘情不願地接受使喚，直覺上便易認為此乃苛政在虐待自己（厲己），若然，人民陽奉陰違，應付敷衍，政務便難以有效推展，故「信」實亦是治道之所必求。

至於對君上的諫諍，也必須靠平日的優良表現，才能讓君領受到臣既忠且勇的從政情操，如是之諫諍才易受信任，否則，君為了維護自身無明的自尊，誤以為臣在譭謗自己，老羞成怒而拒諫，不但失去君臣良好的互動，還達不到預期的諫諍效果，「事君數，斯辱矣。」（〈里仁・二六〉）沒有互信，就無以下情上達，此又是「信」為重要治道之一明證。[5]

五、自省與「信」德的陶養

「信，誠也。从人言。」[6]此說明了人要有信，必求心之能真誠，而心之真誠與否，可從人之談吐中去印證，口心如一，言行不二，此即是真誠，即是信。

---

4 參看徐復觀《儒家政治思想與民主自由人權》（臺北・臺灣學生書局・一九八八年學初版）頁一九六。

5 同註2，頁一六七六—一六八〇。

6 《說文解字注・第三篇・上》。

「人之生也直。」人原本就有天賦的誠實本性（所以才叫良心善性），有赤子之心，只可惜由於個人氣質的障蔽與俗世的染習[7]，遂使原本有如一張白紙的資質，漸受污染而不自知，孔子因而有所感嘆，《論語》：

子曰：「十室之邑，必有忠信如丘者焉，不如丘之好學也。」（〈公冶長・二八〉）

「盡己之謂忠」，忠是盡心盡力的態度，無誠則表現不出忠，因此忠亦涵有「誠」意（所以「忠誠」二字常連用）。誠信雖為人之本質，但畢竟它只是天德，天德不可靠，必須「好學」，才能下貫而落實為人德。好學之道，重在反省，從自省中照見自己言行上的缺失，然後改正向上，才能保任這種人德，曾子就在這方面下了很大的工夫。《論語》：

曾子曰：「吾日三省吾身：為人謀而不忠乎？與朋友交而不信乎？傳不習乎？」（〈學而・四〉）

人能真心自省，一念自覺，知病便是藥，即可當下超越氣質的障蔽，而不為自己之懶散找藉口，否則光了解道，善於論道，仍無助於建立自己的誠信人格，宰我即曾掉入這樣的無明坎陷。《論語》：

宰我晝寢。子曰：「朽木不可雕也，糞土之牆不可杇也，於予與何誅？」

子曰：「始吾於人也，聽其言而信其行；今吾於人也，聽其言而觀其行，於予與改是！」（〈公冶長・一〇〉）

愛之深，責之切。孔子嚴批宰我「朽木不可雕也，糞土之牆不可杇也！」意在當頭棒喝，提醒他要對道德見聞的知，轉化為「知行合一」之智慧的知，真誠實踐，別無理由，對自己之散漫負責，坦承過錯而不迴避，才不會使道德實踐流於空談，否則，須要人「聽其言而觀其行」，這對自己誠信的人格，無疑是一種傷害。明儒王陽明答其弟子徐愛之問，謂：「此已被私欲隔斷，不是知行的本體了。未有知而不行者。知而不行，只是未知；聖賢教人知行，正是要復那本體，不是著你只恁的便罷。」[8]所言即具此義。

人要真誠面對自己與他人，說來容易，實也艱難，蓋俗情的世間，要處處承認己過，則易遭人鄙視，真心說出對方的缺點，也易惹人不快，此即坦誠所帶來的缺憾。由於人通常不能敬重這種缺憾，為了減少麻煩，保持你我的表面「和諧」，人不得不「巧言令色」，為了讓自己擁有尊嚴，亦便不得不說謊、掩飾或自衛；坦誠既是對人有妨，而又於己無益，大家便心照不宣地學會

---

7 熊十力謂：「云何而以習言耶？應知此心發用處，即有為作，以有為作，名之為習；習之於性，有順有違，順性為淨，違性為染，……淨習者，性之所由達也，雖復名習，而性行乎其中，然不可謂之性。……」其論人之淨習、染習甚詳。參看所著《新唯識論》（臺北・臺灣學生書局・一九八三年初版）。

8 《傳習錄・卷上》。

敷衍、應付，社會由是亦便易淪為虛情假意的俗世[9]。此所以世人稱「直道而行」者為「老實人」，不是讚美，反涵有「幼稚」「不懂世故」者的嘲諷意味。

為了牽就流俗的虛假，人往往會以「八面玲瓏」為能事，這種人外表看來雖似圓融，其實內心巧詐，一心只想取悅所有人，好讓人誤以為他的言行表現為善，然而他心中沒有性情，沒有志氣，沒有自己，有的只是利用人之好善心來罔欺人，無品無德而偽裝為有品有德，這種無恥的行徑，簡直是損害品德原貌的蟊賊，故《論語》：

子曰：「鄉原，德之賊也。」（〈陽貨．一三〉）

人唯能坦誠反省，從良心深處去體識人生真理之源，以為我們立身之自信的依據，才能挺立自己，而不介意別人給我們言語的傷害；知道自己的渺小與行事之難以圓滿，才敢於拆下無明「自尊」的假面具，而坦承過錯，認真改正，以使自己內外如一，言行不二（信），即見誠摯，實是立「信」的重要法門。故孔子常勉人要真誠，不只做事當如此，為學亦當如此。《論語》：

子曰：「由！誨女知之乎！知之為知之，不知為不知，是知也。」（〈為政．一七〉）

唯真誠而不自我矇蔽，當下才能赤裸裸展現一不斷求知的「真我」，正因我不知，我才要求知，以不斷獲知，不斷自我超越，因此我無需偽裝、遮掩；我能如如呈顯「不知」的真實，教師才不致錯估、誤認我，準確了解當下之我的實況，才會予我以「時雨」的心靈滋潤，而施我以最實惠最有效的教誨，我之獲益亦才會更多，故誠「信」，實是人生必備的常道。

六、言行的工夫與以誠立「信」

「人言為信」，講「信」，自然離不開「言」，故從言說下工夫，也是極為重要的法門。《易》謂：「修辭立其誠」[10]就是要我們講話不可隨便，一切言說都要落實為「誠信」的表達，言說才有意義。然則光本良心說話，有時仍難免現所言而失信，因為言與行之間，往往會有一段距離，《論語》：

子曰：「論篤是與，君子者乎？色莊者乎？」（〈先進・二〇〉）

對於要做的事，如何策劃，如何進行等等，都能一本真心如實地表達出來，沒有絲毫隱瞞，這當然值得肯定、讚賞，但如果於說話時未深思熟慮實踐過程中遇到之可能的現實艱難，而以為單憑滿腔熱血，即可求得全然符合本願的結果，則未免太天真；尤其隨感而發的天賦銳氣，常經不起幾番挫折，氣餒之後，挺立不起自己，不認真去實踐，所講的話，便成為空話，則當初之應契

9 參看曾昭旭《性情與文化》（臺北・時報文化出版企業公司・一九八四年初版）頁二九五。

10 《易・乾卦・文言》。

良心而發的真切態度（篤），雖看似君子，實已淪為「外表裝成莊重的人」（色莊）而不自知了。

為免言行不一，使說話流於空言，而失信於人，最好的方式，即多做少說，乃至只做不說，等事情圓滿達成了再說，如此之言說方式，乃立「信」之最有保障的作法，故孔子再三強調之以勉人。《論語》：

子貢問君子。子曰：「先行其言，而後從之。」（〈為政・一三〉）

子曰：「古者言之不出，恥躬之不逮也。」（〈里仁・二二〉）

子曰：「君子欲訥於言，而敏於行。」（〈里仁・二四〉）

子曰：「其言之不怍，則為之也難。」（〈憲問・二七〉）

悔是羞惡於已然，恥是羞惡於未然，悔可令人改過，恥可令人免過，一個人倘如在行事前唯恐言行不能如一，而懷強烈的羞恥感，他便會更加謹言慎行，即使在生活的細微處，必也不敢放肆[11]，否則所行非如所言而失信於人，就會傷害到自己的人格，有此「恥躬之不逮」、「恥其言而過其行」的態度，就會多想到世間之事原即可能瞬息萬變，很多甚有把握的契機，亦可能稍縱即逝，故行事亦可能無法兌現所願，是以說話當多留餘地，多斟酌，如此，乃可使「行」更具彈性空間，而讓「言」更易為「行」負責，此所以要「訥於言」。訥者，難也，說話似遲頓而難以出口，此非說話本身之難，而是想到踐行過程中可能之難，不敢隨便出口，看似不夠爽朗、誠懇，有所顧慮，而實是「實事求是」的負責態度，充分展現了「真誠」之精神於其中。

總之，「言與行都是知、情、意的傳達與實現，要言符其行，則兩者都必須根於真實的『知、情、意』而後可。說話前能確實領受所欲行之事的意義與價值，精準評估實踐歷程中所可能有的種種主觀限制（如個人氣質的障蔽）及客觀條件（如現實環境的艱難），從而求得克服之道，此之謂實知；說話前亦能本良心對所欲行之事之關注而發之情，而非由於一時興起的信口開河，此之謂真情；至於對所欲行之事，早就抱持力行的毅力與決心，此之謂誠意。說話能本此實知、真情、誠意而表達，便可如如落到事上去實踐，而走向成功之路。」[12]此即是言說工夫之「以誠立信」之道。

人要有信，就行事之前言，固當說話謹慎，就行事過程中言，尤要一本真誠踏實的態度。《論語》：

> 子張問行。子曰：「言忠信，行篤敬，雖蠻貊之邦行矣；言不忠信，行不篤敬，雖州里行乎哉？……」（〈衛靈公・六〉）

---

11 同註1，頁二八九。

12 同前註，冊三，引自頁一二一三。

「行篤敬」。篤者，厚也，即踏實而不輕浮、隨便之謂。而敬者，主一也，即將心全放在這事上，不為他物他事所牽引，而行其所當行之謂。人有「言忠信，行篤敬」的真誠，即證明了言行都能依乎心之「理」來進行，「人同此心，心同此理」，便可因此與天下人感通，即使在未開化的國度裏，亦同樣通達無礙，故「雖蠻貊之邦行矣」；相對的，倘如言行不一，行不能篤敬，即形同用行為來具體證明所言為虛，人格破產，即便最最親近的同鄉人，也贏不了他們的信任，故「雖州里行乎哉？」[13]

可見言與行都是工夫，行在言後，只有力行，才能補救先前可能的過言，而反證所說仍「實」言，二者的工夫，於「立信」，實都不可忽。

七、守「信」的陷阱及其超脫之道

信有自信與信他，「自信」乃剋就自己的真誠表現，使內外如一，言行不二，以建立自己之道德人格，從而讓人敬重，相信我之人格尊嚴之謂。「信他」則指我對他人之道德人格的信任，相信他的人格尊嚴與我相同，故對其言行之真誠，全然放心而不存疑之謂。《論語》除了上述之講相關之自信外，亦論及如何「信他」的工夫。

人性本善，眾生平等。每個人都有「所以異於禽獸」的人格尊嚴，故乃原則上都應相敬互信，相信對方之言，亦相信對方之行。然而由於個人氣質之障蔽，與深受現實功利俗情的習染，人為了追逐種種私利，常會利用別人對我的信任，而行其詐騙之實，人信其言行，全無心防，致常使自己吃虧上當，君不見世間很多因相信人，為人作保，導致傾家蕩產者，即是一明證。故《論語》：

子曰：「由也，女聞六言六蔽矣乎？」對曰：「未也。」「居！吾語女：好仁不好學，其蔽也愚；好知不好學，其蔽也蕩；好信不好學，其蔽也賊；好直不好學，其蔽也絞；好勇不好學，其蔽也亂；好剛不好學，其蔽也狂。」（〈陽貨．八〉）

言，名言也，亦即是道德項目的專有名詞。道德本是活潑而非黏滯的，人如只知墨守它為道德教條，便會桎梏自己明覺的心靈，而在踐德過程中產生種種的流弊。別的不說，光就「信」言，很多原本不該答應的事，因於一時之興起，沒有經過縝密思考，或礙於情面，或為了還久積心中的人情債，或因一時受到對方的欺矇，或因於對方的脅迫，而一時無法脫身；……竟勉強應允，事後明知可能是個陷阱，為了守「信」，以表示對自己之諾言負責，只好硬撐到底，最後帶給自己甚多現實上的困擾，而使財富、利益、人格乃至生命蒙受到極大的損失與傷害（賊），此所以不少世人反譏「信」是喫人的德教，而對我傳統文化嗤之以鼻了。

誠然，儒家要我們對人要真誠，先把自己的心交出來，除非對方有「失信」前科，否則乃原

13 同註2，頁一三一三—一三一六。

則上都應給與人格的起碼尊重，故不贊成待人一開始便存防衛之心，也不能因其人的失信，就連帶不信所有的人；然則它卻也不要我們過於天真，毫無分寸地去濫信任何人。《論語》：

> 宰我問曰：「仁者，雖告之曰『井有仁焉』。其從之也？」子曰：「何為其然也？君子可逝也，不可陷也；可欺也，不可罔也。」（〈雍也・二四〉）

宰我的設問，很有啟發性。人由於有「成物」的本然仁性，一聽說諸如有人掉入井裏的危難之事，便很容易會信任他，而油然生發想營救的衝動，但孔子並不希望我們陷溺其中，不分青紅皂白便一頭栽進井裏救人，因為這之中可能也有陷阱在。理智的人可能一時會被合理的事所欺騙（可欺也），卻不可能永久為不合理的情境所矇蔽（不可罔也），因為他會用他的智慧，在行事過程中去察覺真相，不使自己陷入受害之域，而無法自拔。然而人都具有本然的善性，基本上我們畢竟還是要以寬弘的心去對待、相信一切人的。《論語》：

> 子曰：「不逆詐，不億不信，抑亦先覺者，是賢乎！」（〈憲問・三一〉）

唯人能敞開心胸，格去心魔，才能為對方留一餘地，而不預想他將會欺騙我（不逆詐），亦不會憑空猜測他必不信任我（不億不信）；當然，現實的人心叵測，全然信，可能吃虧，「好信不好學，其蔽也賊」，為了免於蹈入守「信」的陷阱，在「對起碼的人格尊重」的前提下，我們更應學習先賢的知人智慧，去判辨人之本質存在與現實存在的差別，從而察覺對方之或「詐」或

「不信」於機先：此智慧，不是一往順自己的個性、脾氣或習慣的思考模式去判辨，乃是本於「遍、常之無限道德本心之誠明所生之圓照」的智慧，它不受制於感性，亦不囿限於見聞，而是一能運用本心良知之機竅，而以耳目為其所用之「合內外」的圓照智慧[14]。當然，這種判辨力需要長久的陶養工夫，非一蹴可幾，亦非人人可致，我們只懸它為一求「知人之道」的努力目標，而當更不斷在現實生活中去體認、領略。

「日久見人心」，其實人相處久了，大體上都會相互了解對方的為人，如何能更精確去洞識對方的存心，孔子還給了我們一則「知人之方」的開示。《論語》：

子曰：「視其所以，觀其所由，察其所安，人焉廋哉！人焉廋哉！」（〈為政・一〇〉）

以，用也「視其所以」，意即看對方行為的用意。動機純正，其人必以仁居心；動機流於邪曲，即使有「善行」的外相，亦未必是善，其人格便值得存疑。而由，經也，指人行為經由的途徑，亦即指對方做事時所採取的手段。動機是經，手段是權，遇上現實的艱難，人常需用曲折的方式來圓成，權如能曲成經，外相看雖似不合理，實亦合宜，其人便可信；反之，看似合理，實不合宜，則其人便不可信。至於「察其所安」，則要更花時間去判斷，對方行善，態度自自然然（安），毫無勉強，乃至忘卻當下之善行為善，這表示了他行善之真心誠意，值得信任，如果事

14 同註12，頁一二四九。

後趁興宣揚，話語流於炫耀，其善行或別有目的，未必可信，總之，「視，從一節看；觀，從大體看；察，從細微處看。」[15]視、觀、察都是判斷的工夫；「一節」、「大體」、「細微處」，處處都可傳遞人之「可信與否」的訊息。「所以」屬意，「所由」屬知，「所安」屬情；由事以視意，由境以觀知，由迹以察情，人之言行離不開知、情、意，孔子亦以知、情、意來綜合考評人，人之可信與否，自會從中表露無遺，故曰：「人焉廋哉！」[16]

本此觀人的方法，去照見用「智」見稱的魯國大夫臧武仲，孔子才胸有成竹地認定他「以防，求為後於魯」之事，出於脅迫魯君之巧詐，而非出於求君之真誠[17]。故《論語》：

子曰：「臧武仲以防，求為後於魯，雖曰不要君，吾不信也。」（〈憲問・一四〉）

「好信不好學，其蔽也賊。」由於孔子之「學不厭」，在一生之無間斷的「好學」中，才能逐漸學到如此客觀觀人的智慧，對普羅大眾而言，當然不易辦到，因此為信任人而受害的，大有人在。常人由於老實，迫於「必須信守承諾」的無奈，常會自認倒霉，而以「上一次當，學一次乖，得一分智慧」來自我解嘲，然在儒家，絕不贊同這種錮蔽的作法，故《論語》：

子曰：「君子貞而不諒。」（〈衛靈公・三七〉）

「貞」是擇善的固執，「諒」則不問是非，只知恪守形式的小信。當吾人遭到環境的無理壓力，或別人惡意的詐騙，甚至受到非禮的脅迫，而一時失察或不得不許下不合情理的承諾，則當擺脫了困境，或到後來才發覺此許諾為無意義，乃至有違正義時，儒家主張寧可堅守正義原則（貞），而要放棄形式上的承諾（不諒），何以故？「乃因言語、行為本來皆是良心的表達工具，皆是為實現良心真實的情意而服務的，違反了此真實的情意，即顯其為無意義。為墨守此無意義之諾言而勉強實踐，此即『過而不改是為過』，自會造成良心更大的負擔與不安；知其允諾之不當，而不去實踐，此即『過而改之』；形式上雖是失信，反因對失言之補過，而安頓了良心。」[18]

「信近於義，言可復也。」（〈學而・一三〉）合於義的信，便是德，便值得恪守；不合於義的信，不成為德，便不值得去恪守，「君子之於天下也，無適也，無莫也，義之與比。」（〈里仁・一〇〉）一個人能當機立斷於所要執守的「信」之有否意義與價值，而能正確抉擇何者當守，何者當棄，即是「道德智慧」的表現；一個人敢於抗拒「信」的道德教條，而願承擔「失信」的罪名，即時超脫陷阱，不使自己淪為無謂的犧牲，更不使對方因誘我上當得逞而使之成為「不義」之人，即使自己已受大傷害，難以挽回，也要訴諸法律，討回公道，絕不溺於無明的情誼，而噤若寒蟬，自認倒楣，此亦是「道德勇氣」的表現，《論語》：

---

15 引自錢穆《論語新解》（臺北・東大圖書公司・一九八八年初版）頁四六。

16 同註1，頁八三—八七。

17 相關史事之原委，參看《左傳・襄公二十三年》記事。

18 同註2，頁一四一四—一四一五。

或曰：「以德報怨，何如？」子曰：「何以報德？以直報怨，以德報德。」（〈憲問・三四〉）

對方既對我無情無義，為了己私，忍心利用我對他的「絕對信任」而陷害我，我又如何能以「善待有恩於我的人」之態度去善待他？善惡不分，對有恩於我的人不公平，這豈是人生的常道？所以孔子才反問「何以報德？」

「君子愛人以德，不愛人以姑息。」不採「以牙還牙」等非理性的激烈手段去實施報復，而能依客觀的是非與傷害的輕重，如理以適當教訓他，不縱容他，給他及時的當頭棒喝，才可能使他收斂，而不逍遙法外，變本加厲，此「以直報怨」，不只我心平，他心亦平，施報兩平，即是最為合宜的待人藝術[19]。而孔子所讚賞的，即是這種懂得處世藝術的人。《論語》：

子貢曰：「管仲非仁者與？桓公殺公子糾，不能死，又相之。」子曰：「管仲相桓公，霸諸侯，一匡天下，民到于今受其賜。微管仲，吾其被髮左衽矣！豈若匹夫匹婦之為諒也，自經於溝瀆，而莫之知也。」（〈憲問・一七〉）

管仲不僅不與召忽同為事公子糾爭位不遂而盡忠殉節[20]，後來竟跳槽轉相小白齊桓公（與公子糾爭位的政敵兄弟），而完成齊國「霸諸侯，一匡天下」的偉大功業，不只使當時社會和平、安定，百姓免於戰禍，過幸福的生活，還澤被後世，使優美的文化生命保持不墜，這種捨「匹夫匹婦之為諒也，自經於溝瀆」的小信，而就大義的表現，孔子不只沒指責他為「違忠背信」之徒，還再三稱許他「如其仁」，正見儒家講信，不以拘泥小節，墨守小信為尚，而以能就大義為功，這種化解「守節」與「失信」的兩難，可謂為「極高明」的處世藝術。

八、結語

《論語》講信，雖散落在各篇章中，似無系統（語錄雖是隨遇而發的言論，但所言皆為人生真切體悟的智慧語），其實都有其生命精神的貫通，不只貫通天道於人道，還橫連於人世間之各種生活的層面。「不誠無物」，人之待人接物如不真誠，言行不一，口心相違，不只無以成事，

19 同註**12**，頁一二五七—一二五八。

20 此段史事，《管子・大匡篇》記載了召忽與管仲兩人關鍵性的對話：

召忽曰：「百歲之後，吾君（按：指齊僖公，即公子糾及小白的父王）下世，犯吾君命而廢吾所立，奪吾糾也。雖得天下，吾不生也，況與我齊國之政也？受君令而不改，奉所立而不濟，以死，是吾義也。」

管仲曰：「夷吾之為君臣也，將承君命，奉社稷以持宗廟，豈死一糾哉？夷吾之所死者：社稷破，宗廟滅，祭祀絕，則夷吾死之；非此三者，則夷吾生。夷吾生則齊國利，夷吾死則齊國不利。」

召忽決意為公子糾盡忠殉節，其人格操守，令人動容；然與管仲之「寧為社稷亡，不為一糾死」之出處理念相較，其理想人生之路向的格局，明顯狹小，故孔子不刻意去強調其價值。

還建立不起人格的尊嚴，屢失信於人，即難在社會上立足，政治亦會失去其公信力，「信」之重要性，由此可見。

信由誠來，人要不要表現誠，這是他的自由，但我仍須以誠待人，此不隨人之不誠而不誠，乃為「真」誠；唯此誠乃是對人道的真誠，對良心的真誠，不是對「不義」的真誠，是以對對方之「不義」的承諾，為免其「不義」得逞，我即應捨小信而就大義，「貞而不諒」，即見《論語》講信，是守經達變之「大信」，不是尾生之類之「小信」的死守，是鮮活的道德智慧，不是呆滯的教條。

儒家的理想社會，是「講信修睦」的社會，是「朋友信之」的社會，這種社會，人人真誠，彼此互信，真實而不虛假，此看似幻夢中的理想國，但人性本善，誠由性來，人人有善性，就有可能由善性普發為真誠的一天，《中庸》謂：「天命之謂性，率性之謂道，修道之謂教。」只要吾人注重道德教育，就可能讓人人來修道，讓人人以誠立信。人人互信，天下太平，這正是儒家最大的期待。

當然，教育是「百年樹人」的志業，非一蹴可幾，「如有王者，必世而後仁。」（〈子路・一二〉）只要我們對人性有信心，對教育有信心，共同努力推行德教，深信將會有普天下人「彼此互信」之大同境界到來的一天，而此深「信」，亦正是本文講「信」所隱涵的旨趣所在。

（孔孟月刊第五十四卷第三、四期）

伍、從《論語》看孔門的言語之教

一、概說

人與人要和諧相處，重在溝通，溝通的媒介，主要靠言語與文字，而文字，其實就是人寫在紙上或打在螢光幕上的言語，所以我們可以追根究柢地說，人與人溝通的工具，就是言語。言語由口發出，聾、啞人所比劃的手語或其他肢體言語則屬少數的例外，不論是否發乎口，要之，都是在傳遞彼此的感受、感情。人際間靠著言語才能相互了解，不能溝通，就易造成誤會，乃至引生衝突，而破壞了和諧，可見「言語」在人群生活中十分重要。

大體說來，人使用言語（含文字），主要有四大功用：一是為了指物敘事（述事），二是為了抒發情感（抒情），三是為了釐清事理（論理），四是為了傳遞彼此的心意（達意）。

指物敘事，一方面可對別人表達自己之所見、所聞、所知、所想、所做的事物，一方面也可借用它來幫助來日的自己，記憶今日之我心意中所及的相關事物，對人也好，對己也好，都在達意，類推到抒情與說理上來，何嘗不也都是為了傳達自己內在的心意，這都也離不開「達」

意[1]，此所以《論語》：

子曰：「辭，達而已矣。」（〈衛靈公・四一〉）

「辭達」意即：讓我所說的話，能如實地傳達我的良心真意。此即如果說話非出於我的良心，或我的真意不能如實地傳達到對方，使他有如實的領受，都表示辭之未達。此說話要達，看似容易，實也艱難，蓋人有氣質的障蔽，良心不必定能時時自覺，而保持住它的本來面目，說話自也往往會違反本心，且由於說話的時機等等客觀條件不易合宜拿捏，很多內心的真意，常無法如實、明確地傳遞到對方，言語之艱難由此可見一斑，此所以孔門四科，特將「言語」一科列入其中之故[2]。

人之踐德，離不開言與行的表現，剋就兩者的關係言，言是行的宣達，行是言的實踐，言行如一，才能維護道德人格的尊嚴。而口出如風，話一說出，就收不回，是以如何陶冶內在涵養，使言語表達具藝術性，而能臻於「辭達」的境地，實是生命學問中所當重視的課題，而充滿生活智慧的《論語》，在這方面，給了我們很多的開示。

二、硬拗、虛偽、謠傳、直白之損己傷人的言語

人際間相處，情感的交流，都需要言語，平日聊天說笑，也可從中醞釀出鬆閒適意的生活情

味，但如果天天閒聊，為說話而說話，久了往往會從「有趣」轉成「無聊」。《論語》：

子曰：「群居終日，言不及義，好行小慧，難矣哉！」（〈衛靈公・二七〉）

泛泛而談，所以久了會無聊，乃因話中談不到生命內裏的深處，故也抉發不出彼此生命中的實情與問題（言不及義），話題沒有引生道德心靈的共鳴，而獲得內在的充實與滿足，故而長久下來，會覺得空洞無趣。[3]此時如能相約去聽一場別開生面的演講，講者能言善道，自會引領聽者走入美善的心靈世界，或帶入嶄新的知識領域，此時，言語的功用，就獲得了正面發揮，口才之重要，自不在話下。

一般的社會心理，都會因此而看表面，以為口才好才吃得開，才會受人尊重，其實言語的本

---

1 參看唐君毅《哲學論集》（臺北・臺灣學生書局・一九九〇年二月全集校訂版）中〈中國思想中對「言」「默」態度之變遷〉一文。

2 孔門四科十哲，載於〈先進篇・第二章〉。該章前頭特標明「子曰：『從我於陳蔡者，皆不及門也。』」足見四科十哲專指孔子陳、蔡絕糧時曾經相隨，而說此感嘆話的此時，已「皆不及門」的那些弟子，此即當時未相隨的大多數人，顯在專指之外，可見孔門不只此十哲（後世稱有七十二賢弟子），所講的課程範疇當然也不只此四科。

3 參看曾昭旭《人生書簡》（臺北・漢光文化事業公司・一九八四年三月四版）中〈坦誠無隱的師友之道〉一文。

身，價值是中立的，它是相對的價值，不是絕對的價值，唯德養才是絕對的價值，此即：依於德的口才，才有價值，不依於德，則無價值，乃至反價值。俗世由於功利、短視、現實，只重其表，不重其裏，只注意「賢能」的「能」之可取，卻忘忽「賢能」的「賢」比「能」更重要。《論語》：

子曰：「不有祝鮀之佞，而有宋朝之美，難乎免於今之世矣！」（〈雍也．一四〉）

祝鮀是個賢者，也是好口才（佞）的人，但他之所以被衛靈公所重用，在於他的口才，而不在他的賢德，而當時的俗尚也持這個角度來欣賞他，何以知之？因當時甚有德養而無口才的宋朝，不受君上重視，故也難免被俗眾冷落（難乎免於今之世矣）。由此可知：一個政治領導人如果昏庸，不能及時導正現實社會的習尚，上行下效的結果，必無法建立起健康的世道人心，此所以引生孔子扼腕浩嘆。故《論語》：

或曰：「雍也仁而不佞。」子曰：「焉用佞？禦人以口給，屢憎於人。不知其仁，焉用佞？」（〈公冶長．五〉）

仲弓（雍）為人厚重簡默，缺乏口才，他的人格涵養是否臻於「仁者」的水平，姑且不論，但「仁者」講的是德養，德養重在踐仁，不必定要有好口才，因此「佞」與「仁」沒有必然的關係。一個人如果能言善道，將事、情、理作充分的表達，使對方開啟了智慧，獲得了知識，且有彼此善意的交感，這當然值得讚賞；但如果自憑伶牙俐齒的本領，專挑對方的語病，毫不留情地予以抨擊，或以謬論來抗拒對方的詰難（禦人以口給），把原本的是強辯成非，即便對方口拙，無法一時反駁，必也不服，而心生厭惡與憤慨（屢憎於人），如此不但破壞彼此的和諧，也失去言語對傳達良心善意的正面功能，則徒有口才，又有何益？

尤其今日臺灣的亂象與價值觀的混淆，多出於電視台政論節目上的一些名嘴的狡辯，他們以狹隘的「島國意識形態」、「臺灣人的尊嚴」等等似是而非的理由來製造仇恨，分裂族群，用以偏概全的方式來謾罵當局，打趴軍公教形象，採雙重標準來掩飾己非，醜化人是[4]，……一旦騙得了選票，奪取了政權，便以意識形態治國，亂花公帑，酬佣黨人，整肅異己，更糟的是沒有高瞻遠矚的國際觀，不懂權衡輕重，不知自己的有限，卻硬要以弱撞強，虛張自己的魄力，製造兩岸無謂的對立與緊張，致使國力日趨衰微，民不聊生，如此憑「好口才」所扶持的無智無能政權，嚴重傷害了整個社會與國家，又有何值得稱羨？故《論語》：

> 子曰：「惡紫之奪朱也，惡鄭聲之亂雅樂也，惡利口之覆邦家者。」（〈陽貨・一八〉）

好的口才，用在爭辯上，常會淪於硬拗，用在討好上，則易流於虛假，此所以孔子也再三提醒我們，說話切勿巧言。《論語》：

---

4 參看戴朝福《現代人的生活智慧》（臺北・時報文化出版企業公司・二〇一七年四月初版）中〈名嘴〉一文。

子曰：「巧言令色，鮮矣仁！」（〈學而・三〉）

子曰：「巧言亂德；……」（〈衛靈公・二七〉）

仁是由人之內在「真實」性情所表現出來之人我融通的一種生命情境。剋就言語來說，對方有讓我這般的實際領受，我才會說出如實讚美的話，此言語不浮誇，表情不矯作，即所謂的「真實」。我如刻意用動聽的浮誇話來博取對方的歡心，這不是真的看重對方，而是在欺騙對方，同時也在欺騙自己，表面上用巧言來求與他感通，其實心靈並未通過去，有違仁心之真誠（以此推知，為了毀謗別人，企圖使聽者逐漸深信他的話之「浸潤之譖」，及為了博取人的同情，故意說出超乎實情之痛苦的「膚受之愬」亦然），故曰「鮮矣仁」；如果對方信以為真，受到了假話的誤導，對自己實際已差的行為渾然不覺，以至混淆了自我的道德價值判斷，此所以謂「巧言亂德」。

言語的傷害不僅於此，他如傳播謠言，也常可能在無意間造成社會的對立與失序。《論語》：

子曰：「道聽而塗說，德之棄也。」（〈陽貨・一四〉）

「道聽」就是路上聽來的流言，它是經過三、五人乃至無數人口耳相傳而來，此中事情相關的人、地、時、事、物由於或未聽清楚，或說者未仔細交代，通過無數人的傳話歷程中，可能會增添一些個人的揣測等等，作為補白，於是越傳越遠，距原本的真相也就越差越大，人如拿這種原本與他不相干的事作相聚應酬的話題，則自己又成了流言的傳播者，途中聽來，未經證實，又途中傳了出去，這種「道聽塗說」的謠言，如果傳到相關的兩造或其親朋好友耳裏，極可能產生雙方的誤解與仇恨，而同時也可能給自己帶來無謂的困擾（如被傳喚到法庭上作證等等）可見沒有切確的事證，人不宜信口開河，否則有可能為社會帶來很多負面的影響，對自己而言，也形同放棄了用言語來作踐德的表現，故曰「德之棄也」。5

除了要避免傳達無根的謠言，對人或毀或譽，也同樣要講求事實的根據，否則無的放矢的批評，有失「辭達」的意義。《論語》：

> 子曰：「吾之於人也，誰毀誰譽？如有所譽者，其有所試矣。斯民也，三代之所以直道而行也。」（〈衛靈公・二五〉）

此章所謂的「試」，指的就是不論或毀或譽，在批評之先，都要仔細經過一番事實的考察與驗證，〈雍也篇〉中記載孔子稱許仲弓「可使南面」，就因平日觀察到他有「寬洪簡重」的人君氣度，而「可」字，只表示他具備有為君的起碼條件，並沒有過獎他有絕對的條件，孔子又於〈八佾篇〉批評管仲不儉、不知禮，也因於觀察到管仲「有三歸，官事不攝」、「樹塞門」及

5 參看戴朝福《論語闡義》（臺北・正中書局・二〇一〇年二月初版）冊四，卷十七，第十四章。

「有反坫」的事實而說；於〈憲問篇〉又極力欣賞管仲的功業，也因於他能襄助齊桓公「九合諸侯，一匡天下，民到於今受其賜，微管仲，吾其被髮左衽矣」，不只促進當時國際的和平，也維繫了優美傳統文化於不墜的事實而說「如其仁」，足見或好或壞的批評，都要有憑有據，直對著良心來說話（所謂「直道而行」），才能作出公正、客觀的評論，也才能普遍引生天下人心靈的共鳴，而這，亦才可讓語不虛發，臻於「辭達」的境地。[6]

言語固要有憑有據，但說話也要懂得婉轉、含蓄，否則讓對方下不了台，就難以心悅誠服地接受，辭自也無法「達」了。《論語》：

子曰：「……直而無禮則絞，……。」（〈泰伯‧二〉）

子曰：「由也，女聞六言六蔽矣乎？」……「……好直不好學，其蔽也絞；……」（〈陽貨‧八〉）

孔子兩度在不同場合，提及人如果說話過於直白，會有「絞」（兩繩相交而緊曰絞，比喻使人心理緊迫，下不了台）的弊害，正托顯出他對世人說話易犯此毛病的高度提醒。

直（耿直）原本是一種美德，因為它的表現是坦坦白白，真誠不虛偽，對方有如是的表現，我亦有如是的感受，就不欺瞞、不偽裝地直說，但由於口無遮攔，自易毫不留情面地揭露他人的短處與隱私，不知婉轉、含蓄，弄得對方當場尷尬、難堪，此不只徒增彼此間的氣氛緊張，造成情感的破裂，更因此阻礙了言者良心善意的通達，值得世人戒惕。

以上所舉犖犖大端，僅就生活中人常犯的言語弊病而說，人之修德踐德既離不開「言」、「行」，講話得體與否，自也是一種修養工夫，人每天都在講話，每天也都可借用言語來作為修德的試煉場域，如能經常自我省察所發之言的缺失，認真檢討、改進，也甚有助於我們的進德。

三、「信」是建立言語莊嚴性的基本條件

人之言語要能通達到對方，最基本的條件，就是要有「信」。人際間往來，如果不信，則我對他說一些關愛話，他會懷疑我可能別有居心，我對他禮敬，他會以為我在巴結，我講得再認真、誠懇，他會認為我很會喬妝，很會杜撰故事，……如此，話再多，也無法「辭達」，故《論語》：

> 子曰：「人而無信，不知其可也。大車無輗，小車無軏，其何以行之哉？」（〈為政・二二〉）

「我與物為二。君子之欲交於物也，非信無自入矣。譬如車，輪輿既具，牛馬既設，而判然

---

6 同前註。卷十五，第二十五章。

二物也，將何以行之？惟為輗軏以交之，而後輪輿得藉於牛馬而載道也。」[7]

誠然，大車之輗與小車之軏，雖皆為車上之小零件，卻是聯結牛馬與輪輿的樞紐，靠著它，才能使大車小車安穩而靈活地上路，這正如人要有信，說話才能交通得來，我之「辭」亦才可「達」到對方的心底。

「信」之重要，由此可見。只有我的話有信，別人亦能信我所言，這樣，我的言語才具有莊嚴性，「人」「言」為信，我的道德人格，亦才能從此基本的條件中建立起來，而這亦才能展現人之所以為人的價值，故儒家的生命學問，甚重視「信」的道德涵養工夫。《論語》：

> 子以四教：文、行、忠、信。（〈述而・二四〉）

孔門很重視「信」，子路就是一個活生生的範例。他個性率直，遇不平之事，常沈不住氣，容易衝動，但很講信實，不虛偽，且勇於對自己對或不對的言行承擔、負責，所以孔子很欣賞他。《論語》：

> 子曰：「片言可以折獄者，其由也與！」
> 子路無宿諾。（〈顏淵・一二〉）

一個人倘如是訴訟兩造的一方，能不計自己的利害得失，一皆以「信實」的態度，原原本本地詳述案情的原委，自己有過，必坦承不諱，別人有過，也不會加油添醋，誇大其實，這種不偏祖自己，也不諉過對方，讓法官得以單從他這一方的話（片言），就能通盤了解真相，作出公允、正確之判決的（折獄），這個人應該就是子路了[8]。這番幽默語，正說明了孔子對子路「信實」人格的信任，他之所以為七十二賢弟子之一，即可見一斑。

《論語》編者於本章結尾，以旁白的方式，附帶記載子路在可行的範圍內，急於踐履應允的事，有諾不拖欠到明天[9]。此亦托顯出子路之守「信」，不只孔子知之，其他的弟子也人人盡知。

相對的，如果一個人經常言行不一，講過的話，屢讓自己的行為打臉，則即便是小事，人格也會被人「看破手腳」。《論語》：

> 宰予晝寢。子曰：「朽木不可雕也，糞土之牆不可杇也，於予與何誅？」
>
> 子曰：「始吾於人也，聽其言而信其行；今吾於人也，聽其言而觀其行。於予與改是！」

---

7 錢穆引蘇子由語。參看所著《論語要略》（臺北・臺灣商務印書館・一九七八年十二月臺四版）第五章。

8 「片語可以折獄者，其由也與」二語，註家眾說紛紜，《皇疏》謂：「子路性直，情無所隱者，若聽子路之辭，亦則一辭亦足也。故孫綽云：『謂子路心高而言信，未嘗文過以自衛，聽訟者便宜以子路單辭為正，不待對驗，而後分明也。非謂子路聞人片言而便能斷獄也。』」語見《論語注疏及補正》（臺北・世界書局・一九九〇年九月四版）中《論語集解義疏》卷六，今採其義。

9 「不宿諾」的「宿」字，一般有二釋：一作「預」解，意即：子路守信深篤，恐臨時有故，故不事前「預」諾。二作「留」解，意謂：子路急於踐言，有諾不「留」，今採後說。

（〈公冶長・一〇〉）

孔子對宰予的晝寢（或許就是上課經常打瞌睡），會說出「朽木不可雕，糞土之牆不可杇」之如此不堪，如此不屑，如此「無可救藥」的嚴厲話，一方面固是對十哲之一的宰予愛深責切，一方面也必是因宰予常在孔子跟前掛保證一定改進，卻依舊如故，此言行不一，便是失信，便是一不對自己之言語負責的表現，故晝寢雖屬小事，卻已妨害到個人修為的工夫。尤其宰予以「言語」稱著，嘴很能言善道，身卻不能實踐，甚有虧言語的莊嚴性，一個人如不能維護住自己言語的莊嚴，再怎麼會講話，又有何意義？此或即是孔子痛批宰予之故。

本章附帶引用孔子的話，說他原本都很敬重每個人言語的莊嚴性，故「聽其言而信其行」，人言為信，既是「人」所發的言，就含有「人」的莊嚴在，這也是孔子對人應有之人格的起碼尊重，但對連擅長於講說論道的宰予都這麼地言行分離，才讓他從此改變看法，畢竟人有氣質的障蔽，要回復道德人格的本來面目，不能單純地只憑天德，需要下很大工夫，才能陶冶出人德，而這工夫的祕訣，就在「能近取譬」，從平日生活中的言語之守信做起。

「人」「言」為信，能做到言語講信用的自我要求，雖或未必有其他更高層次的德養，但至少也可稱得上是一個活出起碼之生命意義的人了。《論語》：

子貢問曰：「何如斯可謂之士矣？」子曰：「行己有恥，使於四方，不辱君命，可謂士矣。」

曰：「敢問其次。」曰：「宗族稱孝焉，鄉黨稱弟焉。」

曰：「敢問其次。」曰：「言必信，行必果，硜硜然小人哉！抑亦可以為次矣。」

曰：「今之從政者何如？」子曰：「噫！斗筲之人，何足算也？」（〈子路·二〇〉）

從德養的層境言，「士」當然比不上君子、仁人，基本上，他只是一個能超越自然人，努力發揮人所獨具的良知本性，求表現為一個「正價值」存在的文化人[10]罷了。要當一個夠格的「士」，除了要具備有「行己有恥」的節操，也要有「使於四方，不辱君命」的才幹，就算辦不到，退而求其次，也應在社會上有「孝」、「悌」的好口碑，等而下之，即便是一般的普羅大眾（小人），如果能「言必信，行必果」，把它當成道德教條來墨守（硜硜然），雖也可能會產生一些弊病，但至少他堅守志操，或不免會損己，卻不會害人，這也可勉強稱得上有正價值存在的「士」人了，比諸只顧私利，亂開支票，而從不守信的政客（斗筲之人），要強太多了。

士人在社會上，必須要以守「信」來作為基本的處世原則，當他成了從政的士大夫，更要自求守「信」，唯有守信，把心交出來，才能引發人也把他的心交出來，彼此交心，就能感通，此之謂互信，對上對下，都能互信，政務才能暢通地推展，故《論語》：

10 參看曾昭旭《性情與文化》（臺北·時報文化出版企業公司·一九八四年三月六版）中〈知識分子的處境〉一文之三。

子貢曰：「君子信而後勞其民，未信，則以為厲己也。信而後諫，未信，則以為謗己也。」（〈子張・一〇〉）

誠然，從政者能言行如一，建立起「信」的人格，自會讓人親近、景仰，百姓亦會聞其言而信其行，心悅誠服地接受他的領導；如其不然，人民感受不到一切的行政措施對其生活有實惠，則當他要使喚人民，不但不能贏得「密切配合」的善意回響，還會以為自己是貪腐官吏的利用工具，一切的苦累勞役，直覺上就是苛政在虐待自己（厲己），即使無法違令抗拒，也只會敷衍應付了事，因而大大降低了推動政務的成效。同樣的，如果得不到上級的信任，則對有錯誤的決策之敢於直言力諫，不但難以獲得上級對臣下具有之忠、勇志節的肯定與敬重，在君上無明自尊的維護下，往往反易老羞成怒，誤以為諫臣在毀謗自己，此不但無以達到改正君非的目的，反因而容易造成君臣關係的齟齬與破裂，乃至可能使自己遭到無謂的禍害[11]，可見「信」對從政者而言，十分重要。

士大夫要講「信」，一個國家的政治領導人更要講「信」，《論語》：

子貢問政。子曰：「足食，足兵，民信之矣。」子貢曰：「必不得已而去，於斯三者何先？」曰：「去兵。」子貢曰：「必不得已而去，於斯二者何先？」曰：「去食。自古皆有死，民無信不立。」（〈顏淵・七〉）

足兵是國防、治安的問題，足食是民生的問題，而民「信」則是民心的問題，三者當然都很重要。

足兵（充實軍事力量）是為了保障人民的生命安全與生活安定，所以主體在生活，武力只是輔體，如果生活本身匱乏、成問題，又如何需要武力的保護？亦唯足食，才會有充分的後勤補給，以作為強化軍事的有力後盾，故「足食」要比「足兵」作優先考量。而政府的治權由人民的擁戴而來，此背後的動力就在「民信」，只有人民信任政府，一切的政事才得以獲得充分的配合與推動，如是兵與食之「足」的問題，都可迎刃而解，故為政要領，民「信」要列為第一優先，是以一個有政治智慧的統治者，必會常持「寧死也不失信於民」的決心[12]，而全力以赴，這才是治國的根本之道。

由上可知，政治固要解決人民生活的現實問題，更要優先解決民「信」的形上問題，而要贏得民信，要能建立起政治言語（政令）的莊嚴性，同樣也先要從形上的問題去求解決。《論語》：

子路曰：「衛君待子而為政，子將奚先？」子曰：「必也正名乎！」……「……名不正，

11 同註5，卷十九，第十章。

12 參看徐復觀《儒家政治思想與民主自由人權》（臺北・臺灣學生書局・一九八八年九月增訂再版）中〈釋論語民無信不立〉一文之二。

> 則言不順；言不順，則事不成；事不成，則禮樂不興；禮樂不興，則刑罰不中；刑罰不中，則民無所措手足。故君子名之必可言也，言之必可行也。君子於其言，無所苟而已矣！」（〈子路．三〉）

政治是眾人的公事，領導人如空有其位名，不能奉獻自己，以為總體公事負起應盡的道德義務（實），此「位」、「實」不符，謂之「名不正」；喪失「位格」的尊嚴，他所發號施令的，下屬便難以接受（言不順）；如此，就會陽奉陰違，不認真執行，一切政事便成效不彰（事不成）；整個國家的典章制度、社會秩序就無法建立起來（禮樂不興）；每個人沒有正確的人文價值觀，只講利害，不重道德，防止破壞秩序的強制措施便可能連帶變質為「賞惡懲善」的工具（嚴罰認錯的老實人，奸邪不認罪的反沒事），此之謂「刑罰不中」；如此，世間「揚善」的人生正道就找不到出路，善良的百姓真不知何去何從（民無所措手足），這樣的國家如何不亂？如何不衰亡？可見「名正」是「言順」的先決條件，領導人必須端正自己，使「位格」具其莊嚴性，而取信於民，且謹慎發言，不可隨便[13]，這才是為政應有的態度。

唯不隨便，多從百姓可行的角度去製訂律令，且不以高道德標準來要求民眾，「立法從寬，執法從嚴」，如此才能建立起政治言語（政令）的莊嚴性。合宜的法令頒布後，就要貫徹執行，人人平等，沒有例外，百姓自不敢不以誠實的態度來遵守，此即「上好信，則民莫敢不用情」（〈子路．四〉）的實現，亦即是領導人之言語對人民所展現的信。

總之，「信」是建立言語莊嚴性的基石，有「信」，自能上上下下溝通無礙，語云：「有理走遍天下」，同樣的，有「信」亦才能走遍天下，故《論語》：

子張問行。子曰：「言忠信，行篤敬，雖蠻貊之邦行矣；言不忠信，行不篤敬，雖州里行乎哉？……」（〈衛靈公・六〉）

不管文明或未開發的國度，「信」是言語溝通的舉世通行證，此所以儒學言語之教，講「信」是最基本的條件。

四、真、慎、恥、謙的言語修養工夫

一般人誰都會說話，張口發言，極其平常、自然，但如何時時說得得體，實也不易，因為這需要有言語的內在修養工夫。

要有言語的內在修養，首應重視情性的陶冶，而《詩經》是「溫柔敦厚」之教，透過它「思無邪」的薰陶，可以潛移默化人的性情，使人說話時，常能「止於禮義」，而合宜中節，且它之比、興的藝術手法，委婉含蓄，可無形中培養出我們談吐的優雅，使我們的待人接物，言語表達

13 同註5，冊三，卷十三，第三章。

得更得體，故孔子勉勵其子孔鯉要學詩，「不學詩，無以言。」（〈季氏．一三〉）

「真」是性情之教首當講求的要項，言語從良心出發，良心自會對其自己負責，此之謂真誠。一般人在社會上世故久了，為了對應這虛假的世界，往往顧慮甚多，言不由衷，「人之將死，其言也善」（〈泰伯．四〉），只有臨終之前，面對死亡，往往才肯放下一切虛假，講出全然真誠的話。良心為天地所生，所謂「天地良心」[14]，要表示自己的言行，是出於良心的真誠，人常會用向天地發誓的方式，來向質疑者交心。《論語》：

> 子見南子，子路不說。夫子矢之曰：「予所否者，天厭之！天厭之！」（〈雍也．二六〉）

南子當時貴為衛國君夫人，但其人淫亂，風評不佳，沒想到她以禮邀見，孔子竟接受其約，當時孔子受邀的內在動機為何？與南子交談的內容又如何？或基於現實的敏感性，一時不便表白，但越不表白，就越深化其神祕感，越易引來「孔子竟甘為見淫婦而受辱，為行道而詘身，實在沒有風骨」的誤解，故子路甚感不悅，至而對老師人格不信任，孔子體諒子路如理的不快，不但沒老羞成怒，指責子路不尊師，反用對天發誓的方式（矢之），說：「倘如我見南子的行為不合天理，老天一定會厭棄我。」兩度強調「天厭之」，正說明了此行為不愧於天地，也對得起良心。

對得起良心，即是真誠，此「真」不只是現實生活中的對人言語，對歷史的講述（言語）與記載（文字），也都要一本「真」的態度去從事。《論語》：

子曰：「夏禮，吾能言之，杞不足徵也；殷禮，吾能言之，宋不足徵也。文獻不足故也；足，則吾能徵之矣。」（〈八佾・九〉）

子曰：「吾猶及史之闕文也，有馬者借人乘之，今亡矣夫！」（〈衛靈公・二六〉）

歷史是人類各種生活層面的真實記載，不論正面或負面的，都可供後人取法或警惕，從而鑑往知來，以開創更有價值的歷史。歷史與小說不同：小說中的人、地、時、事、物的題材，可無中生有，任由作者來編造；而歷史是歷代人真實生活的寫照，必須實事求是；至於「禮」，則又代表每個朝代的文化總體（內容包涵風俗習慣、價值系統、信仰態度、典章制度、生活方式、思想型態、以及創作物及其風格……等等），它有理性的成分，也有非理性的成分，有的具承續性，也有的具改革性，這些都必須有真實的史料與文物作為佐證，來證明其可靠性，可惜當時杞國（夏禹後代）及宋國（商湯後代）都沒有保留完整的文獻，所以孔子不敢冒然憑空講述夏禮、

14 牟宗三謂：「天之所以值得尊奉，即因它是心性之道德創造性所體證之天命不已之道德秩序也。最後，心性之道德創造即是天道之創造性。故程明道云：『只心便是天。』……心外無物，性外無物，心性之創造說到其最具體之無邊功化即是天地之化。」其述天地與良心關係堪稱簡要。見所著《圓善論》（臺北・臺灣學生書局・一九八八年七月初版）第二章〈心、性與天與命〉一文。

般禮，此正托顯了孔子言語之求「真」的態度，亦表示他對歷史的真誠，對良心的負責。所以有良心的史家，如果史料有闕漏，寧可保留給後人去考證、補白，也絕不會依私意去附會、臆度，這種求「真」的態度，正如空有馬匹的主人，坦承自己馬術不佳，須找人代馴，不怕出糗，且不苟同俗世之好面子的態度一般，此言語之真誠，亦是生活的一種「直道而行」的展現。

言語的求「真」，固要一本良心來說話，但此踏踏實實應契當時良心感受而說的話，也可能因於未深思熟慮主、客觀條件的艱難，以致無法落實，故而導致後來之行為與本願相違，如是，依於良心的話，又可能變質為妄言了。《論語》：

子曰：「論篤是與，君子者乎？色莊者乎！」（〈先進・二〇〉）

誠然，應契於良心的篤實話固值得讚賞（論篤是與），但如不切實際，淪為空談，就會讓人質疑說話者當時到底是義正詞嚴的君子，還是刻意裝出莊嚴樣子的小人？王陽明說一個人能知必能行，知而不行，他心中所呈顯的，一定還不是足夠生發實踐行為之良知的真知，而只是一種概念符號的理智之知而已[15]，所以說話除了要「真」，還要「慎」，時時考量其可行性，不能光憑一腔熱血，就大放厥詞，說一些有理想卻無法實現的話，否則，言語照樣會失去其莊嚴性。故《論語》：

子曰：「……敏於事而慎於言，就有道而正焉，可謂好學也已。」（〈學而・一四〉）

子貢問君子。子曰：「先行其言，而後從之。」（〈為政・一三〉）

子張學干祿。子曰：「多聞闕疑，慎言其餘，則寡尤，……」（〈為政・一八〉）

子曰：「君子欲訥於言而敏於行。」（〈里仁・二四〉）

孔子再三強調言語要慎（訥者，難也，是「言者思及踐行可能之難，而不敢輕易出口」的意思，故「訥於言」，亦即慎於言），正說明了「慎」實亦是言語必備的內在修養工夫。只有親自在事上磨練，才真能領會現實的艱難，與自己的困限，才不敢說大話，自知收斂，而不敢好高騖遠；對別人，亦才不敢吹毛求疵，用高道德標準來要求他，所以要先「行」再「言」。不敢亂言，而常難於出口，這看似不爽朗、不誠懇，而實是對自己之言語的一種負責態度，「誠懇」的精神反蘊乎其中了。尤其政治是眾人的公事，言語稍一不慎，即可能影響世道民心，所以求官任事（干祿），更要多方揣摩、學習古今賢哲的至理名言，以作為充實自己言說的內涵，萬不可一知半解地斷章取義，否則引喻失義，貽笑大方，就會傷害自己「位」格的尊嚴。總之，不管什麼身分，說話都要謹慎，特別是應允的話，更當如此，《論語》：

15 參看唐君毅《中國人文精神之發展》（臺北・臺灣學生書局・一九八四年七月六版）中〈論精神上的大赦（下）〉一文之九。

有子曰：「信近於義，言可復也。……」（〈學而・一四〉）

「義」有二義：一是應不應該（有意義有價值的就是應該），這是良心認可的問題；二是合不合適（能符合當前個人種種主觀條件及情境之客觀條件，而可兌現的，就是合適），這是現實存在面的問題，發言前，都以此兩大方向作考量，而語不妄發，則對人的承諾就易兌現，有子的這一番話，又在在呈顯了「慎」對言語的重要性。

人之能「慎」於言，「恥」是其背後的一種重要推動力。《論語》：

子曰：「古者言之不出，恥躬之不逮也。」（〈里仁・二二〉）

子曰：「其言之不怍，則為之也難。」（〈憲問・二〇〉）

子曰：「君子恥其言而過其行。」（〈憲問・二七〉）

一般說來，人之心靈能自覺，當行為不能兌現先前之所言，便會有所悔，「悔」是羞惡於行為之已然，而「恥」則是羞惡於行為乃至言語之未然，知所悔，人便會改過，知所恥，人便會免過，用健康之於人體來比喻，悔是醫事上的治療，恥是保健上的預防，兩者最後雖都可保有身體的健康，但不必多費唇舌，人盡皆知預防勝於治療。同樣的，悔與恥最後雖都可維持人格的尊嚴，但與其犯過再改，不如言前謹慎，以減免過錯。

誠然，人之可貴處在心靈，一切道德根源的發動，即在心靈的自覺，而「恥」就是言行或將不善不妥，以求善求妥的一種心靈覺悟，人能不只在言語後覺得不善不妥而感到羞愧，更能在言語時乃至未言之前，提醒自己或有不善不妥之處，而知一切以後所可能面對的艱難，或未必能為一己之願望、意志及能力所能絕對克服，對此可能「躬之不逮」而知所羞恥，就會謹慎發言，此即孟子所謂：「人不可以無恥，無恥之恥，無恥也」的真義所在[16]。此古之賢哲「言之不出」的關鍵，端在於有言前之「恥」的智慧，很能給我們「慎」言的啟示。

能「恥」，就會注意說話要多留餘地，如此，在踐履上，「行」乃有更大的彈性空間，此能恥「言過其行」，我們所發的「言」，才易對「行」負責，如其不然，不知用「言」來遷就「行」，一旦導致言行不一，為了維持人格的自尊，即可能順理成章地用說謊來找藉口，為擔心謊言露餡，必會用其他相關的事物來圓謊，層層設防，面面俱到，即便沒被揭穿，亦挺累心傷神，故「為之也難」，早知如此麻煩，不如一開始便未雨綢繆，言前懷著「恥」心，而慎言謹行。

能慎言的人，都會知道自己的有限，與環境可能的艱難。大環境的艱難，人不易克服，個人的有限，則當要懂得言語的謙卑，故謙卑，亦是言語不可或缺的修養要件，此所以顏回自勉「願

16 參看戴朝福《真善美的世界》（臺北・臺灣學生書局・一九九六年十一月初版）中〈人格尊嚴的覺悟〉一文。

無伐善，無施勞」（〈公冶長・二六〉），而孔子之哂子路「由也為之，比及三年，可使有勇，且知方也」的從政大志，即因於「其言不讓」（〈先進・二五〉）之故。《論語》：

子曰：「孟之反不伐，奔而殿，將入門，策其馬，曰：『非敢後也，馬不進也。』」（〈雍也・一三〉）

孟之反有功亦有勇，其功不是「克敵致勝」之積極的功，乃是「斷後卻敵，使兵員減少折損，以保全實力」之消極的功。當「敵弱我強」，對方不戀戰，而我軍全力進擊時，我之勇乃是一「仗勢」的勇；當「敵強我弱」，人人抱頭鼠竄，自顧不暇，而我仍敢於斷後卻敵，則此勇是「失勢」的勇，孟之反「奔而殿」，顯然是「勇者不懼」之真勇、大勇的表現。

軍隊是一共榮共辱的結合體，大家都敗戰受辱，我豈能借此來顯勇表功？是以他自我調侃一番，說「非敢後也，馬不進也。」因馬不爭氣，跑不快，才讓我不得不殿後壓陣以卻敵，卻敵即非出於我的本願，故不必誇我為勇，戰亂中能保持這樣的幽默，從容自如，處變不驚，唯真勇者能之，而他那隱己而不做作，不露痕跡的言語，充分表現了「謙卑」的大襟懷[17]。

「謙卑」是待人處事上的基本原則，言語能謙卑，虛己以顯人，不但對己無害，也甚受人歡迎，此所以《易經》六十四卦中，唯〈謙〉卦之各爻皆占吉而無凶，此亦所以孔子要人為君子，其中的一要項，即是「謙卑」的言語修養工夫，《論語》：

子曰：「君子義以為質，禮以行之，孫以出之，信以成之，君子哉！」（〈衛靈公．一八〉）

說話能謙卑自抑（孫以出之），事情的成功，自不會全攬為己有，而也會歸諸與此事有直接或間接相關的人；事情的失敗，也不會全怪罪別人，而會扛起自己直接或間接參與其事所應負的責任，能扛責，不推諉，如此，整個團隊才更易團結、和諧，從失敗中再站起來。

總之，真、慎、恥、謙是人之言語的四項內在重要修養工夫，值得吾人深思、涵養。

五、講與不講的說話藝術

言語除了要有上述的內在涵養，也要講求說話的藝術，一般人隨興交談，無拘無束，談吐中常有諸多失態之處而不自覺，倘如有機會陪侍在德養高的君子身旁，只要細心體會他們合宜的言語態度，即可照見自己平日說話的失態。《論語》：

孔子曰：「侍於君子有三愆：言未及之而言，謂之躁；言及之而不言，謂之隱；未見顏色而言，謂之瞽。」（〈季氏．六〉）

---

17 同註5，冊二，卷六，第十三章。

辭要「達」，聽者與說者之間最好是兩相感通而愉悅，要達到這個境地，說者應留意對方有沒有溝通的意願，時間、場合恰不恰當，氣氛對不對，……如果對方講的不中我意，沒等他話全說完，即按捺不住情緒而打岔，這是對對方的失禮，也顯出自己心浮氣躁，即易造成對方的反感，這便是「躁」；如果該回答的時候，講話卻吞吞吐吐，支吾其詞，便易讓對方以為我在隱瞞什麼實情，不信任他，而有所防衛，如此可能徒生彼此無謂的隔閡，這便是「隱」；是以說話不能只顧著自己喋喋不休地講，同時要觀察對方的反映（如兩眼是否直視我而頻頻微笑點頭，或顯得不耐煩、打瞌睡，乃至氣忿等等），該講再講，不該講就適可而止，才不致造成彼此的失和，此之謂「未見顏色而言，謂之瞽」。

能把握住這個原則，說話便具藝術性，不只增進了彼此的感通，還可能因此而陶醉在彼此的話語中，聽者入迷，說者也忘我，所展現出來的是一種難以名狀之優美的說話情境。《論語》：

子曰：「吾與回言終日，不違如愚。退而省其私，亦足以發，回也不愚。」（〈為政．九〉）

子曰：「語之而不惰者，其回也與！」（〈子罕．一九〉）

孔子會跟顏回講一整天，就因講話的當下，領受到顏回已陶醉在其中，因為他陶然忘我，聽得入迷，境與神會，智與理冥，全神投入的模樣，看來「不違如愚」，其實此「愚」，不是傻頭呆腦的真愚，而是如癡如醉的假愚，何以知之？因顏回能在日常生活中，用無聲的行為表現，來印證乃至發揮老師所講的人生大道理，即見學生不只聽進老師上課所講的話，還能消融之，此消融，乃「如雪在陽中，若不融，一句只是一句，在肚裏，如何能滋益體膚？須是融化，查滓便下去，精英便充於體膚，故能肥潤。」[18]即見學生之能聽，充分回饋了老師之能講，故而引發孔子「與回言終日」的雅興，凡此孔子「語之」，而顏回行之「不惰」的效應[19]，在在彰顯了孔子教學的高明藝術。

言語之當發，言者與聽者兩相應契、愉悅，這當然是最理想的對話情境，但生活中，此情境常可遇不可求，儘管如此，只要時機當、對象當、性質當、場合當的，該說的還是要說，因為講比不講，更具意義與價值。《論語》：

> 互鄉難與言，童子見，門人惑。子曰：「與其進也，不與其退也，唯何甚！人潔己以進，

---

18 引自《朱子語類》（臺北：漢京文化事業公司，一九八〇年七月初版），卷之二十四。

19 何晏《集解》云：「顏淵則解，故語之不惰；餘人不解，故有惰語之時也。」說孔子對不解的學生或不免有灰心倦怠之時，顯與其「教不倦」之精神不符。《皇疏》云：「餘人不能盡解，故聞孔子語而有疲懈；唯顏回體之，故聞語即解。所以云：『語之而不惰，其回也與！』」，此說「不惰」指聽者言，非指孔子，言雖中肯，唯只指顏回之「聽講」不惰，亦嫌意狹。朱子《集注》引范氏謂：「顏子聞夫子之言，而心解力行，造次顛沛，未嘗違之，如萬物得時雨之潤，發榮滋長，何有於惰？此群弟子所不及也。」將「不惰」兼及顏回之行為，應是更為圓融之論。

與其潔也，不保其往也。」（〈述而・二八〉）

陳成子弒簡公。孔子沐浴而朝，告於哀公曰：「陳恒弒其君，請討之。」公曰：「告夫三子！」

孔子曰：「以吾從大夫之後，不敢不告也。君曰：『告夫三子』者！」之三子告，不可。孔子曰：「以吾從大夫之後，不敢不告也。」（〈憲問・二一〉）

微子去之，箕子為之奴，比干諫而死。孔子曰：「殷有三仁焉。」（〈微子・一〉）

互鄉或是一封閉的社會，居民受到當地環境的影響，思想觀念上可能保守，不易溝通，但既然那兒來的童子有心求教，就應鼓勵他上進，不要先入為主地預測他必受其俗尚的薰染，也「難與言」，不管教導他的成效如何，教育一個誠心來學的人，這是對象當，主動求教而言之，這是時機當，助他積極上進，以免頑固、沈淪，這是性質當，這比該說而不說要有意義有價值，此所以孔子獨排眾議，而接見了童子。

同樣的，有一次齊大夫陳成子弒其君簡公，其行不是如湯武之弔民伐罪，而純出於個人的爭權奪勢，這次叛亂，引來齊人普遍的反感，社會瀰漫著一股強大的義憤民氣，此時如能裏應外合，應是勝券在握，為把握這個「只可急取，不可緩圖」的契機，及為伸張正義，維護人倫道統，孔子很莊重地沐浴而朝，向魯哀公建議興師討罪之事。當時魯君大權旁落，不敢作主，請孔子轉知三家定奪，孔子也知三家自身或有「專擅朝政」之不正的心結，極可能不敢接受而付諸行動，但基於當時身任國老，為散大夫，有為國事諫諍的道德義務，故雖知諫諍難以醞釀彼此愉悅的氛圍，他還是持懷著「以吾從大夫之後，不敢不告」的無奈，及時說了該說的話，因講，或仍伸張大義不成，但至少或可趁機暗示三家「不該專擅」的自覺，總比裝糊塗而不表態的「尸位素餐」政客要有責任多了。

至於商末微子（紂之庶兄）、箕子（紂之叔）、比干（亦紂之叔），眼見紂王無道，國之將亡，三人屢屢挺身力諫，紂王不聽，無奈之餘，逼得只好各依其情境，抉擇各自「成仁」之道，故孔子讚賞他們求仁得仁，說「殷有三仁焉」。主角是紂王，這是對象當；危急之秋，即便君王不受，也要抱持一絲希望，把握最後機會，姑且一試，這是時機當；各自用不同的激烈方式力諫，冀圖強喚暴君速速覺醒，乃至犧牲性命，在所不惜，這是程度當；剋就言語的藝術言，他們都及時說了該說的話，盡了應盡的至親、人臣義務，最後雖難挽危局，商朝依舊淪亡，但他們當言而敢言，名留千古，為後人立下了典範。

個人的言語，要「言及之而言」，政府政令之公布與推行，更要「言及之而言」，否則極易產生很多後遺症，故《論語》：

……子曰：「不教而殺謂之虐，不戒視成謂之暴，慢令致期謂之賊，……。」（〈堯曰・二〉）

從政本質在愛民、興民，而不在殘民、激民，所以要維持社會秩序，應先從根上教以四維八德，讓全民普遍養成正確、健康的人生價值觀，以知過能改，如果依然不肯受教而作姦犯科的，再嚴懲不法，此即教育措施應在律令之先「言及之而言」，不宜一開始便不問犯罪程度，一律採最嚴厲處分，否則即形同在酷虐百姓（不教而殺謂之虐）。同樣的，對下屬之執行任務，也應於需要時多予提醒、告誡，輔導、協助解決可能的困難（言及之而言），切勿平時採放任態度，等最後發現走偏或執行不力，再限時逼他們交出好成績，如此，則形同暴政（不戒視成謂之暴）。至於好的政令也不能患得患失而遲不發布，以致延誤了可行的最佳時機，此因於自己「言及之而不言」的行政疏失，卻要轉嫁給下屬或人民來承擔，就會構成他們嚴重的傷害（慢令致期謂之賊）。

上論「言及之而言」，當然不意味人長一張嘴，就一定要器盡其用，其實生活中很多地方，不言比言更好。《論語》：

……食不語，寢不言。……（〈鄉黨・七〉）

筵席本也是一種交談溝通的場合，透過邊吃邊聊，可以增進彼此的交流與情誼，但嘴中含物，就不宜說話，一因語音易濁，使人聽不清楚，再者也可能嗆到氣管，引發咳嗽、噴飯，乃至可能將口中的殘渣濺到桌面或鄰座，不衛生又失態，有損儀節。而就寢也不宜多言，言必用腦，心不靜，就易影響安眠，也易干擾別人入睡。

飲食、就寢如此，駕車亦然，《論語》：

……車中，不內顧，不疾言，不親指。（〈鄉黨．一六〉）

駕車之所以不可突然大聲吆喝（不疾言），主要是怕驚擾馬匹及其他乘坐者，以免造成無謂的心慌，而影響到情緒與行車的安全，這些雖只是細節，卻都是不可或缺的一種生活藝術。生活中除了上述之不講比講好的類似細節外，對只可意會，不可言傳之超理性的話題，也是孔子「言不及之而不言」的範疇，《論語》：

子貢曰：「夫子之文章，可得而聞也；夫子之言性與天道，不可得而聞也。」（〈公冶長．一三〉）

「天道」是宇宙間籠綜一切存在而為其存有論的原理，「性」是分別地就個體而為其存有論的原理，兩者都是奧體，都隱涵有無限的內容與奧秘[20]，不是用人之思辨理性去推測，即可知解的，只能通過踐仁成德之表現於外在的一切文采（文章）去印證、體悟，而不是直接去講性與天道，故學生也就「不可得而聞」了。

也因為講學的重點在踐德盡性，所以可資人之道德人格成長的材料，他都會常去說它，故

20 同註14，參看第六章〈圓教與圓善〉，第五節。

《論語》：

子所雅言：《詩》、《書》、執禮，皆雅言也。（〈述而・一七〉）

學《詩》可以陶養「溫柔敦厚」的情志，助人建立完美的人格；學《書》可以吸取古之聖賢的政治智慧，助益我們改造現實，使它趨向理想的境地；學禮可以幫助我們過藝術的人文生活，加強人間善意的交流；這些都有益於提升精神生活的層境，所以孔子常會講它（雅言）。

相對的，對修身無正面助益，反可能有負面影響的，孔子就儘量不去提它。《論語》：

子不語：怪、力、亂、神。（〈述而・二〇〉）

一切偶發之異於尋常的現象或事件（如山妖水精等等），由於常是荒誕無稽，可能徒增生活無謂的恐懼與困惑，無助於道德人格的成長，故不談也罷；財力、權力、勢力等等，或得或失，由天安排，有了它，也易迷陷其中，使人恃力傲慢、腐化，有礙於健康人格的建立；而群倫失序，爭鬥變故等等逆亂之事，如果多去強調它，會讓人失去「人性本善」的信念，以為天下沒有一個是好人，如此，便有礙於德教的推展；至於鬼神之真相，超乎理性之所能及，迷信神助，也可能會鬆懈自己努力的鬥志，「道不同，不相為謀」（〈衛靈公・四〇〉），如果與不同宗教信仰的人爭辯真主誰屬，或其他神話內容的真假等等，更易引生無謂的衝突，故孔子不去討論它。要之，為了建立人道的自信，鼓勵人從事道德人格的涵養，對此德教有正面助益的才講，有負面影響的則不講，此所以「聖人語常不語怪，語德不語力，語治不語亂，語人不語神。」[21]

一般說來，傳統的教育，大抵多靠口授，「言及之而言」，但儒家的啟發教學，則有時採「言不及之而不言」的方式，《論語》：

子曰：「不憤不啟，不悱不發；舉一隅，不以三隅反，則不復也。」（〈述而・八〉）

人格教育不是教條的灌輸，而是理性的啟導，以期學生自覺自反，培養出獨立自主的理智，故在教學上，遇到學生有「憤」（心求通而未得）、「悱」（口欲言而未能）之不安於墮性，不安於習氣之真實生命的躍動，這才是教師開示的最佳時機，否則言者諄諄，聽者藐藐，徒浪費唇舌而無益。同樣的，學生問一事，只求片面地知此一事，安固於此一小知，而不主動應機而覺，觸類旁通，舉一反三，則教師亦當「言不及之而不言」，如是，才會逼使學生自我振拔上進的精神，而不致養成依賴的習性[22]。

在政治上，君王有號令天下之責，但有時也要知所「不言」。《論語》：

21 朱子引謝氏語。見《四書集注》（臺北・世界書局・一九六七年九月十一版）上論，卷四。

22 參看牟宗三《心體與性體（二）》（臺北・正中書局・一九八三年五月臺修五版）第三部，分論二，第六節。

> 子張曰：「《書》云：『高宗諒陰，三年不言。』何謂也？」子曰：「何必高宗，古之人皆然。君薨，百官總己，以聽於冢宰三年。」（〈憲問・四〇〉）

依《尚書》之義，理想的政權交接，應該是：舊王辭世，新君初繼，應「諒陰（按：指君王居喪所住的屋子），三年不言」，守喪三年，暫且父規子隨，把政事交給看守的舊臣繼續執行，以穩定政局。不過問（不言）國事，其用意是：在這段期間，一方面守孝，緬懷父王的善政，體其精神，從感念父德中，思考如何進一步轉化到繼位後的光大王業上，一方面借此深入民間，體察民情，物色賢才，以儲備、組織更為美善的執政團隊，為永世王業作充分的準備[23]。即見新君此時的「不言」，出於政事乃「奉獻百姓的道德義務」之一念，故領導天下，為國為民作周全的準備不可不慎也。

由上可知：不管是個人生活、從事教育工作，或處理國政，言語之或說或不說，都有其精神義涵在，孔子謂：「君子之於天下也，無適也，無莫也，義之與比。」（〈里仁・一〇〉）言語也一樣，都應視「義」之所在，再決定該講或不該講，若該講，又該如何講，孔子在這「義」上，發言時就拿捏得十分合宜，《論語》：

> 孔子於鄉黨，恂恂如也，似不能言者；其在宗廟、朝廷，便便言，唯謹爾。朝，與下大夫言，侃侃如也；與上大夫言，誾誾如也。君在，踧踖如也，與與如也。（〈鄉黨・一〉）

與村鄰的父老相處，為了表示敬老尊賢、卑順自己，孔子除了寒暄、問候及應諾以表示聽進他們的話之外，幾乎很少開口，有這種謙遜（恂恂如）的態度，自會在場合中洗耳恭聽，不插嘴，也不主動高談闊論，而能以「少言」來讓言，以彰顯長者言談的份量。如果孔子擔任宗廟執事，或在朝廷中辦事，遇到儀典中的疑義，或行政上的難題，一定會與相關人員討論，乃至滔滔辯論個明白（便便言），但發言一定慎重，不強詞奪理。在朝中，如果與位階相等的官員交談，則如世俗的朋友一般，自然溫和而愉悅（侃侃如）；如與上級長官言談，會保持上下應有的分寸，從容而正經（誾誾如）；至於與君上對話，心靈上會常懷高度的肅然起敬（踧踖），但儀容態度上，則保持從容舒緩，恭敬適中（與與如）。

即見在官場上，除了有該不該講的考量，也要注重談吐的合宜儀態，這些都屬說話的藝術。誠然，說話的藝術原本就沒有固定的形式可循，但視所遇之個別特殊情況而定，《論語》：

子游曰：「事君數，斯辱矣；朋友數，斯疏矣。」（〈里仁．二六〉）

子貢問友。子曰：「忠告而善道之，不可則止，毋自辱焉。」（〈顏淵．二三〉）

子曰：「中人以上，可以語上也；中人以下，不可以語上也。」（〈雍也．一九〉）

23 同註5，冊三，卷十四，第四十章。

交友的意義，貴在日常生活之相親，更重在生命精神的交相感通，以開拓心量，進益彼此的德養，故對方有過，依於「交友的本份」，是有勸善的道德義務，但既已盡心盡力，想方設法去奉勸（忠告），不但得不到對方善意的回響，反因關切而被誤為嘮叨，好事可能變質為壞事，無謂地傷害到彼此的情感，此時即應「不可則止」，否則反易受其辱。君臣的關係，與朋友同，都是以「義」合，勸諍固是職責所在，但如發覺屢勸無效，即當適可而止，否則即便關係不決裂，也易造成彼此的疏遠，氣氛弄差，下次就再也沒有勸諍的機會了。

教育亦然，教師固要抱持「有教無類」的精神，但因學生素質有異，程度有別，所以教材、教法上亦應力求符合個別差異，「中人以上」與「中人以下」才能各得其所，而很多人格薰陶，言教不如身教，教師無語的「現身說法」，往往要比多言來得更具教育效果，此所以孔子「予欲無言」（〈陽貨・一九〉）。

總之，講與不講，說話的人都應學習「空空如也」（〈子罕・七〉）的智慧，視情況來作合宜的決定，能做到「知者不失人，亦不失言」（〈衛靈公・八〉），這才是高明的說話藝術。

六、結語

儒家認為人生是道德實踐的歷程，此即：人要有德，且能實踐，才能展現人生的意義與價值。而品德涵養是內在的，抽象的，它無形無聲，人不可得而見，亦不可得而聞，及在日常生活中，口發為言語，落實為行為，才可見可聞，而為他人所領受，可見言語與行為，乃道德具體的外在表現，要知一個人的品格修為如何，唯有聽其言，觀其行，所以言語與行為，對修德而言，十分重要，對人生之意義與價值而言，亦十分重要。

言是人之知、情、意的表達，行是人之知、情、意的實踐，能由表達而實踐、實現，言行合一（信），這才是人生的正道。就言語來說，說話前能考慮所說的要有意義有價值，留意性質當、對象當、時間當、場合當、程度當，了解實踐中可能遇到的個人困限，及環境的艱難，而知話中當多所保留，此之謂實「知」；說話能一本良心而發，真誠無妄，不信口開河，有一分真實，才說一分話，不虛偽，不傳謠，此之謂真「情」；說話能對自己負責，抱持著決心與毅力去實踐，口心如一，言行合一，由是而建立起信實的人格，此之謂誠「意」。人能本此實「知」、真「情」、誠「意」的態度而說，方可謂為一個善言者。

行本艱難，言其實也不易，孔子說：「辭，達而已矣。」「而已」兩字，聽來似輕鬆，但真要落實「辭達」，此中有大學問在，須下苦工夫。本文以上各節之論，即在說明《論語》給了我們很多言語的智慧，它勉勵我們當作真、慎、恥、謙的修養工夫，以消滅俗世硬拗、虛假、謠傳、直白的言語通病；要我們拿捏所遇之各種人、地、時、事、物的特殊情況，作當言、少言或不言的明智抉擇，以使言語在生活、教育、政治……等等各方面，都能適得其所；要之，要以各種藝術的方式，作言語之知、情、意之合宜且充分的表達，以使「辭達」的精神，發揮它的意義與價值。

由是可知：儒家所提倡的道德實踐，不只要講行為的合宜，也要講言語的藝術，換言之，除了行為，原來生活中的言語，不徒為無謂的交談工具，其實也是一種重要的道德實踐。

（孔孟月刊第五十七卷第三、四期）

陸、從《論語》談儒學的性格

一、前言

論及文化，其內容牽涉廣泛，剋就現實存在的層面言，它乃是一由社會規範和行為模式所構成的體系，此中包涵了民間習俗、習慣、價值系統、信仰與態度、思想型態、生活方式、典章制度及創作物或製造品的風格等等，亦包涵了宗教、哲學、科學、歷史、文化、技藝……等等的文明成就。在如此千頭萬緒的文化現象中，吾人如真想了解其文化的特質，乃必須先掌握到貫注於其間的文化精神而後可。蓋文化是由人所創造的，是人之精神活動的表現，不是脫離人而獨立地擺在外面的死東西，只有把其內在於文化的精神收歸到自己生命中來，以與之相互照面，通透不隔，才能如實地了解文化的特質，亦才能看到它的發展方向與理想[1]。

1 參看戴朝福《中華文化的省思》（臺北・臺灣學生書局・一九九六年初版）中〈論中華文化的精神及其發揚〉一文。

中華文化自周公承繼了歷史傳統，而去蕪存菁地加以一番變革與創新以來，即已明顯成為一能把握生命之富有人文精神的文化特質。可惜到了後來，由於世衰道微，禮壞樂崩，周文出現了亂象，而逐漸淪為一種徒具外在形式而缺乏實質內涵的文弊。於是先秦之際，百家爭鳴，都想為中華文化尋找新的出路：此中道家以致虛守靜為修證工夫，其主要目的是要恢復自在的心境，求得心靈的自由，以達到逍遙無待、獨與天地精神相往來的境界；可惜他們只重視個體性的精神自由，卻不免對社會的禮樂教化、國家的政治責任輕忽而不加重視。而墨家提倡兼愛、非攻、勤勞、節儉，顯見他們注重社會正義、國際和平，嚮往一個愛無差等的社會；但亦不免疏忽了禮樂教化、典章制度以及國家的價值與責任；同時在墨者集團的嚴格紀律下，個體性的價值與生命獨立的地位，更難獲得伸展、實現與保障。至於法家，由於他們特重君國之利，遂把人視為「耕以富國，戰以強兵」的工具，對個人的人品、節操、才學、藝能，則一概加以貶抑甚至抹煞，對社會的倫理道德、禮樂教化，亦採取敵視的態度，而主張「以法為教，以吏為師」，其只重視國家，輕忽個人與社會，顯然可見。總之，道、墨、法三家皆有所偏，有得有失，他們雖對周之文弊提出了批判性的主張，卻也無法真能達到「以質救文」的目的，而使中華文化成為一可大可久的文化特質。只有儒家看出周之文弊，不在本質上的偏失，而在本質之未能透過外文以如實地彰顯，故毅然把原本就擺在那裏而其他諸家卻不要的那個大傳統承繼起來，發揚之，光大之，使整個人間之常理常道得以因此而更為凸顯，人之生命與歷史文化亦更得以走向真實的境域，而展現其意義與價值。有了這樣的大中至正，無所偏倚，個人方面的人格、品節、思想、才藝，社會方面的人倫道德、禮樂教化、公益事業，國家方面的建國創制、設官分職、以及保民養民的政治舉措，這三方面乃能兼容並顧，而一一予以成全[2]。

儒家既是秉常理常道以求人之生命與歷史文化展現其意義與價值，則它所講的便是與天地接契、與人之良心善性合一的生命學問，故具普遍性與永恒性，因而成了中華文化的主流。它不是一時之見，不是一家之言，不是一套專門的客觀知識，而是我們天天要過著合理生活的一個依據。離開了它，人就難以表現生活的意義，難以成就人生的價值；離開了它，中國社會便會喪失文化的大傳統，變得沒有文化理想，沒有倫理綱常，而成為沒有禮義政教的國度。此所以漢武帝要「罷黜百家，獨尊儒術」[3]；此亦所以魏晉之後，有道家的復興，又有南北朝隋唐之佛學的鼎盛，而仍撼動不了儒家在中華文化中的「主位性」。

孔子是儒家的宗師，他在日常生活中之「義精仁熟」的言行表現，在在成了儒學之實踐者的「現身說法」。而《論語》又是孔子及其門人之平實的生活語錄，故讀《論語》，可讓吾人從中體會中華文化的精神生命，窺探得中華文化的堂奧，從而了解儒學之闡述天地、人間之常理常道

2 參看蔡仁厚《孔孟荀哲學》（臺北・臺灣學生書局・一九八四年初版）中〈緒論〉一文之二。

3 漢武帝採董仲舒之議，「罷黜百家」，其意旨甚為單純，朝廷只是尊「經」，不尊「子」，所以只立「五經博士」，不再立諸子百家博士而已。此即：所謂「罷黜百家」，並不是禁止諸子百家之書，更不是把諸子百家之書加以拋棄、焚毀，只是把原先那些旁門雜流、諸子百家博士，加以廢除而已。

所表現之「致廣大而盡精微，極高明而道中庸」[4]的性格。

二、道德心靈之無限感通與常理常道之整全開顯

儒家所闡述的常理常道，不是徒從理論建構上去空疏地講，重要的是要落實到現實存在面之具體而整全的生活世界中去實踐，從實踐中去開顯。而世間之人事無限，人所要展現的常理常道亦無限，人面對無限之人事所當學習、體悟且收歸它到自己身上來實踐的亦無限，此所以《論語》開宗明義即強調：

> 子曰：「學而時習之，不亦說乎？……」（〈學而・一〉）

誠然，人能提撕道德心靈的自覺，悟得盈天地間都是天理流行的事、理展現，無事不有，無時不然，無處不寓，學習乃能無一息間斷，且消融它來應機實踐[5]。此能自覺地將心性本體實現之於個人自身的生命上，自會有「自我實現」之體道踐道之樂。

「自覺地將心性本體實現之於自身生命上」即是踐仁的工夫。仁以感通為性，以潤物為用，它是人之道德創造性的本體，只要人能時時自覺，它便能因時、因地、因人、因事、因物作各種合宜的道德創造，表現各種人文精神的意義與價值。而人間之事物無限，故它表現之人文姿采的層面亦無限，此即是儒學之「致廣大」之所在。

人在天地間生活，要開顯常理常道，而表現為一有意義有價值之有別於禽獸的現實存在，必須學習當一個精神不斷求向上提升的君子，而不要為一個安於渾噩生活的小人（世俗的一般人）。君子的人格特質為何？孔子對他有這樣的簡賅表述，《論語》：

子曰：「君子不器。」（〈為政・一二〉）

所謂「不器」，即不要像器具一樣只具「有限性」與「被動性」。剋就德言，君子雖也具一有限的形軀，卻有著一超越此形軀的無限自由心靈，故雖面對現實而生活，卻不在衣食中打轉，不純為求名利而服務，而更能為求自己之理想價值的實現與建立更高尚的人格而奉獻。也正由於他能心靈自主（有別於物之「被動性」），他才能在現實的人倫日用中學習如何勤、如何儉、如何忠孝、如何容忍、有恒……以成就自己的道德人格，以開顯天地人間的常理常道。剋就才言，他也才能博學多能，而不會像一般世人之徒墨守一專，故能培養出多樣的生活知能，以使行事左右逢源，日新又新，而成就更多的道德客觀事業[6]。

「不器」只是孔子對君子人格特質的概述，落到現實生活中來，君子如何以其自由的心靈去

---

4 引自《中庸・第二十七章》語。

5 參看戴朝福《論語闡義》（臺北・正中書局・二〇一〇年二月初版）〈冊一・卷一・第一章〉。

6 參看曾昭旭《論語的人格世界》（臺北・尚友出版社・一九八二年初版）頁四十四。

開顯常理常道，以展現其豐美的道德人格姿采，《論語》中則有甚多的具體描述，諸如：

子貢曰：「君子之過也，如日月之食焉。過也，人皆見之；更也，人皆仰之。」（〈子張・二一〉）

子夏曰：「小人之過也必文。」（〈子張・八〉）

子曰：「君子求諸己，小人求諸人。」（〈衛靈公・二一〉）

子曰：「君子周而不比，小人比而不周。」（〈為政・一四〉）

子曰：「君子喻於義，小人喻於利。」（〈里仁・一六〉）

子曰：「君子上達，小人下達。」（〈憲問・二三〉）

孔子曰：「君子有三畏：畏天命、畏大人、畏聖人之言。小人不知天命，而不畏也；狎大人；侮聖人之言。」（〈季氏・八〉）

子曰：「君子和而不同，小人同而不和。」（〈子路・二三〉）

子曰：「君子泰而不驕，小人驕而不泰。」（〈子路・二六〉）

子曰：「君子懷德，小人懷土；君子懷刑，小人懷惠。」（〈里仁・一一〉）

子曰：「君子坦蕩蕩，小人長戚戚。」（〈述而・三六〉）

子曰：「君子成人之美，不成人之惡；小人反是。」（〈顏淵・一六〉）

子曰：「君子不可小知，而可大受也；小人不可大受，而可小知也。」（〈衛靈公・三四〉）

《論語》之所以有如此多章特將君子與小人對舉，一方面固在借以明白烘托君子之心志、氣度、行誼、表現……等等合宜的人格風采，以使人從中悟會什麼才是人間的常理常道，一方面亦有借小人之不合宜的表現，提供世人作多方向的自我檢視，以反省自己是否亦有雷同的弊病，從而改過以向道。

其實就整部《論語》的精神來看，孔子及其弟子門人所談及的正面言論，話中雖或未提及君子，實則莫不屬於君子的表現。諸如：

子曰：「不患人之不己知，患不知人也。」（〈學而・一六〉）

子曰：「躬自厚而薄責於人，則遠怨矣。」（〈衛靈公・三八〉）

相對的，其所談及之負面的言論，雖未提及小人，亦無一不是一般世人（小人）所易犯的毛病。諸如：

子曰：「放於利而行，多怨。」（〈里仁・一二〉）

子曰：「群居終日，言不及義，好行小慧，難矣哉！」（〈衛靈公・一七〉）

子曰：「其言之不怍，則為之也難。」（〈憲問・二〇〉）

不論正面的或負面的，要之，關鍵就在人之道德心靈之能否自覺而已。而儒家不斷地強調、勉人為君子，其義就在要人自我提撕道德心靈的自覺，以在生活的世界中開顯常理常道，以使自己成為一有意義有價值的真實存在。

心靈能自覺，人才懂得對自己的言論負責，所謂：「先行其言，而後從之。」（〈為政・一三〉）人之行事才知所變通，「毋意、毋必、毋固、毋我。」（〈子罕・四〉）而步向圓融。為學亦才懂得「溫故而知新」（〈為政・一一〉）不徒記誦零碎的知識而為其所桎梏。在人倫中，為人子女的，才知如何對父母盡孝，「生，事之以禮；死，葬之以禮，祭之以禮。」（〈為政・五〉）為人父母的，對其子女的關愛，亦才不致流於無明的溺愛，所謂：「愛之，能勿勞乎？」（〈憲問・七〉）心靈能自覺，為國者才懂得「君使臣以禮」（〈八佾・一九〉）「舉直錯諸枉」（〈為政・一九〉）「敬事而信，節用而愛人，使民以時。」（〈學而・五〉）從政者（臣子）亦才能在其職份上「居之無倦，行之以忠。」（〈顏淵・一四〉）「尊五美，屏四惡。」（〈堯曰・二〉）對於君之過，亦才能「勿欺也，而犯之。」（〈憲問・二三〉）心靈能自覺，教師才可能「有教無類。」（〈衛靈公・三九〉）「學而不厭，誨人不倦。」（〈述而・二〉）學生亦才知所「自行束修以上」（〈述而・七〉）表達真誠的求學心意，且於踐德「當仁，不讓於師。」（〈衛靈公・三六〉）而朋友之間的交往，亦才能「以文會友，以友輔仁。」（〈顏淵・二四〉）「無友不如己者。」（〈學而・八〉）……總之，人有道德心靈的自覺，便能於人倫日用中表現為合宜的言行，而一一開顯人間的常理常道。

常理常道（常者，通常普遍、恒久不變也）之所以為常理常道，就因為它超越乎時空，而不為時空所限。此即：人無分古往今來，地不分東西南北，只要人能開顯此常理常道，其人格精神都可與異時異地的人心相感契，而彰顯其價值，故《論語》：

子曰：「巍巍乎！舜、禹之有天下也，而不與焉。」（〈泰伯・一八〉）

微子去之，箕子為之奴，比干諫而死。孔子曰：「殷有三仁焉。」（〈微子・一〉）

子張問行。子曰：「言忠信，行篤敬，雖蠻貊之邦行矣；言不忠信，行不篤敬，雖州里行乎哉？……」（〈衛靈公・六〉）

舜、禹當時雖貴為天下之至尊，卻不把帝位拿來作為個人權利的享受，心不縈懷其中，好像帝位的尊貴與他不相干似的（不與），所以別人可把帝位禪讓給他們，他們亦可把帝位如如禪讓給別人，一心所繫念的，唯在如何達成其造福全民的使命。此充分開顯了「為君」的常理常道，所以其人格「巍巍」，而能感契於後人。至於微子、箕子、比干三人，他們眼見殷商之將亡，或採「道隱」的方式，以保商祚；或採激烈的抗爭，乃至不惜以身殉道的方式，以圖喚醒紂王的昏暴。要之，他們開顯了「為臣」的常理常道，故時代雖已遠，仍為千古之後的人所緬懷，而說：「殷有三仁焉。」

即見人能開顯天地間的正道，其人格精神都將永垂不朽，與人心同在。也正因此常理常道超越時空，所以「言忠信，行篤敬」的表現，在文化低落的蠻貊之邦也能感通人心，為人所激賞；否則違背常理常道的表現（言不忠信，行不篤敬），就連近在咫尺的鄉親，也都會排斥他了。

人能開顯常理常道，不只可超越時空而感通一切人，亦可超越幽明，而感通天地、鬼神，而獲得當下心靈的安頓。故《論語》：

子曰：「莫我知也夫！」子貢曰：「何為其莫知子也？」子曰：「不怨天，不尤人；下學而上達。知我者其天乎！」（〈憲問．三五〉）

子疾病，子路請禱。子曰：「有諸？」子路曰：「有之。誄曰：『禱爾於上下神祇。』」子曰：「丘之禱久矣！」（〈述而．三四〉）

人之道德心靈能自覺，才能了悟天地間一物一太極，常理常道無不遍在大自然造化中，故《論語》：

子在川上，曰：「逝者如斯夫，不舍晝夜。」（〈子罕・八〉）

子曰：「歲寒，然後知松、柏之後彫也。」（〈子罕・二七〉）

心能自覺，亦才可了悟原來常理常道亦附麗在器物及禮樂典章制度中，乃至在一切歷史文化中，故《論語》：

子曰：「觚不觚，觚哉？觚哉？」（〈雍也・二三〉）

子謂〈韶〉：「盡美矣，又盡善也。」謂〈武〉：「盡美矣，未盡善也。」（〈八佾・二五〉）

子貢欲去告朔之餼羊。子曰：「賜也！爾愛其羊，我愛其禮。」（〈八佾・一七〉）

子貢曰：「文、武之道，未墜於地，在人；賢者識其大者，不賢者識其小者，莫不有文武之道焉。夫子焉不學？而亦何常師之有？」（〈子張・二二〉）

而日常之生活起居，亦無不可開顯常理常道，〈鄉黨〉篇中所描述孔子之衣食住行、進退應對等等的細節，亦都是道的展現，諸如：

升車，必正立，執綏。車中，不內顧，不疾言，不親指。（〈鄉黨・一六〉）

鄉人飲酒，杖者出，斯出矣。（〈鄉黨・九〉）

總之，人能提撕道德心靈，便能感通一切，而愛自己及生活，愛人、愛家、愛鄉里、愛國、愛天下、愛歷史文化、愛萬物、愛鬼神、愛天地。愛之，即會成全之，以使常理常道在無限的踐德歷程中求整全地開顯，從而活出人之真實存在的莊嚴與價值。此教人全方位地嚮往愛、學習愛、實踐愛，表現愛，教人全方位去開顯天地間的常理常道，正顯儒學是一「致廣大」的生命學問。

三、內自訟、默識、慎獨的工夫與立志以致其意誠的涵養

儒學既鼓勵人當推展全方位的愛，鼓勵人要自求全方位去開顯常理常道，則自必順理成章地鼓勵人要自我培養一強韌的道德精神生命力。故《論語》：

曾子曰：「士不可以不弘毅，任重而道遠。仁以為己任，不亦重乎？死而後已，不亦遠乎？」（〈泰伯・七〉）

要培養人之道德精神的生命力，最便捷、有效的方法，即當著重在個人日常生活中之行為表現上作自我反省、改過的工夫。故《論語》：

曾子曰：「吾日三省吾身：為人謀而不忠乎？與朋友交而不信乎？傳不習乎？」（〈學而・四〉）

曾子之「三省吾身」的身，指的即人當下之現實存在的生命狀況。由於它是一仁性與物氣的夾雜，故在踐行之中，往往會產生種種的錯誤，所以要「修身」。所謂修身，即是從此「身」所表現的種種錯誤嘗試中，不斷地「修」正自己，以使自己之不當的思維、習慣、態度、作法……等等不斷地獲得改正以向道。

人要從改過中不斷修身以向道，首應了解過錯之所由來，才不致流於盲行。有關此一課題，《論語》給了我們這樣的提示：

子曰：「人之過也，各於其黨。觀過，斯知仁矣！」（〈里仁・七〉）

大凡人之過惡，都因於一念之陷溺，而使其氣質扭曲了原有的善意所致。諸如：父母的慣寵，即原於對子女之過度慈愛（此即是對慈愛的扭曲）；貪欲之無窮，乃因於仁心之求「超越」現實對象之無限，轉化為對現實對象「追求」之無限；驕傲之最初的用意，也只因於想求與他人感通，以使自己的形象能長存於對方之心，以致刻意膨脹、凸顯自我；……凡此，在在說明了人之過惡本身無根，其根乃在原始的仁性與善意（語云：「人之初，性本善」其精神即在此中發義）。所以從外象看，人之過惡種類雖繁多，其實追根究柢，只不過因於個人氣質之障蔽而已[7]。

人之有別於禽獸，在於人有仁心的自覺，故如何建立起良知主體之清明上的那個真我，才是人之真正的人格尊嚴與價值所在。可惜一般人不明就裏，竟把種種人之外圍條件（如名、位）上的那個假我，當成最為珍貴的自我，於是為了維護那無明的自尊，遇上過錯，只有極力掩飾，企圖借以消泯良心的負擔，此所以《論語》：

子貢曰：「小人之過也必文。」（〈子張・八〉）

其實一切過惡，都是人之氣質上之盲點的浮現，亦都是在給人一種反省的提示，人只要一念自覺，便可幡然改過，接通天人，讓自己重新往價值的方向走去，而覺海濶天空，不再有心靈上的罪戾感。即見過之本身可使人自我超越，借著它來成就自己的道德人格。相對的，不改而讓那無明氣質盲點繼續蔓衍、存在下去，讓良心的負擔越積越沈重，這才是最不具智慧的，可見「不改」本身才是真正的大過，故《論語》：

子曰：「過而不改，是謂過矣。」（〈衛靈公・三〇〉）

人要改過，見過是第一步。見過不難，只要人之精神凝聚，從整個外面世界中收歸自己，即可使自己的過失呈露於自己之前。而改過實難，此中「無明的好勝心」最易使自己陷為知過而不認過，因此孔子提醒人要作「內自訟」的改過工夫。

所謂「內自訟」，即人於有過時，須內在地作深自指責自己（訟，責也）的工夫。此指責的態度，正如興訟之兩造，非得對簿公堂，把是非曲直講個清楚，以求得絕對的勝訴，才肯罷休。以此態度對待自己的過錯，才能戰勝「無明的好勝心」，而澈底明白自己的缺點，了悟自己氣質的限制，然後才能對症下藥，認真改過。

「內自訟」是天人的交戰，是人之良心對其自己的爭持。知過的自己（良知）所發之好惡，不只如理地對外在的東西好惡（如好好色、惡惡臭），亦同樣如理地對有過的自己之意念、行為好惡。不躲閃，不作偽，是即好之，不是即惡之，知行不二，直到坦承自己的過錯，改正自己的過錯而後止。唯能如此，才能悟會知過的良知究竟是什麼，所謂天人不二的道心又是什麼[8]。

可惜世人偏偏只知過，不能進一步去徹底改過，而使踐德流於空談，這是最令人感到遺憾的，故《論語》：

子曰：「已矣乎！吾未見能見其過，而內自訟者也。」（〈公冶長・二七〉）

---

7 同註5，〈冊一・卷四・第七章〉。

8 參看唐君毅《中國人文精神之發展》（臺北・臺灣學生書局・一九八四年六版）中〈我們的精神病痛〉一文之二。

人要培養強韌的道德精神生命力，除了要自我反省、改正現有的過錯外，也要進一步向別人學習，以使自己的道德精神表現，不囿限在自己特有的氣質上，而能有更多的發揮空間。蓋人在世間之改過、行善原本無方所，我能了悟原來我之犯過或行善不只在一定之境之來感時才有，也可在我身所未感未遇之境中具有；而我身所未感未遇之境無限，因此我之能表現改過、行善者亦無限，故須處處向人學習，以增益我之進德。《論語》：

子曰：「見賢思齊焉，見不賢而內自省也。」（〈里仁．一七〉）

子曰：「三人行，必有我師焉，擇其善者而從之，其不善者而改之。」（〈述而．二一〉）

一切的道德心理，都具有「超越現實之自我」的共性，以此共性為媒介，乃可使他人的道德體驗，過渡到我這裏，而轉化為我之道德心理的體驗。「見賢思齊」即是以他人所處之各種道德心理的情境，通向我這裏，與我的良心相湊泊，以使我欣賞他的道德生活，了解他的道德行為，而思有以效之；其不賢，亦因於其負面的表現，使我引以為戒，從而檢視自己是否也犯有雷同的毛病。同樣的，人之善行，讓我看到了人間的常理常道在那裏展現，其不善，亦讓我領受到他們心靈的不安。我「擇其善者而從之，其不善者而改之」，要之，不論賢或不賢，善或不善，我都可從其中擴大對正面的或負面的道德心理之體驗的領域。

人之遷善，除了於人倫日用中對他人之具體而明顯的善行「見賢思齊」、「擇其善者而從之」之外，亦可用「默識」的工夫去體認別人微而不著的善行，蓋「日用橫來直去，無非道。」平實其實也是一種道的呈現。故《論語》：

> 子曰：「二三子以我為隱乎？吾無隱乎爾。吾無行而不與二三子者，是丘也。」（〈述而・二三〉）

孔子日常生活中的舉止云為，處處都是「人生之道」的現身說法，〈鄉黨篇〉所載他最最平實的食衣住行、進退應對之種種細節，亦無一不是道的展現，人倘能「默而識之」（默者，寂也。人能不為私欲所亂，而具存心之理，貫動靜而無昏擾，即可使心靈契合於道體，使智慧向內沈潛反照，從自己之踐履中自明自了而悟道），即可從平實中見道。當然，這是甚為精微的心性涵養工夫，一般人是做不到的，故當時的學生才誤以為老師有所保留，而這亦才使孔子特別強調：「吾無隱乎爾」。

上論遷善與改過。就改過言，乃是有了過錯的事實之後才作的「治療」工夫。其實儒學不只講「治療」，亦講「預防」，此預防，即是「慎獨」的工夫。《論語》：

> 顏淵問仁。子曰：「克己復禮為仁。……」
> 顏淵曰：「請問其目。」子曰：「非禮勿視，非禮勿聽，非禮勿言，非禮勿動。」……

（〈顏淵・一〉）

孔子曰：「君子有九思：視思明，聽思聰，色思恭，言思忠，事思敬，疑思問，忿思難，見得思義。」（〈季氏・一〇〉）

所謂「克己復禮」，即是用經由人之道德自覺所呈顯之人人本有的道德理性、良知、良心去克制自己生命中「非理性」的成分，以恢復人所固有的德性，以彰顯有意義、有價值的外在文采之謂。其具體的表現方法，即是在人倫日用的視聽言動之一念初動處，即操存本心，使勿流於非禮處。而所謂「視思明，聽思聰」亦同樣不是要人遏欲絕情，對外物不能看、不能聽，而是要人於用眼看用耳聽外物之一念初動處，即要戒慎恐懼，以使之正當地成其為聽，成其為明，而不誤用濫用其聰明[9]。能敬用其聰明，則惡色姦言自無以欺蔽我耳目，而我亦才能使我之耳目等等官能成為天理發竅之所，而具體表現出良知的意義（以下七思皆可依此類推以說）。大凡人之言行云為都能在一念之初動處（一念之動，其正與否，別人不及知，而自己「獨」知之，故曰獨），便小心（慎）予以導正，不要等待不善發出而泛濫，才想加以阻遏，如是的「慎獨」工夫，即可防過惡於未然。

上述之內自訟、默識、慎獨等等遷善、改過之道，都屬燭理之明的「致知」工夫，然而在道德實踐上，單憑燭理之明，並不一定能切實依理而行，唯有本乎仁心所興發的意念去實踐，誠實不欺，才能切實地為善去惡。此求意念之誠實不欺，即是立志的工夫。

志者，心之所之也。所謂立志，即由仁心所發動的堅定意志，使當下之我的現實存在，「向」一理想之實際存在，而由前者「之」於後者[10]。人如不立志，便易為外物所牽引，使精神隨之下墜而不自覺。志一立，才能有一生命精神之內在的開拓、昇騰，與心靈光輝之不已的生發、照耀。要之，只有立志，才能使心真誠，行事亦才能紮實而不苟且，故孔子甚重立志。《論語》：

子曰：「三軍可奪帥也，匹夫不可奪志也。」（〈子罕・二五〉）

人之進德亦然。只有立志，才能真誠地遷善、改過，真誠地自我反省、檢討。故《論語》：

子曰：「苟志於仁矣，無惡也。」（〈里仁・四〉）

所謂志，原本都必定要「專於一」的，不專於一以「向」之，即不能成為志。「志於仁」，義即：仁心之專一於其自己。一個人真誠地（苟）使仁心專一於其自己，便可執守由自覺心所呈現的道德之理，心之本體才不致離其本位的無限，而困囿於身體之所限，由是便能保持心靈的絕

---

9 同註5，〈冊四・卷十六・第十章〉。

10 參看唐君毅《人生之體驗・續編》（臺北・臺灣學生書局・一九八〇年四版）中〈立志之道及我與世界〉一文。

對自主，而不為任何外遇所搖動[11]。夫如是，即使人因於氣質的困限而無法在現實存在面的實踐中全然克服可能的困難與疏忽，而會犯錯，至少也不致有存心之惡了。

可惜一般的俗眾，每每受氣稟所拘，為物欲所蔽，見理不明，又立志不誠，以致明知該為善而不能切實為善，明知該去惡而不能切實去惡，或外表苟且以從善，內中則念糊以納惡，而不去尋求解決問題的方法，此所以孔子屢扼腕浩嘆。《論語》：

> 子曰：「不曰『如之何、如之何』者，吾末如之何也已矣！」（〈衛靈公．一六〉）

人一立志，有了「意誠」的工夫，於遷善改過的踐德道路上，才真能處處自我反省，而不畏縮地對艱難之事的處理方法，作深入的探求；當付諸實踐後，發覺方法之本身亦有缺失，則必再研究「如何克服此有缺失之方法」的方法，如此有毅力地打破砂鍋問到底，人之德養亦才能在此中精進不已[12]。

總之，人要培養強韌的道德精神生命力，必須要改過、遷善，而改過遷善之道，不只要自省，要內自訟，要見賢思齊，要默識，要慎獨，亦同時要立志以致其意誠，這些都是極為深入精微的道德心靈涵養工夫，此所以謂儒學亦是一「盡精微」的生命學問。

四、天人的契接與神體之無方妙用

上謂人要培養強韌的道德精神生命力，須作致知、誠意等等精微而深入的道德心靈涵養工夫，以落實改過、遷善；此道德心靈的涵養工夫，就德性之形上實體上說，指的即是人通契於天的仁體，亦即是「文王之所以為文王」之「純亦不已」之道德創生的實體，它是由「天之所以為天」之「於穆不已」之本體宇宙論的實體直下而貫通來的。剋就天言，此實體即天命流行之體。天不已地時時在降命，不已地起創生之用，此即天之理體、神體、誠體寂感真幾的神用。說它是理體，此理體是「即活動即存有」的理，而不是「只存有而不活動」的但理；說它是神體，即因它無方之妙用，創生之不測；說它是誠體，即因它無已地以成化為道。落到人處說，即指人誠敬不已於天理的本心本性（所謂心體、性體）之德，而不是就「氣化」之心上講。不論說心體、性體或天命實體，要之，一皆以「不已」（不停地起作用）為實蘊；此「不已」之所以為「不已」，即在一切皆真實無妄[13]。也正因心體、性體之為「真實無妄」的實體，所以儒家要人涵養它，以使改過、遷善之路步步真實無妄，而不流於空談。

此講天之實體下貫而為人之道德心性實體的問題，實即是天道與性之「既超越又內在」之關

---

11 同註5，〈卷四・第四章〉。

12 同前註，〈冊四・卷十五・第十六章〉。

13 參看牟宗三《心體與性體（第二冊）》（臺北・正中書局・一九八三年臺五版）中〈第三部・分論二・第一章・第四節〉一文。

係的問題，此形上的天人關係，正是儒學「天道與人性」之講述的精神所在。然而為免淪為玄談，孔子於教學中刻意不直接去說它，故《論語》：

子貢曰：「夫子之文章，可得而聞也；夫子之言性與天道，不可得而聞也。」（〈公冶長．一三〉）

天道與性是一「既超越又內在」的關係，它們所蘊之實體，是「一切存在之存有論原理」；所不同的，只是天道就籠綜一切存在之總體而說，性則是分別地就個體而說；不論就總體或就個體而說，它們都是奧體，都隱涵無限的奧秘。人要說明或悟會此奧體，不是通過思辨理性把它推出去作一客觀的對象，去智測或空言之，即可強探力索以知解的；乃必須通過踐形盡心的工夫去冥契、體現，才真能領會，此所以孔子只教人去修德、踐仁，要他們從中去體會，而不從理論上去空談性與天道，故曰：「不可得而聞也。」14

由是可知：儒家所謂的天道意識，屬道德意識，不屬宗教意識。道德意識是要人相信自己的精神力量，故要絕去有求於神之心，而重在反求諸己、盡其在我，以改造自我，實現自我。「我自覺我之自力之無限至誠而為神，則我為我自己所加於自己的道德命令，即如同宗教意識中天神對我所示的道德命令；我所加於我自己之道德命令出於自我的性，則天之所示者亦如同出於自我的性。我對我或天對我之道德命令同示我以行為的道路，示我以做人的道理，於是便自覺天之所示（天道）與人性之所示，皆唯是當然之道。由是宗教的天道意識便轉化為道德的天道意識，求外在之神助以行，便轉化為體此天道以行，順我心之性以行。我之知我之性，即是知天；存心養性即是事天；知天事天之事即在積極的順我性而行的行為（文章）中。」[15]此即是儒學從性與天道之關係中所得來之「天人合一」之高明的體悟。

人有「天人合一」的高明體悟，遇上困難而不順遂時，才會挺住自己，不怨天，不尤人，而懂得點化現實生活為道德生活，以與天之生命相契接。故《論語》：

> 子曰：「莫我知也夫！」子貢曰：「何為其莫知子也？」子曰：「不怨天，不尤人；下學而上達。知我者，其天乎！」（〈憲問・三五〉）

誠然，外在對我的災難儘管為天所降，但我之可克服災難的能力亦同樣為天所降；天既降災難，又降我能力，正見此災難，乃天借它來鍛鍊我的能力，以助益我道德人格的成長，如是，我如何可怨天？同樣的，天一視同仁地賦予一切人以善性，正如賦予我以善性一般，則我對一切人之人性的善，亦當要有根本上的信任，所以儘管世衰道微，人心日益沈淪，我仍深愛著本質上的人、社會與歷史文化，如是，我又如何會尤人？唯不怨天，天道之美善的超越無限，才能被肯定

---

14 參看牟宗三《圓善論》（臺北・臺灣學生書局・一九八五年初版）中〈第六章・第五節〉一文。

15 參看唐君毅《中華人文與當今世界補編（上冊）》（臺北・臺灣學生書局・一九八八年全集初版）中〈論中國原始宗教信仰與儒家天道觀之關係兼釋中國哲學的起源〉一文之五。

與穩住；唯不尤人，仁心自覺的內在根源，亦才能開顯而作主。一切只求諸己，只求盡責任，而永遠自強不息地在生活中實踐，把外在的知識消化於生命，而轉化為生命所具有之內在德性的「學」（下學），以使無限的形上真理在生活中實現，如是自己的生命即可與天之生命相契接，天人通貫為一，此之謂「上達」。[16]

當天人的生命相感通，人能透過踐仁以喻解天道，此時便會由心靈深處領受到天亦反過來以喻解人道，此極高明之「知我者其天」的心境，非有一番「下學而上達」的修養工夫，又如何可得？

人能盡心知性，存心養性，而與天道遙契，便可從大化流行中悟會天道的訊息。《論語》：

> 子曰：「予欲無言。」子貢曰：「子如不言，則小子何述焉？」子曰：「天何言哉？四時行焉，百物生焉，天何言哉？」（〈陽貨・一九〉）

天是宇宙之自然實體。從形式上看，祂似無言無行，其實並非不及言、不及行，而是有言有行，復超乎此言此行之上。四時運行，周而復始，遷流不已；在祂的為而不恃，生而不有，長而不宰中，又縱任萬物以相互比輔，各得遂生，各得自主，並行不悖；而這一切，又都在「天道之神化，太虛神體之大用」之至寂至默中進行。此生生而有條之天德，即是天不言之教。人能悟會此訊息，而知所法天，便懂得學習放下偏執，以逐步使自己之為人處事展現一極高明的生活藝術；否則，盲目執守道德而為黏滯的教條，必會帶來甚多的流弊。《論語》：

子曰：「……好仁不好學，其蔽也愚；好知不好學，其蔽也蕩；好信不好學，其蔽也賊；好直不好學，其蔽也絞；好勇不好學，其蔽也亂；好剛不好學，其蔽也狂。」（〈陽貨・八〉）

仁、知、信、直、勇、剛等六種道德項目的專有名詞（六言），原也發於道德心靈的創造，故其精神內涵是生鮮活潑的，有其普遍義，亦有其特殊義。人倘如只順單方向的見解以思，則極易為其所桎梏，而造成名言習氣，於是在踐德中便易限定自己的道德心靈，而個別淪為愚、蕩、賊、絞、亂、狂等流弊。只有好學，提撕道德心靈的虛靈明覺，才能活潑地對應各種變動與限定，尊尚名言又能超越乎名言習氣的束縛，而不流於氣質的錮蔽。

就修養層次言，要達到處事得以處處高明、圓融的境地，最是困難，故《論語》：

子曰：「可與共學，未可與適道；可與適道，未可與立；可與立，未可與權。」（〈子罕・二九〉）

凡人都應學，由不知以求知，由不能以求能；但如何使所學正用，而不致誤用、盲用、妄用（適道），這也需要一番工夫；如何於正用中，遇到外在非禮的誘惑，而仍能堅守原則，不為它

16 參看王邦雄等《論語義理疏解》（臺北・鵝湖月刊雜誌社・一九八三年再版）頁四十四。

所動搖（立），這又需要一番工夫；如何在堅守原則下，遇到客觀事實的一些無奈與缺憾，而懂得採權宜手段（權），以使事情獲得圓融的解決，這更需要一番工夫。

「秤之垂者曰權，平者曰衡。」能隨物之輕重來轉移，使秤得以平，此喻正說明了「權」乃是一知所盱衡全局，懂得調整自己，以求圓融解決問題的智慧。它既是一圓融的智慧，則它亦便是經，漢儒謂「反經合道為權」，此所謂「反經」，只在強調它不同於常道的表現形式，卻不改變常道的精神內涵；正因它只有形變而沒有質變，所以才能「合道」；即見權是經之要妙微密處，非見道理之精密透徹純熟者，不足以語權。孔子年至七十才「從心所欲，不踰矩」，正見這種行權的智慧，是生命學問之最為「高明」的智慧[17]。而這樣的智慧都必須從「志學」來（此所以孔子述其一生的學知歷程，從「志於學」開始），故孔子屢強調「志」，強調「學」，唯不斷學，才能步向「義精仁熟」，而臻於此高明的圓融之境。

唯人培養出圓融的道德智慧，對世間無窮的人事，才不會囿於自己的習氣，亦不會為已成之知識所蔽，而預設立場，而懂得依現有的情境作最恰切的相應權變。故《論語》：

子曰：「君子之於天下也，無適也，無莫也，義之與比。」（〈里仁・一〇〉）

「義」是由仁心自覺所生發的一種差別慧，它是對世間人事的恰切感應。就知言，它是通觀一切，超越一切，而知真正之價值意義，由此而判斷事情的應不應該；就行言，它亦能觀照人我、物我之分際，以決斷行事之合不合適。有這樣的智慧，則個人之出處進退取與行藏，便可一皆隨當時之特殊情境之如何來感，我即如何以應，應感渾成一體，我之應之差別，即可隨來感者之差別而差別；正見我能不滯於一特定的應之方式，而心恒能超越、涵蓋之，故能以新新之應，對新新之感；此以特殊化吾人之心之以差別應差別，正所以使我之具涵蓋性普遍性之心，常顯其本性之純一不二，而恒平等自如。依此由仁心所生發之平等慧之相依以立的差別慧來踐德，即可使事情做得圓融[18]，而此正是「無適也，無莫也，義之與比」的精義所在。

能「義之與比」，於行事中便能斷除執著，而不致陷溺於情欲等等習氣所規定、限制與桎梏中。故《論語》：

子絕四：毋意、毋必、毋固、毋我。（〈子罕・四〉）

人能尊重事實，不作沒有根據的推斷（毋意），便能真誠待人，而不致平白冤枉別人；人能不依自己所虛構的想像，而一廂情願地去求其必須實現（毋必），就能消解無謂的心理壓力與威脅，而不致患得患失；人能不執守過去的行事經驗模式來限制現在（毋固），就會知所變通，而懂得如何圓融解決眼前特殊的困境；人能不依照虛妄不實的假我（如好名利權位等等）來做事（毋我），就不會出賣良心，為達目的，不擇手段。要之，能斷絕上述諸習氣所給予我們的桎

17 同註5，〈冊二・卷九・第二十九章〉。

18 參看唐君毅《中國文化之精神價值》（臺北・正中書局・一九七九年修訂版本）中〈第八章〉一文之六。

梏，時時使心靈清明而不昏昧，就能展現一高明的道德智慧，而使生活過得更具藝術性。

人有高明的道德智慧，就會學、思並重，而不流於「學而不思則罔，思而不學則殆」（〈為政．一五〉）的偏蔽；其於處事，才能兼顧常與變、人與我、主觀與客觀、現實與理想……等等相對的層面，而不致執著一立場，來障蔀自己，所謂「攻乎異端，斯害也已。」（〈為政．一六〉）；其於言語，亦才能精準拿捏「可與言」與「不可與言」的分際，使言之發或不發皆能中節，故「不失人，亦不失言。」（〈衛靈公．八〉）；其於宗教，雖一本「祭如在，祭神如神在。」（〈八佾．一二〉）的虔誠態度，卻也能從中超拔，「敬鬼神而遠之」（〈雍也．二○〉）；其於教育，雖「有教無類」（〈衛靈公．三九〉），卻也能因材施教，「中人以上，可以語上也；中人以下，不可以語上也。」（〈雍也．一九〉）其於個人的行為，也能依乎良知的自覺，點活、善用、配合有限的材質、環境、格局，而為「文質彬彬」（〈雍也．一六〉）的合宜表現。……

總之，人有高明的道德智慧，便會有應事中節的活潑心靈，而展現生活的藝術。整部《論語》所論及的君子言行，在在都表現了這種無方所之妙用的高明智慧。即見儒家所講的人生之常道，不是要人墨守它為一呆滯的道德教條，而是要人自我開發心靈，以使契接於天的神體，妙用到人倫日用中來，以展現為多采多姿的人文精神世界，此所以謂儒學是一「極高明」的生命學問。

五、無盡之道德人格的提升與當下之平實生活的享樂

從形上精神言，儒家所講的固是一天人契接之高明的「生命學問」（超越層面），但它必須要落實到生活中（世俗層面）才能展現。此即：超越面與世俗面原是兩通的，沒有生命，人即無法生活；離開生活，生命亦無由表現。即見儒家所講之「生命的學問」，實亦是「生活的學問」。

此「生活的學問」，指的不是人之自然生命所表現的那種渾噩的動物性生活，而是指人在人倫日用、視聽言動中所能展現人間常理常道的那種具有人文精神的生活。此人文精神表現在飲食、衣著、起居、行動、談吐、待人、接物、……等等的日常生活中固是豐美多采，其實卻也是極其平實的，所以人不去實踐則已，只要真想實踐，誰都可以做到，而且是應該去做的。《論語》：

> 子曰：「誰能出不由戶？何莫由斯道也？」（〈雍也・一五〉）

戶即門戶。它是居家通往於外的必經之路，是人人每天所應走，且為常走的。人之出入，不採跳窗翻牆的方式（跳窗翻牆皆非道），而直從門戶，即見門戶乃居家所應走，且為常走的正道。正道甚平常（此所以謂之常道），天天行之，久之自習慣，習慣成自然，由是習焉而不察，

忘了居家出入必由戶的即是正道，所以孔子特強調：「誰能出不由戶？」[19]「斯道」即常道，常道既是由天賦之良心善性之自求其安而有得的道，所以人依此道而行，即等同遵天而行，率性而行，這是何等的自然，何等的真誠不妄，此所以謂儒學是一具「道中庸」的生命學問。

「中庸」之義，《論語》有一章這樣的記載：

子曰：「中庸之為德也，其至矣乎！民鮮久矣！」（〈雍也・二七〉）

「喜怒哀樂之未發謂之中」，即見「中」乃根源於人含而未發的仁性（此即「天命之謂性」的那個心性）；而「未發」，是「去人欲，存天理」的未發，不是氣質上「寧靜定氣」的未發。人能「去人欲，存天理」，心才能如一面明鏡，全體瑩徹，保持其主動的地位，不為物所轉。而所謂庸，即程子所謂「不易之謂庸。」不易即平常。「中」既發於本心的要求，就人心同然處言之，本自平易，只要「去人欲，存天理」，率性（此性乃人人原則上都普遍具有，故曰至）而行，依理如如做去，即可達到中庸之境。然而人畢竟有現實存在的習氣，要處處率性而行，在日常生活中時時反求諸己，從每一善每一惡上用心，從一點一滴之平凡事中用心，委實不易，故孔子有「民鮮久矣」之嘆。此嘆一方面表示了偉大雖從平凡中來，卻也是不易的事；一方面也在勉人，要在平凡中抱持積極剛健的精神，才能陶養出中庸的德性。

儒家講中庸之道，實即是行仁之道。它不是要人處處表現得完美，（人有氣質的困限，事有現實的艱難，如何能處處完美？）而只是求於行事時能統合有限之主、客觀條件，作最合宜、最恰當的表現。此即：此表現雖未必完美，乃至或有諸多缺憾，但不如此表現，缺憾會更多，傷害會更大。所謂行仁之道，也只不過是事事真誠不欺，主動自覺以存心，以努力從事道德實踐，如果此中發覺有錯，隨時坦然認錯改過罷了，而不是自求客觀之道德事業必須完美實現。故《論語》：

> 子貢曰：「如有博施於民，而能濟眾，何如？可謂仁乎？」子曰：「何事於仁，必也聖乎！堯舜其猶病諸！夫仁者，己欲立而立人，己欲達而達人。能近取譬，可謂仁之方也已。」（〈雍也．二八〉）

所謂博施，即在物質或精神各方面能普遍施惠給天下之每一個人；所謂濟眾，即每一個人之所受施，都恰合其所需要，正如草木之受及時甘霖，而各適得其長一般。此貫通於太極、人極之皇極，是待緣而有命的，不是單憑人之仁心的發用，即可到達此境域，故「堯舜其猶病諸」。

人力有限，現實艱難。其實所謂行仁，人所能做的，也只是努力去作克己慎獨的工夫，以精進自己的德性，培養出愛人之獨立堅強的人格基礎，「以近取譬」，從當下所遇之事去落實，從現實與我發生關係的對象中去考量，如何幫助別人去立，幫助別人去達而已；並不是什麼事都要

19　同註5，〈冊二．卷六．第十五章〉。

彌天蓋地去作無謂的考量，以求完美無缺，如此不但於事無補，反易陷自己於虛妄之境，而違離了仁道。

其實人是一有限的現實存在，在功事上不必定能做得完美，在人格修養上也不必定能完美，所謂「大而化之」的聖格，儒學只是懸它為人所應永恒追求的目標，以勉人要不斷奮進自己而已，並非徒唱高調，處處道貌岸然地以高道德標準來要求人。若然，不但無法循次漸進地引發人來共勉於道，反因讓人生畏而有壓迫感，故而望之卻步了。子張之失，即在於此。故《論語》：

曾子曰：「堂堂乎張也，難與並為仁矣。」（〈子張・一六〉）

子張器宇高顯，故自求表現高超卓越，言行自會凸出而有威嚴，以此來示人，便不免令人有「不可高攀」之心情上的「隔」，如是要與他相親相近，相互切磋、提攜以進道，便有其困難，故曾子謂：「難與並為仁矣。」

儒家「生命的學問」既亦是「生活的學問」，則其高明必須消融為生活的平實，然後才能與人相近相親。能不孤懸其高明，而平實化、普遍化，此乃為真高明。此所以孔子的人格涵養雖已到甚高的層境，卻仍從人之有限面說自己只是一平實的人而已。《論語》：

子曰：「我非生而知之者，好古敏以求之者也。」（〈述而・一九〉）

所謂平實（平凡、真實），乃剋就自己是一無異於平常的人之現實之有限的真實存在而說。

正因他只是一平實的人，故坦承自己不是先知，不是如耶教、佛教、回教教主之不承認有所師承，而自認為是空前絕後之先知者。他之能有當下之博學，有當下之高明智慧與德養，都是由「好古敏求」中來，此即都只是從古來歷史所展現「人」之精神姿采的人事中努力學習、涵養、體證而來。

孔子不但不敢自認是先知、是神，即在人格涵養上，他亦不敢以仁、聖自居，故《論語》：

子曰：「若聖與仁，則吾豈敢？抑為之不厭，誨人不倦，則可謂云爾已矣！」……（〈述而・三三〉）

聖與仁是人生的最高修養境界，此最高境界在現實世界上是不可能有的，因為人生的踐德進程無限，一旦他自稱為聖、仁，自命已到達此最高境界，則此境界便儼然成一固定的點，如此對無盡之進程而言，它便不是最高的，往後之生命進程已無路可進，不是停滯在原點，就是往下墜，如是，他又如何稱得上聖、仁？所以聖、仁之產生，必由後人來推崇，不是由當下之人來讚美或自命。

然而孔子卻不客氣地坦言自己是一個「為之不厭，誨人不倦」的人。人能在生活中看到每一人、事、物之機趣盎然，即可無時不學，無處不學，這種沒有窮極之「不厭」的踐履，正是聖、仁之境中所蘊涵天道之「於穆不已」、「一體之沛然」的精神。本此精神，亦必「誨人不倦」。此「誨人」，不只教人向自己學，亦必同時教人向他人學，向一切事、一切物學；此讓開、散開，教人無所不學以「博文」，正與其他宗教之教主只教人信他學他的態度異趣。

「為之不厭」在成己，成己即修身，修身「不厭」乃能日趨於高明；而「誨人不倦」在成人，成人即客觀道德事業的創造，成人「不倦」才有可能在人間教化上產生深遠的影響。即見孔子雖不敢自取於聖、仁之名，其「不厭」、「不倦」的精神，實已蘊存聖、仁之質於其中[20]。

總之，孔子原也是凡人，他之所以臻於聖境，關鍵即在「不斷」地舉腳起步。可見儘管仁道廣大，學無止境，但聖仁卻是人人都可以學得的，只要人願意學，不論或智或愚或賢或不肖，「得見有恒者斯可矣」；一刻自覺，真誠不欺，當下便合於仁道，當下便是一完足，所謂「我欲仁，斯仁至矣。」是沒有「能不能」之問題的。人人既都能，既都可當下展現價值，此所以說儒學是一「道中庸」的生命學問。

也正因儒學是一「道中庸」的生命學問、生活學問，所以孔子所教的也都是極其平實的內容。《論語》：

> 子不語：怪、力、亂、神。（〈述而・二〇〉）
>
> 子所雅言：《詩》、《書》、執禮，皆雅言也。（〈述而・一七〉）
>
> 子以四教：文、行、忠、信。（〈述而・二四〉）

空談一些偶發之異於尋常的事件或現象（怪），將徒增生活上無謂的恐懼與困惑；專講筋力、財力、權力、勢力等等，極易使人流於爭強鬥狠，或恃力傲慢；泛談失序逆亂之事，可能使人生發「社會無一人是好人」的錯覺，而對人間之互信產生疑慮；玄論鬼神奇蹟，亦可能讓人淪為迷信，而鬆懈了努力的鬥志。這些都無益於道德人格的成長，故孔子避免去講它。

孔子所教人的，就是文、行、忠、信。所謂文，指的即《詩》、《書》之類的有形文字教材，亦指活活潑潑的無形生活藝術（所謂執禮）。透過它，可增廣見聞，運用它來格物、窮理、致知，並陶冶情性，以提升人格涵養。而所謂行，即要人將上述所學的文，落實到生活中來踐履。於踐履中學習如何憑良心把自己所學得的、所知及的、所想通的……盡心盡力地發揮於事上（忠）；事後則要學習用一「信」字去反省、檢討（「循物無違謂信」。信即信實。做事能考量各種客觀條件，以使事與情、理合一，即是對此事的「信實」），找出前事成敗得失的關鍵，以使以後行事，減少另一次的錯誤嘗試，以便使自己的道德實踐更趨圓融。即見儒學所教的無他，只是要人過一平實、真誠的生活而已。

平實的生活當然離不開物質的享受，當然也離不開自然生命的慾望，因此對於富貴，儒家不要人斷慾絕求，只是要人求之以正道，時時有著「守義、養廉、重信、知恥」的自覺，人是可以求富貴的；對於貧賤亦然，只要人去之以正道，人是可以去貧賤的。故《論語》：

---

20 同前註，〈冊二・卷七・第三十三章〉。

子曰：「富而可求也，雖執鞭之士，吾亦為之；如不可求，從吾所好。」（〈述而・一一〉）

子曰：「富與貴，是人之所欲也；不以其道得之，不處也。貧與賤，是人之所惡也；不以其道得之，不去也。……」（〈里仁・五〉）

人可求富貴，去貧賤；同樣的，人亦未嘗不可求名位。《論語》：

子曰：「君子疾沒世而名不稱焉。」（〈衛靈公・二〇〉）

子曰：「不患無位，患所以立；不患莫己知，求為可知也。」（〈里仁・一四〉）

只要人能日新又新其才德，使名符其實，使自身真有所求之位的相應能力與德養，名位又如何不可求？

儒學不只不要人斷欲，也同樣不要人絕情。七情（喜、怒、哀、懼、愛、惡、欲）人皆有之，如何能教人斷？強行斷絕，便成按捺，便是矯揉造作。孔子讚美顏回「不遷怒，不貳過」為好學，其「不遷怒」，不是對所當惡之事不生發怒氣，只是怒所當怒；或大怒，或小怒，都能恰如其分，物去事已，則怒亦隨止，絕不使它鬱結胸中，俟機不分青紅皂白地找一不相干的他人或事物來宣洩。所謂「德養」，也只是要人對情欲發而皆中節而已，此是何等的自然，何等的平實。

儒學既亦是「生活的學問」，此正說明了「生活」中亦自有「學問」在。人能體得平實中的生活學問，便會領受生活之樂。《論語》：

子曰：「飯疏食，飲水，曲肱而枕之，樂亦在其中矣。……」（〈述而・一五〉）

子曰：「賢哉回也！一簞食，一瓢飲，在陋巷，人不堪其憂，回也不改其樂。賢哉回也！」（〈雍也・九〉）

有關生活之樂，世間有甚多學說。諸如：在西方，快樂主義者如西勒學派認為人之快樂，因於獲得物慾的滿足而來，這是積極的「得物」之樂；伊辟鳩魯氏則認為心靈不為外物所干擾，而無所貪求與恐怖，乃能有樂，這是消極的去苦「絕物」之樂。在東方，印度佛教認為人之現世間不可能有真樂，必待滅度後才有；莊子講無待，他認為人能超越一切死生、得失、利害、貧富、貴賤、禍福之計較，有了這樣的解脫，乃真有樂。儒學的生活之樂則與上述各家之主張有別，此即：孔子「樂亦在其中」與顏回的「不改其樂」都與得物或絕物無關，亦與莊子之解脫樂或印度佛教之來世樂不同；他們的樂，乃是「素富貴行乎富貴，素貧賤行乎貧賤，素夷狄行乎夷狄，素患難行乎患難，君子無入而不自得」的自由樂，此即乃是：「當下生活之本身即充滿著生機不息，生趣盎然」之如如而生活的樂。故不僅能安樂於世俗之富貴、幸福，亦能安樂於世俗之貧賤、憂患，要之，不論順境或逆境，都可把它當成是提供自己進德之資材，則生活之樂，亦便可直在當下。[21]

總之，儒家所謂的「生活學問」、「生命學問」最為平實，亦最為自然，因此使人最感到親切而不覺可畏，最能鼓勵人而不壓抑人，此所以謂儒學是一具「道中庸」的生命學問。

六、結語

綜上所論，可知儒學「致廣大而盡精微，極高明而道中庸」的性格，無疑是促進中華文化能歷久彌新，而為人類之最能步向圓融而璀燦的文化。

由於儒學之「致廣大」，講求能全方位地去開顯天地人間的常理常道，是以舉凡能引導人的生命、歷史、文化走向真實，以朗顯人生命之意義與價值的那些內容成分（如法家、名家、墨家……之某部分之有助於真實人生之展現的），都可吸納之，而消融它為儒學的內容，乃至今日之民主、科學等等之有助於充實現實的生活，及有益於人之精神生命展現的部分，亦都值得發揚，而拿它來充實為中華文化的內涵。有此「致廣大」的性格，就能生發更大的力量，以實踐、成就更多人間的大愛。

由於儒學之「盡精微」，故能體悟一切的過錯都只是仁性一念之陷溺，由是而能從正面看人，而肯定每個人都有天賦之本善的性，是以人隨時都可透過內自訟、見賢思齊、默識、慎獨、立志、意誠等等的工夫去改過、遷善。此即：每個人都能在無盡的處事接物之歷程中，不斷地修養其德，以培養出強韌的道德精神生命力，如是，對人間創造一太和之現實存在的世界，自必充滿著信心與希望，人類之消弭戰爭、紛亂，而步向和平、和諧，亦相信終必有到來的一日。由此而展現出中華文化是一愛好和平、促進世界大同的文化。

由於儒學之「極高明」，體悟出人之心性實體即是天之「於穆不已」之本體直下貫通而來，天道與人性的關係即是「既超越又內在」的關係，人之善行出於自己良心的道德命令，亦等同天對我所示的無上道德命令。此從道德的進路講天人合德，就天命天道下貫而為人之性言，是由天而人，由超越而內在，是來；就盡心盡性，上達天德言，是由人而天，由內在而超越，是往。在此上下來往，相互回應中，既可免於人道倒懸於神道而掛空，又可調適性情以免縱人欲而害天理；如此，自能人神相安，天人和諧。此最無宗教偏見之圓融儒學，甚值得作為各大宗教謀會通之道的媒介。[22]

也正由於儒學之「道中庸」，故不把人之現實存在面的世界視為苦海，也不把當下的每個人視為帶有洗不清的原罪。人既都有天所賦予的善性，便能在順境或逆境中，展現各種不同的相應之道德創造，使現實世界表現為一豐美的人文世界，同時使人在此順境或逆境中透過道德的創

21 同前註，參看〈冊二・卷七・第十五章〉及〈冊二・卷六・第九章〉之二。

22 參看蔡仁厚《儒學的常與變》（臺北・東大圖書公司・一九九〇年初版）中〈孔學精神與現代世界〉一文。

造，而不斷增進自己的人格涵養；故人不但不必厭棄當下，不須在現實存在面之外，另找一極樂世界，以安頓自己，而實可當下享樂生機盎然的平實生活。當下過得有意義，當下便是價值，便可通向永恒，故人可就此有限，而創造無限。此能肯定當下，安頓當下，喜愛當下，享受當下，為當下所有現實存在的人找出路，求安適，自必最能應契於現實存在的人心，而普遍為人所接受，且願共同努力，在「成人所以成己」的道德意識下，繼續創造更璀燦的文化業績，此所以中華文化能歷久而彌新。

總之，儒學有此「致廣大而盡精微，極高明而道中庸」的性格，所以能成為中華文化的主流；中華文化亦因有儒學的這種性格，所以能可大可久，日新又新，且提供了人類一條正確、圓融而寬廣的人生進路。

（孔孟學報第八十九期）

柒、《論語》的人品觀

一、前言

吾國文化以儒家為主流，儒家最注重的就是道德，影響所及，歷來大家都普遍有尊崇品德的風尚，因此很早社會上就有一種以道德為本的人品觀，借著個人修德、踐德的表現程度，來區分品類、品第，以標示出其道德人格的高下，這與西方世界之論人，大多重在人之個別性格和心理的分析，而忽略以人品觀人的方式迥然有別。

儒家所講的「人」學，就是如何增進人之德養的生命學問，而學無止境，修德、踐德的工夫與層境亦無止境；為了走出渾噩過日的動物性生活，勉勵人的精神不斷向上，以活出人之所以為「萬物之靈」的莊嚴，它當然很講究德性修養的品第與境界，而《論語》是儒學的重要經典，其中雖未有專章細論道德人格的高下，吾人卻可從下面的一章及其引申中，領受到孔門人品觀的分類輪廓：

子曰：「聖人，吾不得而見之矣；得見君子者，斯可矣！」

子曰：「善人，吾不得而見之矣；得見有恒者，斯可矣！亡而為有，約而為泰，難乎有恒矣！」（〈述而・二五〉）

孔子的道德學問甚重仁，因此自上言，如何成為「仁人」，應是儒家所追求的理想人格，然而從「何事於仁，必也聖乎！」（〈雍也・二八〉）一語得知：仁人之上，應還懸有一個「聖者」的人格層境；自下言，「士」是「志於道」的人，能志於道，才能生發長久求道、學道的毅力與決心，故所謂「有恒者」，即指「士」而言（此所以《論語》中多談「士」），至於此章中孔子「亡而為有，約而為泰，難乎有恒矣！」，則顯然是對一般俗眾（小人）之不知長進的感嘆，此所以說「困而不學，民斯為下矣。」（〈季氏・九〉）

由上可知，聖人、仁人、君子、善人、士、小人，可謂為《論語》所主張之由上而下的六種主要人格品第。聖者與仁人，是孔門理想境中至高無上的道德人格標竿，在現實存在中幾乎是難以修達的人格品級，而君子則是人人可以透過不斷學習、涵養得來的，要學習當個君子，先自勉當一個立志求道的「士」人，陶養出「善人」道德風采，然後在生活中每事反省，在知過認錯中，不斷勇於承擔、改善，才能從無限的自我超越中，逐漸走向「君子」之路，否則渾噩度日，虛擲光陰，不知長進，一直過著動物性的生活，就將永遠下流為「小人」了。

儒家的生命學問，聖人、仁人、君子、善人、士、小人雖都談及，但重點還是在勉勵人自我提撕，從「小人」的俗情氛圍中超拔，以臻於「君子」的層境。吾人倘能細細品玩《論語》中所表述的各類人格品貌，對如何自我鞭策，以求自己修德、踐德之工夫的不斷進階，應會有相當的助益。

二、聖者與仁人的天地氣象

儒家認為人生就是一個無盡的修德、踐德歷程，既是「無盡」，人的一生之修德、踐德境界就沒有一個最高點，是以「聖」與「仁」雖是孔門認定的至高道德人格，在現實存在面上，可以說任何人都是無法到達的，因為如說已到達此最高境界，則此境界便儼然成了一固定的點，人往後的修德、踐德發展，便也無路可進，不是停留在原地，就是往下墜落，所以聖者、仁人的產生，必由於後人的推崇[1]，現世人不可尊稱活著的人為聖者、仁者，當然更不可自命聖、仁，自命便是傲慢，尊稱即是誇張，此所以《論語》：

子曰：「若聖與仁，則吾豈敢？抑為之不厭，誨人不倦，則可謂云爾已矣！」公西華曰：

---

1 參看牟宗三《中國哲學的特質》（臺北・臺灣學生書局・一九八二年八月六版）中〈第五講　孔子的仁與「性與天道」〉一文。

「正唯弟子不能學也。」（〈述而・三三〉）

朱子曰：「聖者，大而化之；仁則心德之全，而人道之備也。」[2]以「心德之全，而人道之備」釋仁人，說明了仁人乃是一切內在道德涵養得齊全，且在踐履上能時時、處處合於道的人。而「大而化之」係引自《孟子》「大而化之之謂聖」[3]的話，就德養來說，「大」是心德性體的全幅朗現，擴而充之，以至於極；「化」是沒有一點執著與限制，這象徵著聖者的全部生命朗潤於一理性大海，澈底澄清，而無一毫之隱曲之謂[4]。德養齊全即是能「大」，踐德時時、處處合於道即是能「化」，即見朱子之釋聖者、仁人，說辭雖有不同，其實二者之德養層境的精神義涵並無二致，剋就此言，聖者即是仁人，仁人亦是聖者。

聖與仁既要具備「大而化之」、「德全道備」的修德踐德要件，在有限的現實存在面上，又如何展現其無限呢？此至高無上境不免讓孔門弟子充滿好奇，故有一窺其究竟的想望，《論語》：

> 子貢曰：「如有博施於民，而能濟眾，何如？可謂仁乎？」子曰：「何事於仁，必也聖乎！堯舜其猶病諸！夫仁者，己欲立而立人，己欲達而達人，能近取譬，可謂仁之方也已。」（〈述而・二八〉）

所謂博施，即在物質或精神各方面能普遍施惠給天下之每一個人；所謂濟眾，即每一個人之所受施，都恰如其所需要，正如人於急難時，都能獲得及時的救助一般。此使天下人各遂其生，各得其長，使人人因之而獲得生活的幸福與人生的美滿，即是聖者「大而化之」無限外王事業的寫照，此客觀的道德事業，不是單憑王者仁心的發用即可落實，是待緣而有命的，即便堯舜在世，也未必能臻於此境，所以說：「何事於仁？必也聖乎！堯舜其猶病諸！」[5]可見如果還要再細分，儒家的所謂「聖者」，不只同具有仁人高尚的道德人格特質，更對人間有著鉅大的功業與貢獻，乃至對後代有著無遠弗屆之影響者（就此而言，後世尊稱孔子為「至聖先師」，誠實至名歸）。此影響，恰如天地無限的覆載，此所以聖者之道德人格展現，是天地氣象。

仁人雖不必定有聖者之理想境中無限覆載的大功業，但他立下「老者安之，朋友信之，少者懷之」（〈公冶長・二八〉）的志，是希望普天下的家庭中，老年人都能受到其子女的孝敬、事奉，而安享其晚年；幼小者亦都能受到其父母、長者的呵護及照顧，而過著快樂的生活；在社會中，朋友的相處，彼此都能相信對方的人格，坦誠相待，大家互不猜疑、設防。此求不論在家

---

2 見朱子《四書集註・上論・卷四・述而》註釋文。

3 見《孟子・卷七・盡心下》。

4 同註1，參看〈第十講　復性的工夫〉一文。

5 參看戴朝福《論語闡義》（臺北・正中書局・二〇一〇年二月初版）冊二，卷六，第二十八章。

庭、社會，人人都能自我喚醒德性之心，悱啟憤發，以從合宜的人倫應對中，求人格價值的自我增進，即是一物各付物，各正其性命之「保合太和」的層境，所以對此政治理想的氛圍，宋儒程伊川說它「分明天地氣象」[6]。

此政治理想的氛圍，是一以德性為中心，而全幅開展的人文世界，在物質生活上，它不只是每個人能各盡其能，各取所需，各滿足其慾望，享受幸福的現實生活；在精神生活上，還能發展各自的道德天性，以仁心相互涵泳，心光交映，故是人人能享受到之德慧雙修、福智兼得的人生[7]。

> 天地不言不語，只默默運行不已，靠著聖者、仁人的「天人合一」表現，來彰顯其為天地，「這老安少懷友信，是孔子之所以為孔子，亦正是仲尼之所以為天地之故。說『仲尼，天地也』，會涵攝著仲尼之所以為天地，亦涵攝著天地本身之所以為天地。天地本身之所以為天地，是在天之清和地之寧，而安與懷與信，則正是一個清寧。就聖人說，那是仁；就天地說，那只是清寧。仁於此圓融，而清寧則於此通透。這是最大的諧和，這亦是最終的諧和。此仲尼之所以為天地處，實亦正是天地本身之所以為天地處。」[8]即見要了解聖者、仁人，可以從孔子的氣象中去了解，也可從認識孔子中去認識天地。

當聖者、仁人展現其天地氣象時，他的語言，也同樣有其天地氣象，這時，他的語言便很有意味，有如天地之無窮，而儼然成為天經地義的不朽之言，《論語》開宗明義，就展現了這樣的氣象：

子曰：「學而時習之，不亦說乎？有朋自遠方來，不亦樂乎？人不知而不慍，不亦君子乎？」（〈學而・一〉）

如果我們細心體會，從「學而時習之，不亦說乎」中，便可領受到天地間原是一充滿著事、理展現的場域，剋就人言，一切當下人我的言行舉止、語默動靜，無非都是值得學習的資材，人俯仰其間，不管客觀的知識，或主觀的修德，能不糟蹋天地的示現，而永不間斷學習，以成就自己，此即所謂的「活在當下」；一邊學習，一邊用良好的言行來印證所學，知行合一，學以致用，心靈便有一種自我實現的真情喜悅感，就會頓然看出一種真正的人文世界之化成，及因見到任何事物之生動不息，而有驚奇之喜。

從「有朋自遠方來，不亦樂乎」中，領受到我整個心與他人的整個心之多方自由接觸，相互欣賞、同情、了解，精神光暈交相涵攝、潤澤，便會頓然看到一種無上的人道真諦，一種真正人格世界的交往，與交相關切的人倫喜樂。

從「人不知而不慍，不亦君子乎」中，領受到客觀現實的艱難，與主觀氣質的困限，而能由

6 同註2，〈卷三・公冶長〉註釋文。

7 參看唐君毅《人文精神之重建》（臺北・臺灣學生書局・一九八四年二月六版）中〈科學世界與人文世界〉一文。

8 引自程兆熊《人學與人物》（臺北・明文書局・一九八七年四月初版）中〈從孔子的態度說人的氣象〉一文之八。

提住自己，樂道行道的氛圍裏，頓然看出一種至高的精神實質，與悠久存在之世界的到來，對任何事物之意義的永恒，生發一種會心的微笑[9]。

可見此章從字面上看，孔子之言雖只是平實，但它卻蘊有仁性常道的深義在，常道即天道，天道即天理流行的展現，所以聖者、仁人的言行，亦是天理的流行。而禮者，理也，依禮而行，即是依天理而行，聖者、仁人之修德、踐德，就在能「非禮勿視，非禮勿聽，非禮勿言，非禮勿動」（〈顏淵・一〉），就在能「義以為質，禮以行之」（〈衛靈公・一八〉），就在能「博學於文，約之以禮」（〈顏淵・一五〉），就在能「溫、良、恭、儉、讓」（〈學而・一〇〉），……〈鄉黨篇〉所描述之孔子平素的言行舉止，雖個別看來只是細節，不過爾爾，卻無非都是天理的流行展現，天理的流行固有一個準則，但在表現上，會因人、地、時、事、物之不同的客觀條件而各制其宜，此即大而「化」之；也因聖者、仁人之能「化」，孔子「現身說法」的言行，看似只不過是平實不露精彩，卻讓最得意的弟子顏回驚嘆「仰之彌高，鑽之彌堅；瞻之在前，忽焉在後」（〈子罕・一〇〉）了。此亦所以其他高足如子貢會屢屢駁斥一些無識見之凡夫俗子對聖者仁人的輕蔑，《論語》：

> 叔孫武叔語大夫於朝曰：「子貢賢於仲尼。」子服景伯以告子貢。子貢曰：「譬之宮牆，賜之牆也及肩，窺見室家之好；夫子之牆數仞，不得其門而入，不見宗廟之美，百官之富。得其門者或寡矣！夫子之云，不亦宜

乎！」（〈子張．二三〉）

叔孫武叔毀仲尼。子貢曰：「無以為也！仲尼不可毀也。他人之賢者，丘陵也，猶可踰也；仲尼，日月也，無得而踰焉。人雖自絕，其何傷於日月乎？多見其不知量也。」（〈子張．二四〉）

陳子禽謂子貢曰：「子為恭也，仲尼豈賢於子乎？」子貢曰：「君子一言以為知，一言以為不知，言不可不慎也。夫子之不可及也，猶天之不可階而升也。夫子之得邦家者，所謂立之斯立，道之斯行，綏之斯來，動之斯和。其生也榮，其死也哀，如之何其可及也？」（〈子張．二五〉）

誠然，孔子之學，是整全的道德實踐之學，他「述而不作」（〈述而．一〉）是本著在悠久的歷史經驗中所蘊存之往聖先賢乃至全民的真實感情與道德覺醒，來表達的生命學問，它涵蓋了整全的文化大體，而不限在一家之言上（「述而不作」的「不作」，亦含有「不立一家之言」的義涵），此即他是貫穿古今的通人，實踐上講的是守經達變的「中庸之道」，所以表現出來的不會有人生與整全宇宙的疏離與斷裂，從而導致生命的矛盾與痛苦，他的生命學問，是要人明辨道

9 同前註，之九。

德上的是非，以引導人的生命、歷史、文化都走向真實，故其道德人格所呈顯的是一終始條理的「集大成」氣象[10]，此即《中庸》所謂的「致廣大而盡精微，極高明而道中庸」[11]的精神所在。因為孔子「致廣大」、「道中庸」，處處表現的只是平常，只是天理流行的自然，而不露鋒芒，所以才會有叔孫武叔與陳子禽之流，不知天高地厚地批評他，而隨妄說「子貢賢於仲尼」之類的話，正因為他「極高明」，所以才說「仲尼，日月也，無得而踰焉」，也正因為他「盡精微」，所以才說「夫子之牆數仞，不得其門而入，不見宗廟之美，百官之富。」聖者、仁人之天地氣象的人格，的確不是一般人所容易真切領受到的。

了解孔子的高足如子貢等少數幾個人，他們在老師長久的人格薰陶下，才真能領受到：剋就體言，孔子之德與天地之道同，其生命，是一無限的天道體現；剋就用言，其施之於事，不是乾枯之抽象理性的運作，而是一圓融通達之德性知慧的妙用。這種智，是德性生命的瑩澈與朗照，它接於天，即契合天之高明，它接於地，即契合地之博厚，在聖心無外的清通朗潤底下，顯示出如同天地生物般的氣象，以證實於穆不已的天命[12]；故施於政事，能各循其性，各遂其生，而感召一切人。是以倘如他有機會行仁政，大家必會感恩戴德，此是何等的尊榮（其生也榮）；一旦辭世，必也人人思慕不已，極盡哀痛（其死也哀）。其精神永遠留在人心中，雖死猶生，此之謂永恒，故「如之何其可及也。」

由上所述，可知：聖者、仁人是常道的化身，其天地氣象，只是平常（孔子的道德人格影響至今已二千五百多年，他只是勉勵我們培養出一顆真實、平常的道德心，當一個真實、平常的人，也正因為他要我們真實、平常，所以他雖影響我們至大，卻不覺得他對我們有影響），正如天覆地載，只是平常，我們每天都在呼吸，卻不覺自己在呼吸，也不覺老天給我們空氣呼吸，因為它只是平常。日出日落，豈不平常？「四時行焉，百物生焉」，豈不平常？流水「逝者如斯，不捨晝夜」，又豈不平常？……這平常就是常道，就是永恒，聖者、仁人就在這「平常」中展現了天地氣象，世間渾噩的人（小人）也活得平常，但這平常，是氣質之性所展現的平常，聖者、仁人則是從容中道，「從心所欲，不踰矩」之不露精彩的平常，二者雖都「平常」，卻是天壤有別，唯智者能識之。

三、善人與士的道德風采

依本文第一節「前言」之歸納，「君子」本是接繼於聖者、仁人之後的人格品第，唯因《論語》屢將「君子」、「小人」並舉，為方便對比，姑暫於此節就「善人」與「士」這兩類先越位

10 參看曾昭旭《孔子和他的追隨者》（臺北・漢光文化事業公司・一九九三年七月出版）中〈孔子在中國文化史上的地位〉一文。

11 《中庸・第二十七章》文。

12 參看楊祖漢《中庸義理疏解》（臺北・鵝湖出版社・一九八四年五月修訂再版）第三十章疏解文。

論述。

「善人」一詞在《論語》中凡五見，此中有一章最能具體表述其道德風采，《論語》：

> 子張問善人之道。子曰：「不踐迹，亦不入於室。」（〈先進・一九〉）

明儒顧炎武對此章詮釋得肯綮：「善人者，忠信而未學禮，篤實而未日新，雖其天資之美，亦能闇與道合，而足己不學，無自以入聖人之室矣。」[13]可見所謂「善人」，指的是能一秉其天賦之善性，順良心表現的人而言。這種人雖有強烈之善的意識，做事只想盡心盡力，求無愧於心（忠），只想求知行之一致（信），但在執行上，有時亦常因個人氣質的困限，而不免不自覺地扭曲了原本的善意，使踐德的成果與此善意相違，而無法恰到好處（此之謂「未學禮」）。此即：他常腳踏實地的依其善意去表現（篤實），卻未能有效轉化、成全其氣質，而開創新局面，展現道德實踐之多采多姿的品貌（日新），此所以他雖無心為惡，而能闇合於道，且尚能保持向道的路向，而不受不良的社會風氣所習染，但由於他不知取法古今聖賢的道德風範，不知從中領悟並依循其「大而化之」的踐德藝術以行，致使他終其一生，都只能停滯在這一地步，而無法使修德、踐德日新又新，無法不斷自我超越，以入於聖、仁之境，故曰「不踐迹，亦不入於室。」[14]

上述「不踐迹，亦不入於室」的「善人」踐德性格，在孔門弟子中，隨處可見，而最具代表性的，應是子路與冉求。

子路稟氣剛強（所以孔子說「由也喭」），為人正直灑脫，行事明快果決，講義氣，重誠信

（所以孔子幽默地讚美他「片言可以折獄，其由也與！」）直下承擔，認過改錯，這種可愛的道德勇氣，很令孔子激賞，但也因蔽於這種個性，行事常考慮欠周，意氣用事，所以孔子批評他「好勇過我，無所取材。」（〈公冶長・七〉）暗示他「暴虎馮河，死而無悔者，吾不與也。」（〈述而・一〇〉）更由於這種人極易粗率鹵莽，為人爽直不掩，說話直來直往，因此容易得罪人，乃至可能遭到不測（孔子曾發警語，說：「若由也，不得其死然！」子路後來果死於孔悝之難，不幸應驗了孔子早先關懷的誡語），由是可見他雖一心向學向道，仍未能轉化其氣質，成就其德性，依然墨守原則，不知達變，連所彈奏的音樂，都不免帶有「北鄙殺伐之聲」，孔子因此還故意揶揄他一番。《論語》：

> 子曰：「由之瑟，奚為於丘之門？」門人不敬子路。子曰：「由也升堂矣！未入於室也。」（〈先進・一四〉）

音樂是人透過旋律發出來的心聲，它往往可以襯托出彈奏者內在的心靈世界，一葉知秋，孔子聽出子路的奏曲，不符中正平和的雅樂格調，故刻意半開玩笑地說他不應拿它到門下來彈，詎料遭到門人誤解，以為子路無一是處，以致對他不敬，孔子乃一方面繫鈴解鈴，一方面嚴肅地告

13 引自顧炎武《日知錄》（臺北・臺灣商務印書館・一九七八年六月臺一版）卷之七。

14 同註5，冊三，卷十一，第十九章。

誡他們，子路的德養雖仍不夠精微（未入室），卻也光明正大（升堂），實不容小覷。

子路之「未入室」，顯然仍停留在「善人」的人格層境，而冉求雖博藝善政，卻因性懦，表現得拘泥、保守，也同樣只在「善人」的層境。從正面說，他固是一個謙遜不遑，不敢以才德俱全的君子自居的人（〈先進・二五〉記載他表志說：「方六七十，如五六十，求也為之，比及三年，可使足民，如其禮樂，以俟君子。」即是一例證），從負面說，他又顯得欠缺信心，畫地自限，（〈雍也・一〇〉記載他向孔子表白說：「非不說子之道，力不足也。」即是一例證），故在政事上，憑其才幹，本應可大有作為，竟因不敢力諫上司，盡其輔佐之責，反易盲順而變質為失義之舉（此所以〈先進・一六〉記述他為季氏聚斂，孔子嚴厲譴責他說：「非吾徒也，小子鳴鼓而攻之可也。」）……要之，其偏蔽就在踐德上「不踐迹，亦不入於室」。

很多其他的弟子，也常囿於個別的氣限，不是表現得太「過」，就是表現得「不及」，過與不及，都是「善人」的人格特質，雖也具有其道德風采，但兩者都不符合中道，很難說孰優誰劣，故《論語》：

> 子貢問：「師與商也孰賢？」子曰：「師也過，商也不及。」曰：「然則師愈與？」子曰：「過猶不及。」（〈先進・一五〉）

「善人」因為有氣質的偏蔽，要進一步修為成「君子」，一方面要有師友的提攜，以啟發其心靈的自主，一方面也要從事上磨練，由錯誤的嚐試中，發覺、改進自己之言行表現上的盲點，以對治其個別的偏向。孔子的人格教育，就具有這樣「因材施教」的精神，《論語》：

> 子路問：「聞斯行諸？」子曰：「有父兄在，如之何其聞斯行之？」冉有問：「聞斯行諸？」子曰：「聞斯行之。」公西華曰：「由也問聞斯行諸，子曰『有父兄在』；求也問聞斯行諸，子曰：『聞斯行之』。赤也惑，敢問。」子曰：「求也退，故進之；由也兼人，故退之。」（〈先進・二一〉）

孔子勉子路、冉有之或進或退，意在提醒他們隨時留心自己的氣質偏向，以及時懂得自我修正，並非說往後他們凡事都要改退為進，或改進為退，若凡事都要改為另一種行為模式，便淪為氣質的訓練，失去心靈的自覺，如是無形中又成了另一種新的人為桎梏，故沈無回云：「凡行當有時中之妙用。二子各以氣質之成見障之，夫子一進之，一退之，成見去而其中之神明變化自生矣，非謂求必進，而由必退也。若一於進退，又是執一矣。」[15]

「善人」要進入「君子」的層境，就差「能經常行中庸之道」這一大步，但世間之人真正能達到「君子」層境的，又有幾人？因此能找「狂狷」者交友，也算是不容易的選擇了，《論

15 引自日人・竹添光鴻《論語會箋》（臺北・廣文書局・一九七七年七月再版）下冊，卷十一，第二十一章會箋文。

語》：

子曰：「不得中行而與之，必也狂狷乎？狂者進取，狷者有所不為也。」（〈子路・二一〉）

狂者（上述之子路應屬之）志氣大，豪放灑脫，不顧外面；狷者（上述之當時的冉求恐尚未企及）狷介，有所不為，對裏面很認真，二者雖各有偏倚，但他們的表現都是從生命真處發出來，沒有什麼敷衍與牽就，不像鄉愿者那樣沒有自己生命的真力量[16]，所以就《論語》之論人品言，他們也應屬「善人」的層境。

接著談「士」。

早期的「士」，指武士而言，後來隨著時代的變遷，「士」還包含有其他的身分，其中常見的，是各部門掌事之中下層官吏的通稱，亦即是有別於庶民的知識分子[17]，而《論語》中指的「士」，從道德人格的品第言，即指一個能志道向道學道的人，孟子就很能抓住這樣的精神蘊義：

王子墊問曰：「士何事？」孟子曰：「尚志。」曰：「何謂尚志？」曰：「仁義而已矣！……」[18]

誠然，仁義就是人道的精神義涵，所以尚志於仁義，就是尚志於人道，此「尚志」，正是士之所以為「士」的基本要件，故《論語》：

子曰：「士志於道，而恥惡衣惡食者，未足與議也。」（〈里仁・九〉）

子曰：「士而懷居，不足以為士矣。」（〈憲問・二〉）

志是一種向著生命價值前進的心理自覺，是一種高貴可感之向上提升的精神，一個人如果真能尚志，他便會力求超拔於物質生活之上，自勉不順隨軀殼起念，自期在社會上能表現為一「正價值」之生命存在的人；心在道而不在物，故不會在乎「惡衣惡食」，更不會以它為可恥，也不會念念不忘諸如居住等等物質生活條件的匱乏，這當然不說「士」不能有富裕的生活享受與追求，只是說物質生活之求滿足，不是「士」之人生價值的主要目標，此即不列它為人生的第一義，而是在第二義，或第二義以下，唯有如此，他才能不為物所役；心靈不受外物牽絆，自能將物質生活的水平線訂得很低，訂得越低，就越沒有生活壓力，知足常樂，心就能大自由、大自

---

16 參看梁漱溟《東西文化及其哲學》（臺北・九鼎出版社・一九八二年十二月初版）中〈附錄（二）〉一文。

17 參看余英時《中國知識階層史論（古代篇）》（臺北・聯經出版事業公司・一九八四年二月再版）中〈古代知識階層的興起與發展〉一文。

18 引自《孟子・卷七・盡心上》。

在，向上的精神亦才能隨之越提得起來，此知所振拔自己，即是「士」所展現的道德風采[19]。

「士」有的立小志，有的立大志。只求獨善其身，如「不恥惡衣惡食」，是小志；能兼顧社會，想為家、國天下承擔，為歷史文化的「承先啟後，繼往開來」盡一份力量的，則是大志，《論語》：

> 曾子曰：「士不可以不弘毅，任重而道遠。仁以為己任，不亦重乎？死而後已，不亦遠乎？」（〈泰伯．七〉）

曾子不只重內聖工夫，也重客觀外王事業的實踐，所以本章他之論士，提高到要以能承擔天下的重責大任之弘毅精神為標準來自我期許。

弘者，寬大也。這裏講的是眼光的遠大，與心量的恢弘。

士有遠大的眼光，才不致蔽於現實，而能有瞻前顧後，通觀全局的慧見；有恢弘的心量，亦才能有如陸象山所謂的「宇宙內事，即己分內事；己分內事，即宇宙內事」的道德情懷，時時念及我的現實存在，是一直接或間接受惠於無數的天下人，乃至古人，故我當感恩不盡，報答不完，奉獻社會國家的責任永無息肩之一日[20]，此即「仁以為己任，不亦重乎」的精神所在。

當然士之個人力量有限，天下之事無窮，就「量」言，任誰也無法全然挑起責任，所謂「仁以為己任」，士其實只是想當一個心靈的領航員，喚醒大家一起努力為大我作無限的奉獻而已。

在實踐過程中，一定會遇到很多艱難與挫折，所以士也要持懷著對不合理之現實忍耐的「毅力」，對理想充滿著信心與希望，且以「功成不必在我」的決心，作永恒的人性奮鬥，此弘毅的精神，即是士之道德人格的最佳表現。

《論語》的士，只剋就有心向道學道的人而說，他們實際的人格修養，有的可能已步上了善人，乃至君子的層境，有的卻仍可能錮蔽在道德教條的墨守上，要之，不管修為如何，他的心志之能超越一般渾噩生活的俗眾，已足堪值得鼓勵與讚賞了，《論語》：

> 子貢問曰：「何如斯可謂之士矣？」子曰：「行己有恥，使於四方，不辱君命，可謂士矣。」
>
> 曰：「敢問其次。」曰：「宗族稱孝焉，鄉黨稱弟焉。」
>
> 曰：「敢問其次。」曰：「言必信，行必果，硜硜然小人哉！抑亦可以為次矣。」
>
> 曰：「今之從政者何如？」子曰：「噫！斗筲之人，何足算也？」（〈子路．二〇〉）

「行己有恥」表示了「士」也可以有如君子的道德心靈自覺，常在事後乃至事前，對自己言行可能之不善將會有蒙羞的覺醒，故而小心翼翼地自求免過；如有機會擔任外交工作，也要自勉

19 同註5，冊三，卷十四，第二章。

20 參看唐君毅《說中華民族之花果飄零》（臺北．三民書局．一九八四年一月五版）中〈花果飄零及靈根自植〉一文。

達成「敦親睦鄰」的外交使命（不辱君命）；即便不能才德兼備，為國家做事，至少在鄉鄰或宗親間，也要力求有孝悌表現的好風評；如果都做不到，即便只墨守「言必信，行必果」的道德教條，也應勉強可稱他為「士」，因為這樣做雖有流弊，但他一心想要維護自己人格的尊嚴，自我期許做一個「正價值」存在的人，其志向，實也難能可貴，尤其對比於攬掌國家公器，卻德不配位的所謂「士大夫」而言，其道德風采更顯得可愛可敬。

也正因「士」之稱，重在發心立志學道向道，可不論其修為層境如何，吾人對他就暫不必定用高道德標準來要求，故《論語》：

> 子路問曰：「何如斯可謂之士矣？」子曰：「切切偲偲，怡怡如也，可謂士矣。朋友切切偲偲，兄弟怡怡。」（〈子路・二八〉）

朋友要講情義，「士」雖不必定要有「車、馬、衣、輕裘，與朋友共，敝之而無憾」（〈公冶長・二六〉）的寬大情懷，生活中相處，只要不淪為「群居終日，言不及義，好行小慧」（〈衛靈公・一七〉），而能與朋友真誠地互勉於道（切切偲偲），也算不錯的表現了；對自己的兄弟，平時或未必做到「兄友弟恭」，只要遇到利害衝突，彼此不互爭奪翻臉，而能和樂相處（怡怡），應也符合當個「士」的起碼修養了。

四、君子與小人的人格對比

「君子」在《論語》書中，一共出現過一〇七次，其中與「小人」同章對比的，有十九次之多[21]，兩者除了少數幾章就社會地位而言（此即「君子」指當時的為官者，「小人」指被統治的一般百姓，如〈陽貨・四〉「君子學道則愛人，小人學道則易使也。」〈顏淵・一九〉「君子之德，風；小人之德，草；草上之風，必偃。」……）之外，絕大部分都是從人格的品第上作對比，此即：「君子」乃孔子概指在現世上所能成就的理想道德人格，「小人」則泛指世間一般渾噩過日的俗眾，兩者的人格特質是迥然有別的。《論語》：

> 子曰：「君子上達，小人下達。」（〈憲問・二三〉）

「達」是一步步逐漸走向極處之謂。「上達」是說君子的道德心靈常能保有向善向上的自覺，能主動真誠地面對現實的各種情境，作理性抉擇，而後再合宜去表現，此即：他的現實存在雖也是凡人，但其言行幾乎能通於天理，步近理想中的聖者、仁人之層境，此所以列「君子」為接繼聖、仁的人格品第，而對之持懷著甚為崇高的尊敬，此亦所以在生活中，孔子多以「君子」作為道德理性的代言人，來說明人應如何表現方為合宜之故。

至於小人，他是一在現實界中，全然依於自然生命之物氣而生活的人。「大大地大人亦

21　此次數乃依林義正之統計，參看林義正《孔子學說探微》（臺北・東大圖書公司・一九八七年九月初版）中〈論孔子的「君子」概念〉一文。

大」，人有天賦之高貴的道德心靈，可以自覺而學習表現天理，求天人合一，與天同大，小人卻不願自我提撕，而甘於往下，乃至淪為邪惡，此之謂「下達」。下達而淪於邪惡，乃是善性的扭曲（此所以〈里仁・七〉子曰：「人之過也，各於其黨。觀過，斯知仁矣！」）而非發於無根的惡性，此即皆因於人的昏昧、愚蠢而來，故熊十力說：「天下有真愚人，無真惡人，所以無明是萬惡之首。」[22]人既都有本然的道德心性，只要一念自覺，便可向善向上，為了敬重這種可貴的人性，連帶地也當敬重這種應然的基本「人」格，所以《論語》之論道德人格品第，最下者至「小人」而止，不再往下臚列惡人邪人等等（惡人邪人即失其基本人格，簡直不算是人，何來品第？）[23]《論語》：

子貢曰：「紂之不善，不如是之甚也，是以君子惡居下流，天下之惡皆歸焉。」（〈子張・二〇〉）

紂王德位極不相配，所以在世人的理念裏，都以他為小人中最最下等的小人，其實他的一生未必全然無善行，也未必萬惡不赦，只因他不知自我提撕，盲順物氣沈淪，以致成為萬惡的罪魁，所以子貢提醒當政者（君子）要時時自我惕厲，勿往下流，否則成了眾惡所歸，在歷史上將永難翻身，此給紂留餘地，不忍列他為永遠之罪大惡極的人，正見儒家對人性有信心，而肯定「小人」之可能隨時向善向上也。即見「小人」雖列為人格之下品，儒家並無對之絕望而鄙視它之意。

「君子」之所以會不斷上達，「小人」之所以會逐次下達，關鍵即在兩者於學習上，有著截然不同的心態。《論語》：

子貢曰：「君子之過也，如日月之食焉。過也，人皆見之；更也，人皆仰之。」（〈子張・二一〉）

子夏曰：「小人之過也必文。」（〈子張・八〉）

「君子」是一能時時提撕道德心靈自覺的人，當他發覺行事歷程中所浮現的氣質盲點，便很快會追根究柢，找出過失的癥結，而當下改正，使過錯不再成為過錯，正如日蝕、月蝕之昏暗很快就復明一般；他因視「修身」是人生價值的重心，「過錯」不但不會損害人格，破壞名譽，反把它看成是改造自己，成就自己人格的成長養分，故面對它，不閃躲，不逃避，不但不怕人知，還慶幸別人的指責，可借以鞭策自己切勿苟且、矇混，此遇一過，便改一過，不拖欠，而常能展現日新又新的道德人格風采，由此日積月累的修身成果，使他在現實存在面上雖是人不是神，但

22 引自熊十力《十力語要》（臺北・洪氏出版社・一九八三年十二月再版）卷四。

23 《漢書》卷二十〈古今人表・第八〉便將上自伏羲，下至項羽之歷史人物，臚列為上、中、下三級，三級之中，又各分為上、中、下，形成了三級九等的人品論，此列下級中的下下等如商紂諸人，應有歸類他們為「惡人」的意味。

其過，也宛如「日月之食」，久久才偶然出現一次，而接近於理想境中的聖者、仁人，此所以其人格品第，緊列在聖、仁之後。

「小人」順隨物氣盲動，故生活中經常會犯錯，因為他有本然的天理良心，所以也常知道這是過錯，但他不像「君子」之敢於面對、承擔，卻選擇逃避、遮掩（文），以為認錯是不光彩、不名譽，極為可恥的事，因此無論如何，都不可承認，要淡化它，合理化它，以維護他那心中所自認為的完美人格形象，這樣的文過自欺，不但無法對其過之「免於重蹈覆轍」有所助益，反更使他在潛意識裏存藏著揮之不去的恐懼、矛盾與罪戾，此對自己的過錯不願提，不願想，只恨不得忘掉它而未能的心態，如何有助於他道德人格的成長？此所以他一直沈淪、「下達」，不知伊于胡底[24]。

可見從修養工夫的角度看，「君子」顯然是心力往內用，相對的，「小人」則是往外用。《論語》：

子曰：「君子求諸己，小人求諸人。」（〈衛靈公・二一〉）

「求諸己」就是把眼光朝內看，此中固然要有我，卻不執「我」，乃至把「我」，當成興訟兩造的對方，非得對簿公堂，把是非曲直弄個明白，絕不善罷干休，對自己的過錯能如此地「內自訟」，自能體得天理精明，也見得人欲細微，「君子」就是以這種「求諸己」的態度，使自己的道德人格日益精進的。

「小人」則不然，他一切往外看，致使內省的道德心靈閉鎖，自我的覺醒日益泯失，全幅把精神馳騁於外，就看不到自己，一切的過錯不是歸就於外境，就是苛責別人，這樣的「求諸人」，有礙於人格的成長，對社會也會造成仇隙與對立。

要之，兩者的修養工夫都採用了雙重標準，所不同的是：「君子」以高道德標準來自我要求，而少責別人，所謂「嚴以律己，寬以待人」；「小人」則用高道德標準來指責別人，而不反省自己，所謂「嚴以律人，寬以待己」，此所以「上達」與「下達」的距離越拉越大，終成天壤之別。

「君子」眼光朝內看，行事便會依於良心善性作「價值」判斷，應該且合適做的，就有意義，有價值，而所謂應不應該，不只從個人的生活打算上說，還進一步擴及他人、他物，對人我、物我作一體的通盤考量，此即：我所要做的事，對當下的我之發生關係的人、物，要有正面助益，即便無助益，至少也不妨害的，才放心去做，否則心即不安，不安便做不來，「君子」時時都依此為設準來考量，此之謂「義」。

反之，「小人」則一切向外看，向外求，把外圍的假我（名、利、權、位等等）當成真我，把滿足現實生活的一切名利權位，當成人生唯一追求的目標，唯一的意義與價值，心念上無所謂道德不道德，也無所謂心安與不安（其實，他是人，在內心深處還是有安與不安的潛覺），要

24　同註5，冊四，卷十九，第八章。

之，一切都以「利」作為設準來考量，此又是「君子」與「小人」的一大差異處，故《論語》：

子曰：「君子喻於義，小人喻於利。」（〈里仁·一六〉）

「君子」在做人處事上，念念不忘它背後的意義與價值，自求如何表現得更為圓融，使生命更充實而有光輝，即見他的道德心靈常是清明在躬的；「小人」念念不忘在物質享受的追求，心靈常桎梏在現實功利中，而失去本有的靈敏超越性，故常安於渾噩，沒有自我成長的企圖心。

「君子」不只自求長進，不只想獨善其身，還想兼善天下，透過自己的以身作則，主動地想如何自我樹立好榜樣，好讓大家都能效法、學習，以培養出善良的社會風氣；「小人」就沒有這樣的恢弘志氣，一切只考慮自己眼前的利益，只被動地希望社會能給他什麼好處，從不去想自己能給社會奉獻什麼，這種主動與被動的心態，亦是「君子」與「小人」之一重要區別，此所以《論語》：

子曰：「君子懷德，小人懷土。君子懷刑，小人懷惠。」（〈里仁·一一〉）

順此理路以進，可知「君子」能長保心靈的本性，使之四門洞開，容得與他人出入往來，他不只會在人我界限內看到自己，也能自居於界限之上，兼以看到他人，關懷他人，由是生發「人饑己饑，人溺己溺」的胸襟，體悟到一切成就他人之客觀道德事業的實踐，即等同成就自己人生的真實化，成就對方人格的成長，等同自己在成長[25]，會讓對方傷害的，就如同自己的傷害，故會儘量阻止它，以避免或減輕對方的傷害。

「小人」則不然，他順隨自然生命的無明習氣盲動，凡事只考慮到自身的利害得失，無暇也無心去為他人著想，為了保有自己的利益，乃至不惜拿別人當工具，作犧牲；見不得別人比他好，故常妒賢害能，蓄意破壞、阻止別人的成功；見別人有過惡，為了少惹麻煩，常以「事不關己」為由，一任對方繼續墮落，用姑息來對待他，而不直接或間接地助他改過遷善，此不同的待人態度，亦是「君子」與「小人」之一顯明的簡別，故《論語》：

子曰：「君子成人之美，不成人之惡；小人反是。」（〈顏淵．一六〉）

由上述之「君子」與「小人」的不同待人態度，我們便可領受到，在人際關係上，他們必有著迥異的對應格調，《論語》即簡賅地作了如下的表述：

子曰：「君子周而不比，小人比而不周。」（〈為政．一四〉）

子曰：「君子和而不同，小人同而不和。」（〈子路．二三〉）

25 參看唐君毅《人生之體驗續篇》（臺北．臺灣學生書局．一九八〇年十月臺三版）中〈第六篇　人生之虛妄與真實〉一文之四。

「周」是普遍的關懷，「比」是自私的偏愛。「君子」的現實人際關係當然有遠近、疏親，但不會因於對親近人的愛，而排斥、減捨疏遠之人的愛，以任用人來說，如果發現別人的才德明顯優於親近的人，他寧舉疏任遠，而捨親棄近，表現出開誠布公的精神，「小人」則不然，他常畫小圈圈，搞小團體，借以相互聲援、取暖，別人再怎麼好，他也不分青紅皂白地舉親近而棄疏遠，故在職權上，常會流於公器私用。

可見「君子」有廣大寬平而舒展的氣量與局度，無論人從事何種行業，參與何種文化活動，信仰何種宗教，……他都會一一尊重，而平等對待，不但不排斥，還能相互觀摩、欣賞、學習，相互提撕，故能在精神上與人相容、相感、相通。當別人有不同意見，他會提供己見給對方參考，而不強求他接受，當別人有過惡，他不會苟同，但也不致嫉惡如仇，用高道德標準來嚴責對方，此能涵容眾異，保持起碼的和諧，區辨是非，又能堅持原則，即所以謂「和而不同」。

「小人」則不然，他主觀意識濃厚，每以自我為中心，不重情義，只重現實，講利害，凡事對自身有利的，他可不問是非，與人同流合污，遇利害衝突，他可不念舊情，和另一批人結合，而翻臉不認人地黨同伐異。為免孤立，常會不論好壞，四處討好人，以求表面的和諧，此看似於世無所擇，貌似無所不容，其實非出於心量的恢宏，而是因於人格不能獨立，內心甚為空虛，只好處處找人投靠，此之謂「同而不和」。

最後講到「君子」與「小人」的兩種不同心境，《論語》也作了簡明的表述：

子曰：「君子泰而不驕，小人驕而不泰。」（〈子路・二六〉）

子曰：「君子坦蕩蕩，小人長戚戚。」（〈述而・三六〉）

泰是從容安舒之貌，驕則是自滿與自誇。「君子」了悟真實的人生本是一「自我實現」的歷程，一「直活在當下」的生活，只要每天都能面對每個當下的人、地、時、事、物，做自己所應且所能做的，直對良心負責，當下便是一有意義的生命，一有價值的生活，此能問心無愧，自足自安，超脫世間的貴富賤貧，榮辱毀譽，失敗時能安於命限，成功也不驕矜狂喜，生活便可自在舒坦，而隨時有求仁得仁的滿足，故「泰而不驕。」

「小人」則不然，他既陷溺於物化的生活，便會把名利權位的追求，當成人生唯一的目標，並以它作為建立自尊的要素，故當其得也，自會拿它向人炫耀，以填補心靈的空虛，當其失也，便會灰心失望，怨天尤人；成天在患得患失中打轉，生活自難以獲得清寧，故「驕而不泰」。

「君子」能從容自在，心無私累，一切循天理而行，不求別人應如何正面評價，但問自己能否表現出意義與價值，且能不以一善蔽眾善，不讓此善桎梏自己的心靈，而否定、抹煞其他不同之善的價值[26]，這正是君子「坦蕩蕩」之大自在、大自由的心境寫照。

「小人」則不然，他常情繫於所（對象），執著於事物的外相，甚在乎別人無謂的批評，故

26 同註7，參看〈自由之種類與文化價值〉一文之六。

常整日焦慮，黏滯於虛妄之中，心胸豁展不開，暢達不來，很難愉悅地活在當下，因此自也「長戚戚」了。

五、結語

綜上諸多人格對比，總的來說，「君子」乃是一能時時保有道德理性自覺的人，在情的方面，他能做到「仁者不憂」，懷著愛人救世的責任，行其所是，而不憂事之成或不成；在知的方面，他能做到「知者不惑」，依照主、客觀的條件，從事自己當下能做、應做的各種合宜的道德事業實踐；在意方面，他能表現「勇者不懼」的精神，面對艱難，不畏縮逃避，以堅強的毅力，克服它，以求其實現。「小人」在知、情、意上，都表現不出上述的「不憂」、「不惑」、「不懼」的精神，只是渾噩過日而已。

人是「靈性」（道德之性）與「物氣」（氣質之性）之夾雜的現實存在，「物氣」因提供「靈性」自我實現，且為其自我超越之障礙的資具而顯其價值，此實踐、超越的歷程，即是儒家所謂的「修身」工夫，亦是「復性」工夫，儒家希望人人修身，人人復性，讓自己展現出「人之所以異於禽獸者幾希」的「幾希」價值，展現出人活著之大有別於禽獸者的莊嚴，故設立各進德之階段性的人格品第，以引導人不斷向上挺進。

荀子曰：「學不可已矣。……學惡乎始？惡乎終？……其義則始乎為士，終乎為聖人。」[27]

誠然，人生原本是一修德踐德的無限歷程，「君子」不是天生，是由「小人」不斷超越而來的，人之道德人格果真到了「君子」（現世上所能成就的理想道德人格）的層境，學無止境，仍應以聖、仁的層境之到達，為永恆奮鬥的目標。當然，人不是神，很難義精仁熟，而到達此至高無上的人格層境，但正因為難以到達，才足資引發我們的向上動力，去作無限的努力。

道德修養不只要認知，更要實踐、體悟，從日常生活的錯誤嘗試中不斷學習，改過遷善，才會長進自己，故「小人」要成為「君子」，非能一蹴可幾，中間需要經過「士」與「善人」階段的鍛鍊。

要不要進德，這是每個人抉擇的自由。選擇向上，須先要有自我長進，求為一正價值存在的意願，意願要堅定不移，才能發心立志求道，而求道又是一種「追求物慾」的超拔表現，故不管其所立的是大志或小志，其生活中是否仍犯有多少無心的過錯，只要他能不在乎是否有美好的物質生活享受，就可稱為初步超越於「小人」之起碼的「士」了，由此我們看到了儒家的循循善誘，用低道德標準來鼓勵人步出「小人」層境，以邀請人走向「求道」之路的苦心。

在學道過程中，「士」總易把德目當教條來墨守，故雖德養日有進步，進入了「善人」的階段，卻仍常陷於個人的氣質障蔽中而犯錯，所以好仁、好知、好信、好直、好勇、好剛之類的道德實踐，往往變質而表現為愚、蕩、賊、絞、亂與狂的流弊了（所謂「六言六蔽」），所以須進

27　引自《荀子・勸學篇》。

一步自求道德心靈的活潑，保任其虛靈明覺，學習依主客觀的情境，作最合宜的表現（所謂「君子不器」），以臻於「君子」的層境。而「君子」亦可能偶會有疏失，故在有限的人生中，仍須作永無止境的努力，以達到「從心所欲，不踰矩」的聖、仁境界。

總之，自上至下言，聖者、仁人、君子、善人、士、小人是《論語》中所言的六種主要人格品第，其分類與界線雖未必交代得嚴謹，但總在借以勉人修德踐德要不斷自我求進階，自我求超越，此即：品第的分類，是提供內在地自我比較、驗收修德的成果，而不是提供外在地與他人比較人格的高下，謙虛是美德，一個真正有德養的人，豈會說自己的德養比別人好？亦豈會說自己的人格品第比別人高？

（孔孟月刊第五十七卷第十一、十二期）

捌、《論語》的師道精神

一、師生之人倫關係

在中國的人文社會生活中，吾人之精神常攝於五尊：天、地、君、親、師。天地乃宇宙之至尊，父母為家庭之至尊，君王為政治社會之至尊，而教師則為文化教育之至尊。五尊之所以終於師者，正因唯師乃能成終而成始，此即：無教師之開悟、啟導，則人將陷於蒼茫的無知之中，而不知天地之可法可尊；不教忠教孝，則君、親之人格尊嚴亦將無以朗顯，而人道危矣。可見教師是人文精神生活的引導者，亦是人類文化生命之維護者，故歷來即為吾人所敬重，此所以古之專制社會，雖君王有絕對之權力，且地位最為尊貴，然而在文化教育中，其位遜於師、尸（神主），「是故君之所不臣於其臣者二：當其為尸則弗臣也，當其為師則弗臣也。大學之禮，雖詔於天子，無北面；所以尊師也。」[1]

---

1 《禮記・學記》文。

五尊之中，天地乃人之宗教情懷所生發的對象，故不設於「人」倫之列，而君、親則在五倫之中，「君臣有義」、「父子有親」、君臣與父子之人倫關係，以有「義」有「親」為原則，至於師生之對待關係，則又未在五倫中明列。

剋就身分言，師生原皆為社會中的成員，彼此無血緣關係，亦無上司下屬的關係，只因道、業之授受而結合，可謂屬「朋友」一倫，故教師與學生是師「友」關係，韓愈謂：「道之所存，師之所存也。」「吾師道也，夫庸知其年之先後生於吾乎？」「弟子不必不如師，師不必賢於弟子，聞道有先後，術業有專攻，如是而已。」[2]師生之授受的主客關係原是一種偶然，未必恒久不變，故教師視學生為友，以「學棣（弟）」稱之，自稱以「小兄」，而不敢以師「父」自居；然剋就文化生命之傳授而言，教師之於學生，除了要幫助他「安身」，更要幫助他「立命」，教師之使學生由自然人成為文化人，使其人文的精神生命由無而有，逐漸滋長以成熟，則剋就學生而言，等同無形之精神生命的賦予者，故學生視教師如同再造之父母，而以「父」格尊之，所謂：「一日為師，終身為父。」而尊老師之妻為師「母」。

總之，自教師言，不敢自居為師「父」，而稱學生以「弟」；自學生言，則尊教師為師「父」，而以學「子」自居，此亦「弟」亦「子」之或謙或尊之稱呼，即所以謂學生為「弟子」也。可見師生之關係，可謂似父似子，亦師亦友的關係，此謙尊並蓄，義涵「親」、「友」二倫之精神，即是師生間之人倫的性格，此或謙或尊，全依於師生之個別領受，而似無定然之倫位，或即是師生一倫未明列五倫之故。

「師者，人之模範也。」[3]揚雄簡賅的一語，道盡了為人之師的特質，教師既重在傳道，培養學生以精神生命，則自身自當求具有師道的精神，然後才堪為人之模範，而何者是師道的精神？吾人詳玩人學的聖書《論語》，當可從中體會。

二、宇宙的情懷與天地的氣象

教師之神聖天職既重在成就人道，使人類的歷史文化繩繩相續於萬世，使人人於當下展現「人」之精神，而不淪於禽獸，則自身自當擁有一涵天蓋地的宇宙情懷，《論語》：

顏淵、季路侍。子曰：「盍各言爾志？」
子路曰：「願車、馬、衣、輕裘，與朋友共，敝之而無憾。」
顏淵曰：「願無伐善，無施勞。」
子路曰：「願聞子之志。」
子曰：「老者安之，朋友信之，少者懷之。」（〈公冶長・二六〉）

2 引自韓愈〈師說〉一文。
3 揚雄《法言・學行篇》語。

志是人步向理想的心向，子路「敝之而無憾」之志，僅限在朋友間之授受之接物上，顏回「無伐善、無施勞」之志，則限在功德之不敢自居，而禮讓與自己以外之他人上，要之，二人之志，皆在求自我德養的增進，而孔子「老安、友信、少懷」之志，則是：願天下之耄老都有孝子奉養，以使其生活安適，精神獲得安頓；社會中人都能彼此以真誠對待，成為人格互信的朋友，而在品德上交相提撕、印證；天下之年少者皆有慈愛的父母予以保育、教養，而享受到家庭的溫暖。此即：讓社會上各個層面的情義相互感通，讓天下趨向一太和的境界，使人人的精神都能展現其豐采，而彰朗其所以為「人」的價值，人要有如此的生命意義表現，捨人文教育薰陶，如何可能？而孔子之志，即是蘄願社會人普遍都能接受人文精神教育，以提撕道德的自覺，各安其位，各得其所，此心量涵蓋普天下的每一個人，即是一博大的宇宙襟懷，正如天地在冥冥中成就萬物，使之各遂其生，故程子讚嘆孔子之胸懷，「分明天地氣象」[4]。

教師之要有博大的宇宙情懷，此情懷，不只衣被於當下全體人類，亦同時涵蓋後代的人類，此即：不只關心當前的整體社會，更要對文化的傳承具有一歷史的使命感。《論語》：

> 子畏於匡，曰：「文王既沒，文不在茲乎？天之將喪斯文也，後死者不得與於斯文也；天之未喪斯文也，匡人其如予何？」（〈子罕・五〉）

「道的表現而為禮樂，就是『文』。拿『道的表現』來成全人，就是拿『文』來成全人；此即是『人文化成』。文是道與器，天與人，內與外，本與末的綜和表現。」[5]孔子概然以夏、商、周相傳而大備於周之「綜和體的文」自任，即是對歷史文化的一種強烈的使命感；使命感也者，就是直透到超越之最後的真實（天），由此最後之真實（天）所興發的一種內在責任感，故使命感即是「承體起用」的一種具體象徵之表示[6]，亦即是其內在宇宙之情懷，與天地相孚相應的表示，使命感既承自於天（最後的真實），而天有好生之德，則對喚起人之自覺，挽救文化之再興，自然充滿了自信，故曰：「天之未喪斯文也，匡人其如予何？」可見在孔子身上，只有使命感，而無命運感，因而不管時局如何危阨，他都能窮理盡性以至於命，此所以孔子在匡邑受困，他都能坦然面對，無憂亦無懼，此正是至聖先「師」所展現的生命姿采。

文化之薪傳，最具有效率的，在於王者之倡導，蓋王者有權亦有勢，有權，乃可行所欲行，要求各方配合，以遂其行；有勢，才更易鼓動風潮，以達「風行草偃」之效，此所以孔子要周遊列國，遊說國君之故。然而天下無道久矣，帝王心靈既為功利所蔽，而淪於物化，自身提振不起，自也無由喚醒群眾，故老天要為民立師，要教師發獅子吼，以使無道的天下歸於有道。《論

---

4 朱子《四書集注》引程子之言曰：「子路勇於義者，觀其志，豈可以勢利拘之哉，亞於浴沂者也；顏子不自私己，故無伐善，知同於人，故無施勞，其志可謂大矣，然未免出於有意也；至於夫子，則如天地之化工，付與萬物而己不勞焉，此聖人之所為也。……先觀二子之言，後觀聖人之言，分明天地氣象。」

5 引自牟宗三《道德的理想主義》（臺北．臺灣學生書局．一九八二年修訂五版）中〈反共救國中的文化意識〉一文之二，頁二三〇。

6 參看牟宗三《政道與治道》（臺北．臺灣學生書局．一九八三年再版）第六章之一。

語》：

> 儀封人請見，曰：「君子之至於斯也，吾未嘗不得見也。」從者見之。出曰：「二三子何患於喪乎？天下之無道也久矣！天將以夫子為木鐸。」（〈八佾・二四〉）

「木鐸所以徇于道路，言天使夫子失位，周流四方，以行其教，如木鐸之徇於道路也。」[7] 天下無道，在位者既不能救濟，一切的教化責任，只好讓教師來承擔，只要教師能持宇宙的無盡胸懷，就不只能教化一時，還將遠播千秋萬世，「二三子何患於喪乎？天將以夫子為木鐸。」儀封人的靈感，實即代表了一切眾生的靈感，此是蒼茫中最莊嚴的靈感：人間有一個迫切的要求，要呼喚著一個偉大之精神的來臨。此精神正是教師之涵天蓋地的師道精神。

三、悃誠的教學態度

吾人更進而言之，教師之涵「天」蓋「地」的宇宙情懷要有二義：就天言，天德高明，既高且明，自可燭照萬物，引領文化趨向一光明的未來，故教不倦；就地言，地德博厚，無不包容、承載，故教師亦自知自己之有限，肯定別人的存在價值，而願時時學，處處學，乃至向一切人學，故學不厭；能以無盡的「學」來成就無盡的「教」，此即所以堪為人之模範，故《論語》：

子曰：「若聖與仁，則吾豈敢？抑為之不厭，誨人不倦，則可謂云爾已矣！」公西華曰：「正唯弟子不能學也。」（〈述而．三四〉）

「仁」乃單指理想人格的本質，「聖」則兼指此理想人格對人間的教化或影響力而說[8]。教師知自己之不足，便不敢以「仁者」自居，亦知一己之力量有限，無法全面影響一切人，教化一切人，便亦不敢以「聖者」自居，其所能為者，唯在當下自我的努力與奮進，「為之不厭，誨人不倦」而已，此不敢自居「仁、聖」，正是對德業無盡的敬重，敬重之而自勉全力以赴，內中即引生一對學與教的悃誠，其求知之力，自能隨「知也無涯」而無涯，故《論語》：

葉公問孔子於子路，子路不對。子曰：「女奚不曰：『其為人也，發憤忘食，樂以忘憂，不知老之將至云爾。』」（〈述而．十九〉）

孔子之學，不是為任何功利的目的而學，亦不純粹由感性所引生的興趣而學。為功利而學，學習便是一種負擔；純粹為興趣而學，亦可能在興趣淡化時，便無所用心。孔子之學，不為別的，乃是為求道踐德而學，此求道踐德，即是其生命之自身，即是其真實生命的呈現，故能「樂

---

7 同註4，〈上論．卷二〉之註解文。

8 參看曾昭旭《孔子和他的追隨者》（臺北．漢光文化事業公司．一九九三年初版）中〈《論語》中「仁」的字義分析〉一文。

以忘憂，不知老之將至」，此悃誠的求學態度，即是教師所宜效法的師道精神。

教師能悃誠以自學，則必能悃誠以待人，而視世間一切人都可能為我師，蓋每個人的經驗與表現，不論賢或不肖，都可借為我進德的資料，成為我的「長善之師」或「救失之師」，故《論語》：

> 衛公孫朝問於子貢曰：「仲尼焉學？」子貢曰：「文、武之道，未墜於地，在人；賢者識其大者，不賢者識其小者，莫不有文武之道焉。夫子焉不學？而亦何常師之有？」（〈子張．二二〉）
>
> 子曰：「三人行，必有我師焉，擇其善者而從之，其不善者而改之。」（〈述而．二二〉）

「賢者識其大者。不賢者識其小者」，不論賢或不賢，只要人的悃誠精神凹入其中，便能見最平凡之他人的行為（如只懂得一些形器度數等），都看出若有一無盡的善在那裏表現，亦蘊存了無盡的意義，故無人不可學，「何常師之有？」而「擇善而從」，重心全落在自己身上，「其不善者而改之」，重心亦全落在自己身上，一切歸引到自己，而不隨物流轉，即表現了求學的真誠。

求學的悃誠，不只要從進德上去表現，亦要從修業上去表現，《論語》：

> 子入大廟，每事問。或曰：「孰謂鄹人之子知禮乎？入大廟，每事問。」子聞之，曰：「是禮也。」（〈八佾・一五〉）

大廟中未曾見之禮物、禮儀等名物度數，皆屬客觀的經驗知識，孔子當然未必全知，不知便問，毫無矯飾，即是一種求知的真誠，亦正是師道的精神所在。

一個教師，要對自己誠懇以學，更要對他人誠懇以教，《論語》：

> 子曰：「二三子以我為隱乎？吾無隱乎爾。吾無行而不與二三子者，是丘也。」（〈述而・二四〉）

教師之教，特重在人格的陶養，它是內在的生命學問，內在的生命學問必有其顯露的部分，唯其顯露，在行不在言，與其言之高深廣大，不如行之平易中庸，行之真誠無妄，以身教代言教，亦才真能收到陶冶學生的功效；而孔子之行無他，全在一「誠」字，行事如如真誠，即見如如之仲尼本來面目，故孔子之「吾無行而不與二三子者」，即在其平日之真誠之「行」中充分彰朗了師道的精神，《論語》：

---

9 參看唐君毅《道德自我之建立》（臺北・臺灣學生書局・一九八三年六版）之二，第五小節〈生活道德化之可能〉文。

樊遲請學稼。子曰：「吾不如老農。」請學為圃。子曰：「吾不如老圃。」樊遲出。子曰：「小人哉！樊須也。上好禮，則民莫敢不敬；上好義，則民莫敢不服；上好信，則民莫敢不用情。夫如是，則四方之民，襁負其子而至矣，焉用稼？」（〈子路．四〉）

孔子坦承自己不如老農，不如老圃，即見他自知自己之有限，亦看出其為人的「真誠」，而批評樊遲為志小的「小人」，這不是對農耕圃藝之鄙視，而在借以勉其當立「行道濟世」之大志，好便在有限的人生中，盡更多的義務，以使知識分子的學養，獲得更大的發揮，此又是教師之「大」教的真誠。

教師不只要自求以真誠，亦同時要教學生以真誠，《論語》：

子曰：「由！誨女知之乎？知之為知之，不知為不知，是知也。」（〈為政．一七〉）

「知」之為知之，不「知」為不知，此「知」乃是一經驗層次的知（如求「知識」的知），經驗層次之知也無窮，人無法全知，知自己無法全知，即是知自己之有限，有此自知之明，即是人之能反省明覺的一種智慧，亦即是人之對當下如如之我的了解之「誠實」，此不自欺欺人，不遮掩、逃避，敢於為如如之我而承擔，亦是一種師道的精神表現。

四、超越己私的教育意識

教師既以文化的傳承為己任，關懷全體人類的人文教育，則其施教，自不為炫耀自己的知識而教，亦不會純為自己對子孫之私愛而教。《論語》：

陳亢問於伯魚曰：「子亦有異聞乎？」對曰：「未也。嘗獨立，鯉趨而過庭。曰：『學詩乎？』對曰：『未也。』『不學詩，無以言。』鯉退而學詩。他日，又獨立，鯉趨而過庭。曰：『學禮乎？』對曰：『未也。』『不學禮，無以立。』鯉退而學禮。聞斯二者。」陳亢退而喜曰：「問一得三：聞詩，聞禮，又聞君子之遠其子也。」（〈季氏．一三〉）

「不學詩，無以言。」「不學禮，無以立。」孔子只就詩、禮對人生的助益，簡要地揭示一二，以勉其子向學，此與勗勉其他弟子的方式，全無差別，故無所謂的「異聞」。人文教育原不在強迫的灌輸，而在自學，從自學中乃能有真切的體悟，孔子要讓學生與其子一樣皆能自我領受生命的學問，此即是一種無私的大愛。

所謂無私，當然不是要人不能絲毫有名利的欲求，只要腳踏實地，實至名歸，合於義的名利，未嘗不可求。《論語》：

子曰：「君子疾沒世而名不稱焉。」（〈衛靈公・二〇〉）

子曰：「富與貴，是人之所欲也；不以其道得之，不處也。貧與賤，是人之所惡也；不以其道得之，不去也。……」（〈里仁・五〉）

子曰：「富而可求也，雖執鞭之士，吾亦為；如不可求，從吾所好。」（〈述而・一二〉）

子曰：「飯疏食，飲水，曲肱而枕之，樂亦在其中矣。不義而富且貴，於我如浮雲。」（〈述而・一六〉）

職業無貴賤，凡是可以助益人生，服務群倫的，「雖執鞭之士，吾亦為之。」由此而換取來的財利，名正言順，如何不可得？如何不可欲？由是可知孔子謂：「不義而富且貴，於我如浮雲。」一語不在輕視富貴，而在看輕「不義」。蓋能富，才有充裕的財力作後盾，以加速完成客觀的道德事業；能貴，亦才能滙集各方力量，營造一種「勢」，以落實執行的成效。「以其道」的富貴既無妨可求可欲，則學生呈奉的束脩，如何不可得，不可求？《論語》：

子曰：「自行束脩以上，吾未嘗無誨焉。」（〈述而・七〉）

學生自行帶來「束脩」之禮物以奉上[10]，這表示了其求道的真誠意願，教師對此求學之心誠，自無不教；亦唯學生真誠受教，表示了求道的主動性，教育才真能顯其莊嚴，否則，言者諄諄，聽者藐藐，學生不知自反，教師強加施授，亦失教育的神聖性，由是可知孔子之「吾未嘗無誨焉」，重點不在束脩（利）之多寡，而在「束脩」之禮之背後所蘊存之受教者的精神，此即所謂無私的教育意識。

名利雖無妨可圖，然而教師於施教時，全神投入，無絲毫之功利心習，他才能展現一宇宙的包容情懷。《論語》：

子曰：「有教無類。」（〈衛靈公‧三九〉）

人文教育乃在提撕人人所具有的良心善性，良心善性既人人皆具有，則原則上乃人人都可受

10 「束脩」之意，歷來註家約有三解：一指十脡之乾肉，如皇侃《論語義疏》云：「束脩，十束脯也。古者相見必執物為贄，……束脩最是贄之至輕者也。」即是。二指年十五歲，如鄭注《論語》云：「束脩，謂年十五以上也。」即是，三指約束檢點己之言行，如趙翼《陔餘叢考》云：「漢光武詔卓茂曰：『前密令卓茂，束身自脩，執節誠固。鄧后紀有云：『故能束脩，不觸羅網。』注以『約束脩整』釋之，……謂能飭躬者，皆可教也。」即是，今採皇侃義。又：「自行束脩以上」，不應釋為：「親自帶十束以上之乾肉」，應釋：「親自帶著束脩之禮物以奉上」為妥。

教，教育的對象自當對一切人開放，無所謂階級、種性的差別，無論富貴、貧賤、智愚、賢不肖，一律平等對待，此正是無私的師道精神表現。

五、以學生為主動自發的教育主體

教育是教授者（教師）與受教者（學生）之間的活動，而以受教者為主體，尤其是人格教育，教師只是一助緣，真正要有得的，乃在學生自身的努力，所謂春風化桃李，春風只是助其化助其長，而所化所長乃是桃李之自化自長，故教師不應視學生為一純粹之教育的接受者，而將之視為自己創作的材料，如是則必誣陷學生為物，即是對學生人格的大不敬，教師當依其理性，肯定學生與自己同為人，故亦與自己同樣具有一能自動運用理性，以接受文化的人格[11]，由是教學之實施，乃當採引導與啟發的方式，而不是填鴨的強行灌輸，故《論語》：

子曰：「不憤不啟，不悱不發；舉一隅，不以三隅反，則不復也。」（〈述而・八〉）

憤者，心欲求通而未得；悱者，口欲言而未能，這是學生生命之「純亦不已」的一種躍動，求學中有此躍動，乃能萌發一「求自得」之幾，此正是教師啟發（啟發者，即開其本有之常性，以發朗日之明也）的最佳時機；然而此時教師之所應機指點者，亦當依於學生之感觸、經驗、思路以施之，而學生當更必須順著教師所指點的線索，再作更深一層的自思自省與自反，否則，

「舉一隅，不以三隅反」，怠惰下來，很多人生之迷團，亦恐無法獲得正解，而白白地坐失一次啟導的機會，故教師之「不啟」、「不發」、「不復」，全依於學生之「不憤」、「不悱」與「不反」，此看似對學生之無情，實是對學生之主動自發之人格的一種鞭策。

教育既以學生為主體，則教師之實施人格教育，尤須依學生之特殊個性，而救其偏蔽，以使其在日常生活中，減去氣質之無明成分，而展現更完美的生命姿采，故《論語》：

冉求曰：「非不說子之道，力不足也。」子曰：「力不足者，中道而廢；今女畫。」（〈雍也・一〇〉）

子謂顏淵曰：「用之則行，舍之則藏，唯我與爾有是夫！」子路曰：「子行三軍，則誰與？」子曰：「暴虎馮河，死而無悔者，吾不與也。必也臨事而懼，好謀而成者也。」（〈述而・一一〉）

冉求資稟柔弱，缺乏自信，常以「力不足也」來推託自慰，不敢勇往進取，故孔子勉其即或真的力量不足，亦當盡力而為，至於半途果真力竭而廢，乃資稟所限，問心無愧；倘如尚未起

---

11 參看唐君毅《文化意識與道德理性》（臺北・臺灣學生書局・一九八〇年四版）第九章之五〈教育之意識與其五層級〉一文。

步，即畫地自限，如何能測知自己實力之真正限困所在？在精神上，豈不成了澈底的失敗者？

至於子路，則性稟鄙野粗獷，雖有野人質樸率真之可愛，卻具剛猛陵人的氣勢，故孔子故意在其前，褒揚顏回之能「用行」、「舍藏」，以喚醒子路當亦要有「潛龍勿用」的沈藏工夫，否則一味順其勇猛之性而強逞，即失其心靈的自主，而成為氣質的奴隸；倘如愈陷愈深，「死而無悔」，不知自反，則剛勇之長處，亦必變質為短處，故必須「臨事而懼」，方可從困限中超拔，而孔子之故意損抑子路，亦正是對其氣質障蔽的當頭棒喝。

以上二人，一柔一剛，各有其偏，為免其由偏而流於過，孔子特教其從人倫日用中去磨鍊自己，以改變其氣質。故《論語》：

> 子路問：「聞斯行諸？」子曰：「有父兄在，如之何其聞斯行之？」
> 冉有問：「聞斯行諸？」子曰：「聞斯行之。」
> 公西華曰：「由也問聞斯行諸，子曰：『有父兄在』；求也問聞斯行諸，子曰：『聞斯行之。』赤也惑，敢問。」子曰：「求也退，故進之；由也兼人，故退之。」（〈先進・二二〉）

相同「聞斯行諸」之問，孔子之所以有截然不同的回答，原因即在「求也退，故進之；由也兼人，故退之。」冉求遇事怯弱，不敢面對現實，長此以往，必致心靈封閉，生命枯蔽，故「進」之；子路魯莽行事，不能深思熟慮，長此以往，則易淪於殘忍、粗暴，故「退」之。此一進一退，皆教其從生活中去踐履，正所謂「教育即生活」也。而相同之問，可有不同之教育方式，亦正說明了人格教育乃是一極具藝術的教育，所以然者，一切即原於不同性格之學習對象，易言之，一切即因於教師之以學生為教育主體之故。

教學之藝術，不只針對學生之「情」「意」教育，亦同時實施於「智」的教育，《論語》：

子曰：「中人以上，可以語上也；中人以下，不可以語上也。」（〈雍也·一九〉）

「可以」、「不可以」乃概略詞，並非表示絕對的肯定或否定。大體言之，中上智力的人，可接受以較高深的道理，中下智力的人，則授以較淺近的道理，較易吸收、消化，要之，理外無事，事外無理[12]，傳授方式雖有分殊，所悟之理，實無二致。一切視學生為主動自發的教育主體，教師自不會將自身之有限的經驗與思考模式，硬生生地套於學生之上，對中上智力者如此，對淺陋之人未嘗不如此，故《論語》：

12　明儒李谷平與門人有如下的一段談話：

或問：「程子謂道無精粗，言無高下，是否？」（李谷平）曰：「然。」曰：「夫子謂中人以上可以語上，中人以下不可以語上，如何？」曰：「理外無事，事外無理，就如教此皂隸，不可嚇人取錢，不可過重打人，此便是仁恕之理。若教知學之人，便只論仁恕之理。語上語下，要之無二理。」語見《明儒學案·卷五十三·諸儒學案·下一》（臺北·華世出版社·一九八七年臺一版）。

子絕四：毋意，毋必，毋固，毋我。（〈子罕・四〉）

子曰：「吾有知乎哉？無知也。有鄙夫問於我，空空如也，我叩其兩端而竭焉。」（〈子罕・八〉）

子絕四，亦可謂絕於一，一者，成習之心也。能不役於聞見而桎梏其心，即不失心之明覺，「無成心則毋過去之成心之『意』，復毋期必於將來之『必』，亦毋現在之『固』執不化，則心大而『成無外之心』。無外之心則能『毋我』。乃視所謂我之知，我之身，皆不過天地神化之一種表現。」[13]可見孔子自謂：「吾有知乎哉？無知也。」不是一虛情假意的謙虛，乃是一不預設立場，一虛其心靜其心而不生對待之念的一種表態，因而在鄙夫之前，總是「空空如也」，極平凡，不見任何顏色，不見任何精彩，有的只是「庸言之信，庸德之謹」，與鄙夫全無距離，這正是一切人都可親近他之處；而鄙夫由於胸無點墨，常無法掌握問題之核心以詢問，故孔子不憚其煩地「叩其兩端而竭焉」，從正反兩面反詰，助他發掘問題的癥結，從而提撕其心靈的自覺，以求問題的澈底了解，此不問學生身分，一皆視受教者為自發自動的教育主體，正是師道之一精神表現。

六、視學生為一未來之文化的創造者

教師既視學生為一主動自發的教育主體，則不只肯定其能自動運用理性以受教，當更進一步肯定其能自動吸納、消融所受教，而超越之，以開創更新的文化內容，此即教師不是要自己永為人師，更期望學生能超越教師而為人師，學生能超越教師，文化方能更向前推進，否則，一代不如一代，將是教師最大的遺憾，故《論語》：

子曰：「溫故而知新，可以為師矣。」（〈為政・一一〉）

反覆咀嚼受教的內容（故），再依此所知之種種，運用它到建設之上，豐富現在，以了悟一新理，創建一新知，則文化即向前推進一步，此不以現有之知為完足，而能超越之，創造之，使文化之傳得以生生不已，發揚光大，即顯教師的特質，故可以為師。此勉學生能超越教師之所教，成為文化之生力軍，正顯教師之博大胸襟。《論語》：

子曰：「當仁，不讓於師。」（〈衛靈公・三六〉）

「莫說道將第一等讓與別人，且做第二等，才如此說，便是自棄。」[14]凡道德、學術文化，乃至日常生活中之種種能展現仁道的表現，都應全力踐履，不必顧忌是否會超越其師；青出於

13 引自唐君毅《哲學論集》（臺北・臺灣學生書局・一九九〇年校訂一版）頁三七〇。

14 程伊川語・見《近思錄・卷二》。

藍，即是對師道的光大，亦正是對其師的尊重，而同時亦可予師以一鞭策，以達到「教學相長」的助益；而此「不讓」之爭，不是對其師尊嚴的挑戰，乃是向內向己爭，所爭在品德性行，故益爭而對師益敬，師（人之模範）道亦才更立於天壤之間，有如此之好學的學生，教師才更有傳道、揚道的成就感。

教師之能勉其學生不斷地超越自己，亦超越老師，此即充分肯定了一切人都有可能成為未來文化的創造者，故而人人都值得敬重，對古人如此，對今人及未來者，未嘗不如此。《論語》：

子曰：「後生可畏，焉知來者之不如今也？四十、五十而無聞焉，斯亦不足畏也已！」

（〈子罕・二三〉）

「後生乃來世繼起。當我生而盡仁道，但仁道則不以我生盡，故必待之後生。」[15]唯後生不斷發揚吾今生所建之文化，乃得不斷向前推展，故年輕時代即應決定自我的學習方向，以為未來之努力方針，並趁此體健身強機會，奮勉力進，則無限的努力，即可開創無限之文化生機，故「後生可畏」；然而如渾噩過日，一事無成，「四十、五十而無聞」，到時血氣已衰，即或力圖振作，成就恐亦有限，故「不足畏也已」。後生之可畏不可畏，端在當下之是否自我振拔，自我提撕，能好好活在每一個「當下」，乃能有成。教師時時勗勉學生，不忍其墮落、萎靡，即可見一斑。

學生既可能為一文化的創造者，則教師在教學中，自會常感自己若一無所能，而生一「不如學生」的大虛懷，由是視學生如朋友，乃至亦自視如學生，而從教學的互動中，獲得啟示。《論語》：

> 子夏問曰：「『巧笑倩兮，美目盼兮，素以為絢兮，』何謂也？」
> 子曰：「繪事後素。」
> 曰：「禮後乎？」子曰：「起予者商也！始可與言詩已矣。」（〈八佾・八〉）

子夏所提詩義之疑問，重點在「素以為絢」一語，孔子乃剋就繪畫之藝術比喻，謂「繪事後素」（作畫著彩之後，再以素色勾勒線條，彰顯輪廓，才更易表現圖案的效果。）此原只就詩解詩，子夏竟能舉一反三，將老師所提之藝術內涵，轉到人生智慧的悟解上，謂「禮」須先有「仁」之誠樸本質，才能彰顯「禮」之精神生命（禮後），此頓悟乃是仁學的根本頓悟，故當下即引生老師之回響，從而獲得「仁先禮後」的人生啟示。孔子「起予者商也」，正是教師對學生之開創文化的贊嘆，亦正是「教學相長」中的一種驚喜。

教師不只從學生處獲得啟示而驚喜，亦因學生之能躬行實踐，在德養上呈顯一「賢」境而欣慰。《論語》：

---

15 引自錢穆《晚學盲言（上）》（臺北・東大圖書公司・一九八七年初版）頁一七八。

子謂子貢曰：「女與回也孰愈？」對曰：「賜也何敢望回？回也聞一以知十，賜也聞一以知二。」子曰：「弗如也，吾與[16]女弗如也。」（〈公冶長・九〉）

子曰：「回也，非助我者也，於吾言，無所不說。」（〈先進・四〉）

孔子之道德教，大抵皆為當機的權說，亦即是方便說，方便說乃應機而指點地、對治地或偏面有局限地姑且如此說，所以然者，乃因道大而無法盡說，亦為因應受教者之不同材質，與當下之特殊事相而說，故所說雖含有一決定方向之圓實境，然未必如理而圓說，顏回「聞一以知十」，即表示其能透過老師之方便說，而發展、引申為一如理的圓實，體會其中之究竟了義，此正是顏回之用心，與其對人文精神之創發，孔子由衷推崇、感佩，與「聞一以知二」之子貢，同樣有自知不如的感同身受，故曰：「吾與女弗女也。」

也正因顏回默而識之，不違如愚，順老師之啟發而當下純淨化、聖潔化其生命之實踐，以達一圓實境，故於孔子之言，「無所不說」，此默默契接圓實境而不露精彩，亦無任何之質疑問難，看似無助於「教學相長」，然而其全幅吸收、消融，以進於道的精神，正是學生對教師教學的最大回饋，亦是學生之能為一未來之文化創造者之展現。

七、大雄無畏之強韌精神

上謂教師應視學生為一主動自發的受教者，一未來之文化的創造者，此皆教師於施教時所應持的理想境，然而落到現實中來，大多數之學生，畢竟都有環境的習染，習氣泥重，教師無論如何用力，皆難以引生學生憤悱，自我提撕，由是教師即可能萌生一挫折感、無力感，終致放棄其理想。故教師要落實其文化使命，除了要有「弘」的精神，更須培養「毅」的精神。能弘，乃能放眼天下，持抱宇宙的情懷；能毅，亦才能堅定信心，面對現實，承擔無奈，故《論語》：

曾子曰：「士不可以不弘毅，任重而道遠。仁以為己任，不亦重乎？死而後已，不亦遠乎？」（〈泰伯・七〉）

士在周代，其社會地位介乎貴族與平民之間，無「恒產」，亦無「恒位」，有的只是「恒心」與「恒德」。他原是保衛疆土之武士，後漸變為文士，成為捍衛文化學術之承當者，他是社會的中心，是文化承傳的靈魂人物，故而在修養上，須要有為大我犧牲的宗教精神，「以仁為己任」；同時亦必須要有一大雄無畏的強韌精神，敢於面對重重的橫逆，而不動搖其理想，夫如是，才能「任重道遠」，此修養，正是教師所當具有的師道精神。《論語》：

---

16 「吾與女弗如也」中之「與」字有二解：何晏《集解》引包咸謂：「吾與女俱不如者，蓋欲以慰子貢也。」「與」字即連接詞「和」也。朱熹《集注》謂：「與，許也。」即「贊同」之義，今採何說。

> 曾子有疾，召門弟子曰：「啟予足！啟予手！詩云：『戰戰兢兢，如臨深淵，如履薄冰。』而今而後，吾知免夫！小子！」（〈泰伯・三〉）

曾子臨終前使其弟子開其衾而視其手足，一方面暗示了「踐形」之難能，人之守約慎獨、戰戰兢兢之敬畏工夫之不易，一方面亦借以勉其弟子當時時從習慣中、不自覺中反身而誠，以使道德性之自身挺立起來。此不論弟子能否接受感召，能否於老師身後仍遵守師道以力行，在臨終前一本學之不已，教之不已，直至「死而後已」，正是曾子大雄無畏的強韌精神表現，亦是教師所應效法的師道精神。

此大雄無畏之強韌精神，即是吾人之精神實在，精神實在之本身是無限的，無限必須表現於有限，由有限中破除、超越，而後才顯其無限，故人在現實世界中，所面對的種種橫逆，便不當生厭心，倘如厭棄此現實世界，即等於厭棄吾人精神之表現要求，即等於厭棄精神實在之本身[17]，是以教師面對當下環境之艱難，當仍一往無前，以展現此一師道精神。《論語》：

> 子路宿於石門。晨門曰：「奚自？」子路曰：「自孔氏。」曰：「是知其不可而為之者與？」（〈憲問・三九〉）

「天下有道，丘不與易也。」（〈微子・六〉）孔子不忍道之不行，人性之墮落，乃轍環天下，席不暇暖，即見其努力，皆出於對世間的大愛，此道德大愛是自為目的，別無他圖，故「知其不可而為之」，為所當為，而不以眼前之近利來斷其成敗；人真能為所當為，則當下之困限雖似不可為，然長遠之後，正見其為可為，此正是一直透人性之最極致的高瞻遠矚；而事雖暫時無法成之於現在，成之於近來，然亦堅信其必能成之於長遠的未來，成之於永恒之中；能有此信念，則便能持一永恒之「人性的奮鬥」，一「功成不必在我」之禮讓的弘大胸襟，故「知其不可而為之」不是一「螳臂當車」之莽撞，乃是一大雄無畏之強韌精神，此精神，正顯教師之所以為「人之模範」的莊嚴所在。

八、結語

綜上所言，《論語》所顯之師道精神，即是要教師當有一宇宙的情懷，一無私的教育意識，一悃誠的教學態度，一視學生為教育主體、為未來之文化創造者，且更當以大雄無畏的強韌精神去從事於教學；可見教師非教匠，教師有師道，教匠則無所謂道，他只負責將其所知的技能傳授於學生，使之能熟識以安身，此外，別無所傳，至於學生是否能本此以開創新文化，是否能正用其技能，而不將之用於破壞之事物上，則不為教匠之所問。易言之，教匠可為一渾噩之只以授業為務者；而教師則不然，他不但要授業以使學生安身，更要傳道、解惑以使學生立命。能安身，

17 同註9，參看之四中第四小節「精神上升之道」文。

則不脫離現實，使生活有所依託；能立命，亦才能知何者為理想，而有價值的自覺，體悟得人生應走的方向，然後才能自勉於道，而使生命獲得安頓，由是而文化亦才能在理想價值之使命中不斷地向正面去開發、創建。

教師是文化的傳承者，而人類的文化雖不斷在成長，然亦不斷有流弊產生，教師於此歷史文化之「未濟」中，當一秉師道之精神，於此一時代，表現一新的精神、新的責任、新的使命，以教導後學，以與學生共同彌補此一永遠填補不滿的缺憾，此缺憾雖永填不滿，但正好予教師以一創造、貢獻的條件，故每克服困難一步，即有一步的價值，每一時所成就的價值都是絕對的唯一。教師有此體識，則在現實社會中便無所謂的挫折感、無力感，而轉化此挫折、無力為一自我歷鍊的資材，而自顯師道精神之有力，此正是當今教師所宜自勉的。

（孔孟學報第七十四期）

玖、《論語》的友道精神

一、引言

吾國文化，特重倫理，倫理者，乃人與人之間相處的道理，此中所謂「道理」，其義堪為玩味：分而言之，「理」之在人倫中，乃人事之本然，故先人事而存在，它是規定一切的，具有唯一性、絕對性與不變性；「道」則待人行之而始然，它是完成一切的，具創生性、相對性與變動不居性。「理」既是人事之本然，先人事而存在，自不待人之創造而有（人只能發見理，發明理，不能創造理），故主動不在於人；而「道」是完成一切的，求完成，即離不開人事，離不開人的行為與活動，故主動在於人（事乃由人來表現），以其又具多變性、相對性，故不限於一方法，一路線，一對象，人依於其可變的情境來作適切的表現，來創造「道」，故有所謂的「人道」。合而言之，「理」是「道」的指引，「道」是「理」的實現，人在世間，必求「道」「理」的合一，才能展現人生的大道理，能展現人生的大道理，人才算活出了價值意義，活出了生命的神聖與莊嚴[1]。

人要依於「理」來創造「道」，自必先對所相處的對象定位，找出彼此對等的身分地位關係，以盡其分別次序等第間的道與義。孟子曰：「父子有親，君臣有義，夫婦有別，長幼有序，朋友有信」[2]，將人際關係分為五倫，從彼此的約定位中各盡其道，而有親有義有別有序有信，表現出各種不同的人道情調，正是依「理」而有的創造。然則吾人當知，孟子所謂的五倫，雖各有對象，各盡各職，以合一道，然不能謂五倫已概盡了所有人際相處的對象，亦不能謂彼此之相處，只此一道，如君臣有義，其餘四倫不必講「義」，朋友有信，其餘四倫不必講「信」，實則，人之相處，關係繁雜，孟子只概舉人群中五項要端來設五倫，亦就每一倫指出共同相處之主要標準，以教人對對方各盡其道而已[3]，人際間之身分、地位、關係雖有不同，而求會通、到達人生之大道理則一，孔子曰：「吾道一以貫之」（〈里仁・一五〉），吾人講五倫，亦當知其一貫處，更當知五倫之道與一切人道之一貫處。

五倫之中，夫婦、父子、長幼皆屬家庭的倫理關係，唯長幼乃可從兄弟、伯姪擴充到社會的尊卑人際關係。君臣以義合，與朋友一倫相近，唯朋友是對等的社會關係，君臣則有尊卑，其位不能無別，此又與朋友互異，而朋友一倫，其關係最廣泛，除親屬外，舉凡社會中之每一分子，不論其人屬何種職業，何種地位，何種階層，皆有可能選擇成為我之朋友對象。朋友之交，不在謀求彼此之共利，而貴在日常生活之相親，各使生命之內心潛存處交相轉移、融通，切磋琢磨，以彼此向外開拓廣大的心量。

二、友道意識與人之自我心量的開拓

中國人重友道之擴大，而輕朋黨的結合，故《論語》：

子曰：「君子矜而不爭，群而不黨。」（〈衛靈公・二二〉）

朋黨意識與友道意識不同，朋黨意識不但具有排他性，且恒不免要求同黨中的分子，捨棄其他人生目的，而專事於求此朋黨中公共目的或公共利害之達成，此黨同伐異，專搞小團體，必會造成社會的分裂與對抗，在開始點即顯心量之狹隘；友道意識乃求志同道合之朋友，此所謂「道」，指的是具體之人生文化理想的全體，同志於道，即同有擔負道之全體之嚮往，然各人對

1 參見錢穆《中國思想通俗講話》（臺北・東大圖書公司・一九八〇年一月增訂初版）中之第一講〈道理〉一文，頁一—二十三。

2 五倫始見於《孟子》，孟子曰：「父子有親，君臣有義，夫婦有別，長幼有序，朋友有信」，《中庸》亦言：「天下之達道五：君臣、父子、夫婦、昆弟、朋友之交」，兩書相較，《孟子》尤允，蓋人倫中，必先有父子，乃始有君臣，《中庸》以君臣一倫占父子之前，此顯不若《孟子》之允。復次，人有獨生，無兄弟姐妹，則昆弟一倫不徧賅，孟子舉長幼，兄弟亦已在內，此亦較《中庸》為允。

3 參見錢穆《晚學盲言（上）》（臺北・東大圖書公司・一九八七年初版），中篇之二十六〈中國文化中之五倫〉一文。

此道之全體中之所認識、所偏重則不必同，而在一時一地，各人所志之事，亦不必同，所謂求志同道合之友，實只是於異中求同，異中求和[4]，故《論語》：

子曰：「君子和而不同，小人同而不和。」（〈子路・二三〉）

子曰：「君子周而不比，小人比而不周。」（〈為政・一四〉）

誠然，吾人交友，原不在求彼此間只有一共同的思想，一共同的情意，一共同的文化生活，更不在求一絕對無人我之分別，一無家庭、國家之分別，若一切皆同，則便無人之思想交流可言，亦無情意之互相關切可言，而文化活動之互相觀摩、欣賞，互相砥礪、批評，互相影響、充實，互相提攜、引導等等諸事，便無由產生，所謂大同世界，亦只是求一大致相同的世界，有異而能相容、相感、相通，即顯至一的世界，異而相感相通之謂和[5]，而人心量之博大性與包容性，即在此求「和」中培養。唯人之心量博大，乃有無窮之義理涵存其中，只見朋友之長，而不見己長，只見自己之過，而不見人過，處處虛己而學人，乃能成就自己的博學，古之顏回即具此修養，《論語》：

曾子曰：「以能問於不能，以多問於寡；有若無，實若虛；犯而不校。昔者吾友嘗從事於斯矣。」（〈泰伯・五〉）

唯人之心量博大，才有更自然的寬容，亦才能結交更多的朋友，《論語》：

子夏之門人問交於子張。子張曰：「子夏云何？」對曰：「子夏曰：『可者與之，其不可者拒之。』」子張曰：「異乎吾所聞：『君子尊賢而容眾，嘉善而矜不能。』我之大賢與，於人何所不容？我之不賢與，人將拒我，如之何其拒人也？」（〈子張·三〉）

「可者與之，其不可者拒之」，子夏交友以方，對深交之朋友，當作「可」與「不可」的抉擇，此態度原無可厚非，然吾人如能將對方目前由氣質困限所引生的是非對錯等等行為暫時放下，把自己心情自然放下，不計較，而給予對方在原始的人性、人情上應有的一點尊重與溫暖，「尊賢而容眾，嘉善而矜不能」，則吾人之心必更具涵容性，可結交更多的朋友，而此所謂「不計較」、「將心情自然放下」，並不意味吾人可妄交、盲交，蓋吾人交友之際，一開始即不當有向下看，朝低走的心態，否則，與世沈浮，即提撕不起自己的德性，故《論語》：

4 參見唐君毅《中國文化之精神價值》（臺北·正中書局·一九八四年初版）第九章〈中國人間世界　日常生活社會政治與教育及講學之精神〉一文之五。

5 參見唐君毅《人文精神之重建》（臺北·臺灣學生書局·一九八四年六版）第一部之三〈理想的人文世界〉一文之九。

子曰：「主忠信，毋友不如己者；過，則勿憚改。」（〈子罕・二五〉）

「此章決非教人計量所友之高下優劣，而定擇交之條件。孔子之教，多直指人心，苟我心常能見人之勝己而友之，即易得友，又能獲友道之益。人有喜與不如己者為友之心，此則大可戒」[6]，即此所謂「毋友不如己者」，重點在求從善，吾人交友，一方「容眾」，一方「毋友不如己者」，容眾而不從眾，所從只在於善，乃合人生之大道，故《論語》所論之友道，實深具藝術性。

三、獨立自主之人格的建立

吾人交友，在己，可積極開拓自我的心量，在人，可助益其建立起獨立自主的人格，《論語》：

曾子曰：「君子以文會友，以友輔仁。」（〈顏淵・二四〉）

輔仁，即在人倫日用中輔其行仁。仁有「覺」義，行仁貴自覺，非人代我覺，故「為仁由己，而由人乎哉」（〈顏淵・一〉），一切道德實踐，全由自己作主，任何人皆驅迫不得，朋友只能在彼此之互動中，協助對方成就獨立自主的人格，唯建立起獨立自主的人格，才能過濾掉自我生命中混沌無明的部分，知是知非，脫拔於流俗之上，而沈浸於道德踐履的氛圍中，《論語》：

子曰：「德不孤，必有鄰。」（〈里仁・二五〉）

能獨立自主，才可回到人性根源處，做真切的道德省思，價值省思，從而生發剛健的道德意識與正確的價值觀念，如如而行，「敬以直內，義以方外」，自可「同聲相應，同氣相求」，在生命、感情以及精神、義理上引起他人深內的共鳴。「充實之謂美」，人人心靈充實，獨立自主・哪會感到行德的孤寞，而竟日徵逐酒食，與世沈浮呢？

互助對方建立獨立、自主的人格，既是友道之一義，則朋友之間，首當相互肯定對方有「道德自主」、「價值自主」的能力，肯定之，進而禮敬之，自不會以自己主觀上可能之偏見，責成朋友之必與我同，故當對方有疏失，我只提供自己的意見，以資對方參考，而尊重其抉擇的權力，如是，朋友間之情誼，乃能長久維持，亦不致急於勸善而自取其辱，故《論語》：

子貢問友。子曰：「忠告而善道之，不可則止，毋自辱焉。」（〈顏淵・二三〉）

子游曰：「事君數，斯辱矣；朋友數，斯疏矣。」（〈里仁・二六〉）

---

6 引自錢穆《論語新解》（臺北・東大圖書公司・一九八八年初版），頁十五。

朋友有勸善之義，而無數諫之責。勸善，要在態度誠懇，言語約達，《論語》：

子曰：「辭，達而已矣！」（〈衛靈公．四一〉）

「『達』有兩義，言達其意而意達於理也。然此兩者又相為因，意不達於理，則言必不足以達其意。云：『而已矣』，則世固有於達外為辭者矣。於達外為辭者，求之言而不恤其意，立之意而不恤其理也。其病，大端有二：一則於言求工，或無意而乖於理；一則於意求明，則理不著而言亦鄙。……理在淺，而深言之以為奇；理在深，而故淺言之以為平。理本質，而文言之以為麗；理本文，而故質言之以為高，其不求之達而徒為之辭，一也」[7]，達於意者，即人人能本乎內在誠實的心意，曉暢無碍地發而為外在的言辭，使之能充分完成表達情意的使命；達於理者，即對對方將來可能的行為，不率意論斷，率意論斷，則不合於理，蓋人將來變好或變壞，皆有其可能性，吾人對之，當留點餘地，不應說決絕話，貶斥或讚美，都要求無過無不及，如如依理言說，即是「辭達」。多留餘地，予對方自省自反的空間，其贊成或反對，亦待其自加判定，則言者如春風，聽者如桃李，桃李在春風中自化，非春風能化出桃李，我只助其自化，而不強求其化，如此，才真尊重朋友「獨立自主」的人格。

勸善除了要注意「辭達」，更要注意說話的時機。《論語》：

子曰：「可與言，而不與之言，失人；不可與言，而與之言，失言；知者不失人，亦不失

言。」（〈衛靈公・八〉）

懂得說話時機，對事相有正確的判斷，於不當說時，即可按捺住內心的急躁，而靜等良機之到來，如是，自不會在逆勢中強諫以傷人，於當說話時，則亦知那拿揑得宜之分寸，毫不畏縮地說出對方所能承受的話，如是，方不致失去勸善之責，「不失人，亦不失言」，做一個善於權衡、選擇的智者，實是諫諍之友所當講求的。

獨立自主人格之提撕與互勉，是友道之一精神，而常人之交友卻往往淪於情感的投靠，《論語》：

子曰：「群居終日，言不及義，好行小慧，難矣哉！」（〈衛靈公・一七〉）

「群居終日」雖或可顯一時之生活上的鬆閒適意，但如竟日所談的沒有精神上的實質內容，則彼此之播弄言語，皆不能在心靈上覿面相應，話愈多，愈顯其虛浮無聊，除了填補空洞的時間，營造一些表相的熱鬧外，對德性的開發，實無助益，此情感之相互陷溺、投靠，正消泯了彼此人格獨立的自覺機會，實值吾人戒惕。

7 引自王船山《讀四書大全說》（臺北・河洛圖書出版社・一九七四年景印初版），（卷六），頁四四七。

四、誠信的交友態度

求彼此人格的獨立自主，既是一友道精神，則朋友之交，當去掉虛偽裝飾的外表，以求內心與外在的統一，是即是，非即非，不可一味闇然媚於世，只知投靠對方而假情虛應。闇然媚於世，自己即沒有一條道路，沒有自性，沒有人格，內心只是一大虛空，此為求取悅對方，全然只為他人而活，貌似忠信，其實只是一人影子，沒有真實的自己，沒有獨立自主的人格，此正與友道之精神大相違逆，故《論語》：

子曰：「巧言、令色、足恭，左丘明恥之，丘亦恥之。匿怨而友其人，左丘明恥之，丘亦恥之。」（〈公冶長・二五〉）

能獨立不懼，強力不反，此之謂能立，此之謂有己，「巧言」、「令色」、「恭足」、「匿怨」皆徒求討好、逢迎，心不實而外虛假，即是一鄉愿的表現。《論語》：

子曰：「鄉原，德之賊也。」（〈陽貨・一三〉）

鄉愿之所以為「德之賊也」，即因「非之無舉也，刺之無刺也；同乎流俗，合乎汙世；居之似忠信，行之似廉潔；眾皆悅之，自以為是」[8]，鄉愿沈浮俯仰，無所可否，其義理不立，中無所主，唯務悅人，以「善」為工具，利用人好善之心以欺之，使之誤以我為善，此實是對朋友最不忠實的態度；朋友以義合，此不義之苟合，無益於真實友誼之增進，故《論語》：

孔子曰：「益者三友，損者三友。友直，友諒，友多聞，益矣。友便辟，友善柔，友便佞，損矣。」（〈季氏・四〉）

習於感儀，致飾於外，內無真誠，謂之便辟；工於媚悅，表面善於裝得柔順，謂之善柔；巧言口辯，游談無根，謂之便佞；此與上述「巧言、令色、足恭」同義，要之，皆為極力粉飾表面，虛偽而缺乏誠實之鄉愿者，故與之交往，違異友道，無益於真實情誼的培養。

要結交益友，即當「友直，友諒，友多聞」，直者，即凡事要「誠」實不欺；諒者，即凡事當「信」任不疑，要之，誠與信，乃交友必須具備的基本態度。能誠，則一方可平心靜氣地承認自己的缺憾與過失，從而不激怒，坦然接受逆耳的忠言；一方對對方的言行舉止，亦能作一公允的評斷，不光說好聽話，使之驕矜、陶醉，亦不說風涼話，含沙射影地作無情的人身攻擊，坦坦白白，懇懇切切，正是交友應有的態度。

至於信，要有二義：一即信己，一即信人。信己即信己之能依於真理而挺立其自己，蓋世間雖或有扼殺「坦誠」的俗情，自己雖或因坦摯而受傷害，被疏離，而不見信於一時，然確信自己終將在愛真理（坦誠即顯一真理）的人類共性中贏得最後的認同，而敢於不掩飾，不說謊。信人

8 語出《孟子・盡心下》。

即深信對方說話動機的真誠，其稱讚不是奉承，其規諫亦不是攻擊，能不猜疑人之真誠，然後才能敞開心胸，不閃躲，不自衛，一一如實地將對方的話聽進受用。唯信任對方，才能鼓勵說者知無不言，言無不盡，而不致迫使對方流為避重就輕的虛意應付[9]，人人能誠信不欺，相互敞開心胸，接納對方，對能產生陶養人格、豐富人生之有真實價值的交往內容（多聞），才能受益不盡，友誼之培養，亦才能在此中滋長。

唯吾人當知：講誠信，乃必須時時持著心靈的自覺，如是，才會超越氣質的蔀障，而不致流於世俗交友的盲情，《論語》：

子曰：「君子貞而不諒。」（〈衛靈公・三七〉）

「貞者，正而固也。蓋見得道理是如此，便須只恁地做，所謂知斯二者弗去是也。為正字說不盡，故更加固字，如《易》所謂固足以幹事；若諒者，是不擇是非，必要如此。故貞者，是正而固守之意，諒則有固必之心也。」[10]此即：貞乃對「大」義原則的堅持，故是「大信」；諒（此「諒」與「豈若匹夫匹婦之為諒也」中的「諒」字同義，與「友直、友諒」中「諒」字之義有別）指對交友中俗務的信守，故是「小信」。俗務所具的意義與價值，皆有其限定性，吾人如不時時自覺，即無以對應客觀條件的變動，「好信不好學，其蔽也賊」（〈陽貨・八〉），苟好信而不好學（學有「覺」義），唯知重然諾，而不明事理之是非，雖害人賊物之事亦必為之，則不但無益於交友，反使自己成為「言必信，行必果」之硜硜然的小人了。

要之，朋友之交，重在志同道合，而自己當先求有志有道，然後才可能生發誠信的交友態度。可惜世人論交，每多或擇權勢，或慕名位，或附財富，或從其他種種便利，凡此所謂的「市道交」，皆以物易物，不能以心交心，彼此只有貌似的誠信，而無「誠信」的真實精神，故而無法雙向溝通；縱使一方敞開心胸，包涵之，接納之，同情之，幫助之，亦只是單向的關照，倘我已竭誠盡力，而仍無法獲得對方的對等相待，這種朋友，也只好暫時疏離他了，故《論語》：

子曰：「道不同，不相為謀。」（〈衛靈公・四〇〉）

暫時的疏離，只是手段，不是目的，其皆在於促使對方自省自反，畢竟凡人皆有自覺的本性，當其覺識發露，即是展現誠信之始，故我當一秉吾志吾道，竭意披誠，敞開心門，以隨時迎待彼之真誠的回應，如此，才能獲得心靈上的雙向交通，亦才有相互敬重的真實友誼。《論語》：

子曰：「晏平仲善與人交，久而敬之。」（〈公冶長・一七〉）

---

9 參見曾昭旭《論語的人格世界》（臺北・尚友出版社・一九八一年初版）中〈論師友之道〉，頁一一七—一一八。並見所著《性情與文化》（臺北・時報文化出版企業公司・一九八四年六版）中〈略論「友直、友諒」之難與所以成就之道〉一文。

10 引自《朱子語類》（臺北・漢京文化事業有限公司・一九八〇年初版）〈卷四十五〉，頁四六四。

能使朋友「久而敬之」，即在雙方皆能一本於內心的誠信，故而在心靈上能引起共鳴，交相感通，友情經得起時間的考驗，此所以為「善與人交」也。晏平仲開放自我，真摯不欺，坦誠面對一切朋友，實已深得友道三昧，值得吾人取法。

五、結語

綜上所述，《論語》之論友道，旨在每一個人先各自求心靈的自覺，開拓自我的心量，接納對方，從而相互協助建立獨立自主的人格，進而達到誠信的雙向交通，以使吾人在交友的過程中，破除彼我，融合人己，不斷拓展自己，以成就廣大無限的人生；此先講求心靈自覺，開放自我，再求與他人感通，以使人間日趨於祥和，安樂，正是整部《論語》的宗旨所在，亦是儒家的精神重心所在，此義，《論語》開宗明義，即言之鑿鑿：

子曰：「學而時習之，不亦說乎？有朋自遠方來，不亦樂乎？人不知而不慍，不亦君子乎？」（〈學而‧一〉）

「學」即自覺，能自我提撕心靈的自覺，於日常生活中應幾而踐行（時習），自有體道的喜悅；人有此體道之喜悅，使自己之人格更臻健全、真實，因而能感召遠方之朋友，使之來共享此樂，這才是人生的大樂；當然，我之求與人相感互通，不只限於少數特定的對象，乃希望舉世之一切人皆能相感互通，而共享人生之樂，但在現實存在面上畢竟有諸多限制與艱難，我知此限制與艱難，而不怨怪，仍一往直前，努力以行，「人不知而不慍」，如是，在有限之生命歷程中，雖或只能引起有限之朋友的共鳴，而我之精神實已通往無限了。

人之精神無限，即可超越一己、一家，誠摯地對待一切世人，而與一切世人為友；一切朋友皆能各本誠信，相互感通、交往，整個世界即可逐步邁向太和之境，此乃《論語》友道的精神所在，亦是《論語》論友的真正目的所在。

（中國國學第二十二期）

拾、《論語》與《易》學

一、前言

《易經》在古時候，是一部占筮的書，尤其殷人尚鬼，更是用《易經》來占卜吉凶。依《左傳》所載，春秋時代的人，不論朝野，對生子、嫁女、娶媳、立嗣、做官、作亂、興師、歸國……等等，也常用《易經》來占筮，可見早期《易經》是一部充滿著神秘色彩的書。《論語》中孔子「不占而已矣」（〈子路・二二〉）、「可以無大過矣」（〈述而・一六〉）的談話，正暗示了他認為《易經》中蘊涵有深奧的義理，可以供人探索、玩味、體會、實行，《易經》由是轉而為一部可以助人進德修業，提供人生指南的生命學問[1]，相傳孔子為《易經》作十翼（翼者，翅也，取其飛揚大用之意），依此，似有相當的理據。

1 參看林尹等《易經論文集》（臺北・黎明文化事業公司・一九八二年十月再版）中高明〈孔子的易教〉一文。

《易經》云：「易之為書也，廣大悉備，有天道焉，有人道焉，有地道焉。」（〈繫辭下傳・第十章〉）它的內容包含廣泛，思想極豐，不論義理學、象數學、圖書學，都旁通了天文、曆譜、五行、建築、堪輿、醫藥、音律、兵法、藝術等等……，它連結了宇宙與人生的關係，推天地之道以明人道，使吾人從中獲得很多生命的啟示，並借以在生活中求得妥適的安身立命之道，故而歷來學者推尊它為群經之原[2]，《論語》是四書之一，也是十三經之一，其中所蘊涵的精神自也與它相接相契。

《易經》云：「易有太極，是生兩儀。」（〈繫辭上傳・第十一章〉）兩儀即陰陽，陽儀為乾，陰儀為坤，「易有太極，是生兩儀。」意即以太極統乾坤，將乾坤之德抽象化而視為宇宙之相反相成的兩個原理，而皆統合為一太極之生生不已的最高原理，反過來說，此即：生生之所以可能，即因於乾坤之交感，而太極即就乾坤之相感而立名[3]。

> 《易經》云：「乾坤，其易之門邪！乾，陽物也。坤，陰物也。陰陽合德而剛柔有體，以體天地之撰，以通神明之德。」（〈繫辭下傳・第六章〉）

原則性地講，乾是純陽的體質，坤是純陰的體質，純陽為天，純陰為地，純陽則極剛，純陰則極柔，陰陽剛柔的交錯，也就是天地的交錯，形成了生生不已的各種變化，這種種的變化，把宇宙有形的天地，與無形的神明內蘊精神，都托顯了出來，《易經》之六十四卦，自屯卦以下的六十二卦，皆可謂從乾坤兩卦之變化而來，每卦的六爻，其中又有許多的變化，而推溯其根源，實也都導因於乾坤兩卦的變化而來，故吾人今欲論《論語》中所蘊涵之《易》理，主要的，也當多從乾坤兩卦入手，即可提綱挈領地獲得體會。

二、天道之剛健奮進的處世精神

子貢曰：「夫子之文章，可得而聞也；夫子之言性與天道，不可得而聞也。」（〈公冶長．一三〉）《論語》講的是人道，它雖不直接談天道，但天道其實就在各種「文章」中呈顯，在現實存在面上的大自然界與人際間呈顯。《論語》：

> 子在川上，曰：「逝者如斯夫，不舍晝夜。」（〈子罕．一六〉）
>
> ……子曰：「四時行焉，百物生焉，天何言哉？」（〈陽貨．一九〉）

---

2 《漢書．藝文志》謂：「六藝之文，樂以和神，仁之表也；詩以正言，義之用也；禮以明體，明者著見，故無訓也；書以廣聽，知之術也；春秋以斷事，信之符也。五者蓋五常之道，相須而備，而易為之原。」此為後世學者謂「《易》為五經之原」的典據。

3 參看唐君毅《哲學論集》（臺北．臺灣學生書局．一九九〇年二月全集校訂版）中〈易傳之哲學淺釋〉一文。

河水日夜不停地流逝，一年四季周而復始地遷化不息，從不失秩，萬物化育於其間，而並行不悖，這正是天不已地在降命，不已地起創生作用之「於穆不已」的天道呈顯，此精神，《易》學中即有這樣簡賅的表述：

《易經》云：「大哉乾元，萬物資始，乃統天。雲行雨施，品物流行。」（〈乾卦・彖傳〉）

不只大自然界潛藏天道，人只要提撕道德心靈的自覺，同樣可有天道呈露於其日常的言行舉止中，孔子及其弟子的生活，處處充滿了奮進不已的精神，即都是天道的展現，所以我們讀《論語》，雖然每個人各有不同的感受，但至少大家都會由是生發一股「積極剛健」的精神，此精神，其實就是乾卦所表示的天道之奮進不已的精神。

《易經》云：「天行健，君子以自彊不息。」（〈乾卦・大象〉）

☰，形同气，像天上一層一層之相通不相隔的氣，故以之代表天，乾卦（䷀）是以☰與☰重疊而成，象徵著天體運行，日復一日，從不休止之周而復始的反復性[4]，君子之所以為君子，正是他能效法天的這種精神，永不休止地去進德修業，以展現與天同德的生命光輝，以創造出異於禽獸之有意義有價值的人生。

而孔子之所以為人所推崇，即因他時時法天，處處表現出這種「剛健不已」的精神，《論

語》：

子曰：「默而識之，學而不厭，誨人不倦，何有於我哉。」（〈述而・二〉）

子曰：「朝聞道，夕死可矣。」（〈里仁・八〉）

一般人困於私欲，很難不為外物所昏擾，只有人心存天理，與道冥合，心寂而默，才能於與外界接觸時，及時將其與物、事相接的情念，內照於心之明覺，從而證驗其在道德主體性前之安與不安，以求向道，以從人欲中超拔，此使心體與性體覿面相遇所生發的智慧，不是「知性之知」，而是一種實踐之德性的知，有此「默而識之」的德性之知，亦才能親證、理解踐仁盡性的真實實踐心得[5]，而了悟當下每一樣與道德實踐有直接或間接關係的事物，都隱含有天道的價值與意義，都值得學習，故「學而不厭」；當我受益於古今之無數人努力的人文業績與智慧成果，自也應回饋、奉獻給無數的今人或來者，有此「承先啟後」的「誨人不倦」、「為之不倦」的使命，即所以使社會、文化之進步能生生不息也。

誠然，從道德的形上意義言，整個人生都是無限學習、無限實踐的歷程，而生命有限，學習

4　參看孫振聲《白話易經》（臺北・星光出版社・一九八一年九月初版）中乾卦大象之譯註。

5　參看牟宗三《心體與性體　第一冊》（臺北・正中書局・一九八三年五月臺五版）中〈第一部　綜論〉第三章　第二節。

自當抱持「學如不及，猶恐失之。」（〈泰伯・一七〉）的態度，積極把握每一段現實的有限生命，在此有限的生命中，以求每一個「有限」的完成，此之謂「直活在當下」，當下俯仰無愧，當下即滿足，因此不必討論、建構靈魂永存的大道理，能了悟此道，聞此道，踏實地踐行此道，就能一方面充分掌握住無限仁心的存在，一方面也全然放平了對現實生命之大限的怖懼與憾恨，此忘我之積極奮進的生活態度，即「朝聞道，夕死可矣」的精神所在[6]。

天生萬物，也生人，人與萬物雖不同類，各有各自的機體，但彼此機體的內在根源，都是共有的一元，萬物稟乾以成性命，稟坤以成形體，就乾而言，它是生命，是心靈，「有剛健、生生、炤明、升進等性，而剛健為本。剛健者，至剛不可折，至健而直前，進進而不可停住，不可退墜，此生命力之剛健性也。生生者，蕃然萬物，變化密移，每一瞬間，捨故生新，大生之力，其妙如此。炤明者，宇宙開闢，物質層最先成就，而生命力已斡運於其間，自後，生命心靈出潛而顯，即已轉化物質為生機體。」[7]萬物之最具靈性的是人，天生人，故凡人都有上述之剛健、生生、炤明、升進等等的性，所謂「人之生也直」（〈雍也・一七〉）只要自覺，「我欲仁，斯仁至矣」（〈述而・二九〉），仁性既都在心中，行仁便是每個人要不要的問題，不是能不能的問題，所以孔子才特別強調：「有能一日用力於仁矣乎？我未見力不足者。蓋有之矣，我未之見也。」（〈里仁・六〉）

《易經》云：「大哉乾乎！剛健中正，純粹精也，六爻發揮，旁通情也，時乘六龍，以御

天也，雲行雨施，天下平也。」（〈乾卦・文言〉）

龍是想像中能飛能行能潛的吉祥動物，在傳統文化中，象徵著旺盛的生命力，代表著天道生生不息的真實與生命美好的價值，它所意符的乾元或天道，充滿著浩然不可遏抑的生命氣息，為一切生命的源頭活水，也因而象徵了人文世界之意義與價值的終極根源的性格[8]。乾元剛強、健壯、適中、正當、純粹的性格，無不到達極處，六爻的變化無窮，所發揮的作用，無不與天的本性真情相接相契，就像騎著六條矯健的龍（乾卦六爻即分別以潛、見、惕、躍、飛、亢等六種龍性來襯托天道流行的變化），本著天的法則，有規律地運行，使雲流動，普降雨水，使天下萬物和諧均衡的生長[9]。人本有這樣之如龍的剛健天性，只要好好涵養它，便可做到「無終食之間違仁，造次必於是，顛沛必於是。」（〈里仁・五〉）的君子層境。

要陶養成一個君子，當然非一蹴可幾，要先從立志向道，當一個「士人」做起，「士志於道，而恥惡衣惡食者，未足與議也。」（〈里仁・九〉）不在意物質的享受，這只是起碼的學道

6 參看戴朝福《論語闡義》（臺北・正中書局・二〇一〇年二月初版）冊一，卷四，第八章。

7 引自熊十力《乾坤衍》（臺北・臺灣學生書局・一九八七年二月五刷）第二分 廣義，頁四五〇。

8 參看曾春海《易經哲學的宇宙與人生》（臺北・文津出版社・一九九七年四月初版）中〈龍在周易中所表徵的生命精神〉一文。

9 同註4，乾卦文言第五節之譯註。

向道之士人的條件，人既有如龍的天賦剛健本質，要立志，實可立更大更高遠的志，《論語》：

曾子曰：「士不可以不弘毅，任重而道遠。仁以為己任，不亦重乎？死而後已，不亦遠乎？」（〈泰伯．七〉）

弘者，寬大也，這指的是眼光的遠大，與心量的恢弘。士有識見，能高瞻遠矚，才能承負起繼往開來、承先啟後的重責大任，而成為整個國家的靈魂人物，成為社會的中堅分子，這是剛健中能放眼天下之「炤明」之性的發揮；念及我之現實存在，乃直接或間接受惠於天下的一切人乃至古人，則我之負債永遠還不完，直感自己之奉獻國家、社會的責任，永無息肩之一日，此「仁以為己任，不亦重乎」的態度，即是剛健中之推己及人之「升進」精神的發揮；當然，一人之力有限，客觀的境遇艱難，人在踐履中，不免會受到重重挫敗的打擊，唯有堅強地挺立自己，不受外界的動盪而氣餒，恒保持仁心的慈悲與惻怛，讓不忍不安的生命力永遠起作用，直到死，這樣的奮進表現才不得不停止[10]，此「死而後已，不亦遠乎」之「毅」的精神，正是剛健中成全大我之「生生」之性的呈顯。志士不只要培養出這種強韌不屈的精神，充其極，乃至在最必要的關鍵時刻，可以視死如歸，把自己的生命挺上去，以成就高貴可感的道德人格，故《論語》：

子曰：「志士仁人，無求生以害仁，有殺身以成仁。」（〈衛靈公．九〉）

《論語》講的不只是言論之學，更是實踐之學，在平日的表現中，不只孔子「發憤忘食，樂以忘憂，不知老之將至云爾。」（〈述而・一八〉）他的弟子亦多能自我鞭策以行道，顏淵的「其心三月不違仁」（〈雍也・五〉）、「不遷怒，不貳過。」（〈雍也・二〉）「一簞食，一瓢飲，在陋巷，人不堪其憂，回也不改其樂。」（〈雍也・九〉）在在都是剛健生命力的表現，他時時努力，處處用心，從不鬆懈，所以當其辭世，深獲孔子的讚嘆，故《論語》：

子謂顏淵，曰：「惜乎！吾見其進也，未見其止也！」（〈子罕・二〇〉）

其他的賢弟子如曾子，也同樣在人格的陶養上，積極奮進不已，《論語》：

曾子有疾，召門弟子曰：「啟予足！啟予手！《詩》云：『戰戰兢兢，如臨深淵，如履薄冰。』而今而後，吾知免夫！小子！」（〈泰伯・三〉）

「戰戰兢兢」是形容普遍道德心靈的戒慎恐懼，一個人的道德自覺越深越強，其覺自己的罪戾就會越多，面對人生無限的人事，亦就越不敢保證自己純正無瑕，而自感時時都會面對著罪惡的「深淵」，擔心一失足成千古恨，因此無時無刻都持懷著「如臨深淵，如履薄冰」的心情，認真作克己慎獨的工夫，從渾噩的生活中超拔，以自覺地本諸內在之天理而行，有這種凝歛弘毅的精神，道德意識自能真正建立起來，而看到真正的自己，此「戰戰兢兢」之敬畏的內聖工夫，即

10 同註6，冊二 卷八 第七章。

是一種生命的躍起，生命的提升，一種內在之天理的呈顯[11]，亦即是剛健奮進之乾德的展現。

他如澹臺滅明「行不由徑；非公事，未嘗至於偃之室也。」（〈雍也・一二〉）之不走後門的表現，是一種公正不阿的剛健；「子路有聞，未之能行，唯恐有聞。」（〈公冶長・一四〉）之劍及履及的積極作為，又是一種「坐而言，不如起而行」的剛健；子張才高志大，自勉要活出生命的意義與價值，說：「執德不弘，信道不篤，焉能為有，焉能為亡？」（〈子張・二〉）如果不能自覺地努力，繼天德以立人德，不知時時拂拭掉心靈為現實所污染的灰塵，以走向人生更大的光明，讓自己陶養出「天人合一」的大德性（執德不弘），人活在世上又有什麼意義？如果在遭遇重大挫折的打擊，不相信漫漫長夜終必有黎明的到來（信道不篤），畏縮而不敢繼續奮進，這樣的人，在人間可有可無，又有什麼人生價值？他這種立弘志，行大道的偉大願力，即充分展露了乾德之「痛下決心」的剛健精神。

凡此種種孔門師生的剛毅言行表現，不勝枚舉，整部《論語》即瀰漫在這樣的氛圍中，所以越讀它，越會引生我們精神煥發，無形中陶冶出了積極奮進的人生觀。

三、地道之尊他卑己的待人態度

除了上述之積極剛健的處世精神，《論語》也同樣涵蘊著濃厚的尊他卑己的待人態度，此謙卑的情懷，正是《易經》坤卦所表現的精神。

《易經》云：「地勢坤，君子以厚德載物。」（〈坤卦・大象〉）

☷，從外看，其形如地上高低起伏不平的各種地形，往內想，又似不相連屬的層層地底板塊，故以之代表地。坤卦（䷁）是以☷與☷重疊而成，象徵著層層板塊組成的大地，它承順著天之各種不同的季節氣候變化，而孕育、成長萬物。

《易經》云：「大哉坤元，萬物資生，乃順承天。坤厚載物，德合无疆。含弘光大，品物咸亨。牝馬地類，行地无疆，柔順利貞。」（〈坤卦・彖傳〉）

大地深厚，負載、養育著萬物，而承順天，象徵了它涵有包容（含）、寬厚（弘）、光明（光）、遠大（大）的德性，因為它能無限地配合天，所以萬物都能依於這個法則，不受阻礙（亨）地各順著自己的個性成長。而母馬柔順、健壯，與地性相類，會聽從騎士的指揮，故能順利奔馳到達目標。此「順從」的坤德，很受孔子肯定、讚賞，故《論語》：

子曰：「驥不稱其力，稱其德也。」（〈憲問・三三〉）

千里馬的馬力再強，如果不聽命於主人的指揮，不但達不到想去的目的地，還可能任性地奔

11 同前註，第三章。

向危險之境，人馬俱亡，空有美名，又有何用？故千里馬有柔順之德，最為重要。

有柔順的坤德，人才懂得尊人卑己，亦才能謙虛待人，人與人的相處，就會和諧而不致有磨擦，故《論語》：

子曰：「躬自厚而薄責於人，則遠怨矣。」（〈衛靈公・一五〉）

所謂「躬自厚」，意即用高道德標準來要求自己，尤其與人衝突的時候，更要站在對方的立場，去嚴格地批評自己可能的過錯，如此往自己身上用力，就會相對的，為對方的過錯淡化、合理化，而降低對對方的怨尤，能如此寬恕他、包容他，把這種光明的道德人格垂範於他之前，才有可能感化他，讓他領受到我的善意，亦才有可能消泯對我的怨尤，故「遠怨矣」。「薄責於人」，當然不是說絕口不批評人，對人的一切過錯，都應加以寬縱，其實人道的大防，義理的大限，人還是要維護，只是於批評的同時，對他仍應抱持永恒的希望，不忍苛責，給他多留餘地，所以不說「不責」，只說「薄責」[12]。

可見儒學很注重謙虛的美德，知道自己的有限，而別人亦有很多我所沒有的長處，如是才能尊己卑人，故《論語》：

子貢問曰：「孔文子何以謂之文也？」子曰：「敏而好學，不恥下問，是以謂之文也。」

（〈公冶長・一五〉）

人能虛懷若谷，肯定一切人的價值而問之，其學才能更廣博，這種「不恥下問」的學習態度，正可糾正自己的傲慢，而使精神生命不斷向上提升，人的過錯自會減少於從善的意識中，所以孔文子生前的言行，雖也一樣有缺失，但瑕不掩瑜，君王由是仍對他追諡，蓋棺定論為「文」（廣義地說，一切人的道德活動的外在文采都叫「文」）。

人有才能，也一樣要知所謙虛，懂得謙讓，不可驕傲，否則「才」不但不會造就自己，反而傷害自己的人格，故《論語》：

子曰：「如有周公之才之美，使驕且吝，其餘不足觀也已。」（〈泰伯・一一〉）

人的才氣是天生的，但要有「才之美」，除了自己的努力，還得從眾人之中學習，既須取之於人，又有什麼好炫耀的？不但不值得炫耀，還應常懷感恩心，回饋社會，培養、造就更多的人才，如吝惜把己才傳授給別人，容不得別人比自己強，挾才自珍，孤芳自賞，不知把「才能」發揚光大，實糟蹋了「才本來是用來愛人、助人」之天生我才的美意，故說「使驕且吝，其餘不足觀也已」。

而政治是眾人的公事，決策與執行的適當與否，都深深影響著全民的生活福祉，更要由有

12 參看唐君毅《中國人文精神之發展》（臺北・臺灣學生書局・一九八四年七月六版）中〈精神上的合內外之道〉一文之七。

「才德配位」的人來承擔，而真正有才德的人，常會看到自己的有限，為了不耽誤百姓對國家、社會走向更美好的明天之期望，時時思有所讓，好使更好的人才來承擔，史上泰伯就是一個典型的例證，《論語》：

子曰：「泰伯，其可謂至德也已矣！三以天下讓，民無得而稱焉。」（〈泰伯・一〉）

泰伯是周太王的長子，他自感才德遠不如具有聖德的姪兒姬昌（即後來的周文王），為了成全父王立賢的美意，趁父病危，偕二弟仲雍假為父採藥醫病之名，遠赴荊蠻之地，一去不回，以示讓賢，使太王不得已終將君位傳給三子季歷，以便其子姬昌後來能順理成章地繼位，謀得滅商統一天下，使後來的社會達到長治久安的結局。此所謂「三讓」，一讓在其父病危故意不照料，二讓在其父亡故刻意不奔喪，三讓在斷髮紋身，從吳陋俗，以表示讓賢的決心；為暗幫其賢父解除未「傳位於長子」之禮制的艱難，也使其賢弟消泯「不義之繼位」的不安，他寧願不露痕跡地犧牲小我（此所以說「民無得而稱焉」），背負不孝、忘本的罵名，以成全家國天下之大我，有此不見光彩之隱己成人的大襟懷，因而孔子大讚其為「至德」的表現[13]。

尚未得位而讓位已是「至德」，已在其位而能讓位，其為「至德」，更不在話下，此所以孔子屢屢讚嘆堯禪讓給舜、舜禪讓給禹的理想政治制度，《論語》：

堯曰：「咨！爾舜！天之曆數在爾躬，允執其中。四海困窮，天祿永終。」

舜亦以命禹。（〈堯曰・一〉）

堯決定把帝位禪讓給舜，舜禪讓給禹，此決定，不出於堯與舜之偏愛的私心，而是透過「堯薦舜於天」「舜薦禹於天」的形上方式，由天來決定，天不言不語，只以百姓為祂的耳目，天道流行，理則內在於民，民心之所在，即天命之所在[14]，因此「民受之」，即「天受之」，而這，當然更表示了堯與舜都有尊人虛己的讓位大胸懷。

「能以禮讓為國乎！何有，不能以禮讓為國，如禮何？」（〈里仁・一三〉）正因為他們沒有權利慾，只有為國為民奉獻、服務的使命感，心常持「做不好，隨時可以捲舖蓋走路，換賢人來做」的禮讓決心，所以能聽諫用才，上下一心，全力以赴，故甚具政績，開創了難得的盛世，而傳為美談。

主政者謙虛為懷，絲毫沒有帝王之「至尊」權位的存在，如如而受，亦如如而讓，一切為公不依私，心中只是天理的流行，權位名利對他而言，便毫無相干，故《論語》：

子曰：「巍巍乎！舜、禹之有天下也，而不與焉。」（〈泰伯・一八〉）

---

13 同註10，第一章。

14 參看王邦雄等《孟子義理疏解》（臺北・鵝湖月刊雜誌社・一九八三年十月再版）中〈參、政治文化論〉之十。

舜禹有天下而「不與」（不相關），認為當任帝王沒有什麼，只不過是奉獻、服務全民而已，此心態，正是坤卦中所蘊存之謙虛的情懷，故《易》云：

「黃裳元吉，文在中也。」（〈坤卦．六五小象〉）

「黃」象徵高貴的顏色（所以古時改朝換代，新君之受全民擁戴，即位而獲得政權，叫「黃袍加身」），「裳」是下衣，「黃裳元吉，文在中也」意即把高貴的衣服隱藏在上衣的下面，雖不露高貴，而高貴已隱涵在其中，以此暗喻君王有尊位，卻謙和而不見其高貴[15]。

君王之有尊位，當謙沖，臣子亦然，尤其敗軍之將即便殿後壓陣有功，也當隱其勇，而不言功。《論語》：

子曰：「孟之反不伐。奔而殿，將入門，策其馬，曰：非敢後也，馬不進也。」（〈雍也．一三〉）

戰場上如果我強敵弱，對方不戀戰，我仍勇敢趁勝追擊，此乃「仗勢」之勇，相對的，如我弱敵強，人人抱頭鼠竄，而我卻敢於斷後卻敵，正如孟之反之能以一敵眾之「失勢」之勇，才是真正「勇者不懼」的勇；而敗軍之將，不可言勇，消極地「降低兵員折損」之功，也不能言功，蓋軍隊榮辱與共，大家受辱於敗戰，我豈能顯勇爭功，獨享榮譽？為防袍澤誇他，特抽矢鞭策戰馬，自我調侃，說：「非敢後也，馬不進也。」這種處變不驚，從容自在之隱己而不露痕跡的謙卑情操，與坤卦中所表述的精神相接相契。故《易經》云：

「括囊，无咎无譽。」（〈坤卦・六四爻辭〉）

囊是口袋，「括囊」即是將口袋收緊，象徵處於危險的境域，應當自我收斂，謹言慎行，才不致發生過錯，雖得不到讚譽，卻可避免災禍[16]。

有關尊人卑己的謙虛情懷，《論語》論述甚多，俯拾可得，剋就孔門師生的謙卑言行表現來說，亦處處可見，諸如「若聖與仁，則吾豈敢」（〈述而・三三〉）、「丘也幸，苟有過，人必知之。」（〈述而・三〇〉）、「躬行君子，則吾未之有得」（〈述而・三二〉）之類的孔子談話，「願無伐善，無施勞」（〈公冶長・二六〉）之能「以能問於不能，以多問於寡；有若無，實若虛，犯而不校」（〈泰伯・五〉）的顏淵人品，「賜也，何敢望回？回也聞一以知十，賜也聞一以知二。」（〈公冶長・九〉）「譬之宮牆，賜之牆也及肩」（〈子張・二三〉）之自知不足的子貢表現，……在在都瀰漫著謙卑的人格精神氛圍，所以在《論語》中，也很能讓我們有這樣的感同身受。

儒家很重視謙德，所以《易經》的六十四卦中，特設有謙卦，《易經》云：

---

15 參看李一匡《易經解譯》（自印本・一九八一年十月再版）頁四三。

16 同註4，頁五二。

「地中有山，謙。君子以裒多益寡，稱物平施。」（〈謙卦・大象辭〉）

謙卦（䷎）卦象是地（☷）上，山（☶）下，其義為：地已低下，山卻隱藏在其下，使人不見其高，這正是謙虛實質精神的象徵。說得更詳細些：「謙卦上為坤，〈說卦傳〉『卦德』為柔順；下為艮，〈說卦傳〉『卦德』為靜止。以兩體看，形成艮山止於內，收斂不伐，深藏不露，猶人有德而不居，以謙遜自處，屈躬下物，先人後己；而外坤柔順，卑以下處，不矜不伐，無過無惡，所行如此是謙義。」[17]

在《易經》的六十四卦中，其他沒有全吉或全凶的卦，唯獨謙卦，六爻皆吉，象徵著儒家對謙虛美德由衷的敬重與讚賞。謙虛不是消極的退讓，而是積極的有所作為，人有實質的修養工夫，內心平和純正，才能上謙以就下，自己有卓越的才德，卻能真誠對別人平等看待，覺得自己確實很平凡，沒有什麼，就不會高高在上，所謂「裒多益寡，稱物平施。」如是才不致使謙虛流於形式的造假與虛偽。而《論語》所講地道之尊人卑己的處世態度，在精神上，自與上述之謙卦的實質內涵相通相契。

四、人道之圓融和諧的生活藝術

《易經》講天道，講地道，也講人道，講人生，人生是什麼？其內容雖無限，六十四卦中的最後兩卦：既濟（䷾）與未濟（䷿），卻給了我們不少的啟示。

水火既濟卦（䷾），其中的每一陽爻，都在奇數位置，每一陰爻，都在偶數位置，亦即不論陰爻陽爻，每一爻都處正位，形象最完整；而水向下流，火往上燒，故水在火上的既濟卦，其氣上下亨通，以此象徵著人生的功成名就，但圓滿中，人總易志得意滿，時時都可能會有狀況，故爻辭中常會有守成艱難的警誡語，勉人不可得意忘形。

水火既濟卦（䷾）之後，緊接而來的即火水未濟卦（䷿），它是既濟卦的綜卦，也是錯卦，每一爻都失位，形象上它處境極為惡劣，最不完滿，但火上水下，雖不相交，畢竟仍保持了火上燒、水下流的性向，故卦爻中仍充滿了希望。此卦所以名為未濟，而不說不濟，乃因未濟是待時而濟，並非不得濟，也非不可濟，水象徵危險，火象徵光明，卦象火上水下，險在內卦，明在外卦，便知渡過了險境，便見光明[18]，前途並不黯淡，故爻中常有勉勵人不要畏懼黑暗，當持續努力的深情。

形象最完美的既濟，一下子轉為形象最不完美的未濟，這暗示了人生的無常；完美的既濟，內中涵有很多危險的情境，不完美的未濟，卻蘊藏了很多希望，這也襯托出了世上的禍福相倚，由此可見人間根本找不到完美，即便有一時的完美，也不可能有永遠的完美，所以儒家所追求的

---

17 引自吳秋文主講《易經心傳與天道（四）》（臺南・靝巨書局・一九八八年十一月初版）頁三一。

18 參看傅隸樸《周易理解》（臺北・臺灣商務印書館・一九八五年二月二版）頁五三九。

人生之道，不是完美之道，只是中庸之道。《論語》：

> 子貢曰：「如有博施於民，而能濟眾，何如？可謂仁乎？」子曰：「何事於仁，必也聖乎！堯舜其猶病諸？夫仁者，己欲立而立人，己欲達而達人。能近取譬，可謂仁之方也已。」（〈雍也・二八〉）

所謂「博施」，意即在物質或精神各方面，都能普遍施惠給天下的每一個人；所謂「濟眾」，即每一個人之所受施，恰如及時雨，都能符合其所需要，這種如陽光永恒、無限地普照大地的完美政治，就有限的人類來說，只能懸它為外王事業的理想目標，以鞭策政治人物不斷努力下去，在現實存在面上，是難以達成的，孔子推崇堯舜為美好的政治標竿，也只是說為政者要知所禪讓，要天下為公，禮讓為國而已，並不敢說到「博施濟眾」這等完美的政治層境上去，故說「堯舜其猶病諸」。

行仁是人生永恒的歷程，沒有止境，但要自我實現到什麼程度，自有命在，是無法強求的，想要強求，也求不來，這正是人生的有限，人所能做的，只是「能近取譬」，依於仁心，「己欲立而立人，己欲達而達人」而已，這種時時依著現有的主客觀條件，盡力做我所應做所能做的事，便是儒家所講中庸之道的精神。《論語》：

> 子曰：「中庸之為德也，其至矣乎！民鮮久矣！」（〈雍也・二七〉）

「喜怒哀樂之未發謂之中，發而皆中節謂之和。」（《中庸．第一章》）即見「中」乃根源於人含而未發的仁性，此仁性源於天，故亦可謂天地的心性，天地之心無所不包，無所不容，以此心觀照一切，則無是非善惡的對立，也無主觀上的預設立場，亦即無任何的成見，面對事情，只是就事論事，審理周密，作不偏不倚，無過不及之雖不必定完美，卻是當下最合宜的處置。而庸者，用也，通也，內心與外在相感通，內在所發之情，能湊泊於事物，使之各得其當，即謂之「中庸」，可見中庸之情不在我，也不在事物，而在物我交互貫通處，情不在內，也不在外，而在內外之間，此即其情乃成了內外、物我、天人相通之路[19]，故是極為高明的人生智慧，所以孔子讚嘆「其至矣乎！」而此各得其所的生活藝術，又與《易經》乾卦所講的精神相接相契，故《易經》云：

「乾道變化，各正性命，保合太和，乃利貞。」（〈乾卦．彖傳〉）

乾象徵天的法則，時刻都在變化，在此變化中，各依萬物的本質，賦予生命，所以它的生育萬物，有整然的法則性存在，保持這一自然的大和諧，才能使萬物各得其所，各得其宜，達到真正的祥和而各得其利益，中庸所講的，正是這樣的精神。

---

19 參看唐君毅《中西哲學思想之比較論文集》（臺北．臺灣學生書局．一九八八年七月全集校訂版）中〈如何了解中國哲學上天人合一之根本觀念〉一文。

然而人生無常，世間的事物情境也多變，所以要學習如何實踐中庸，不是光靠學習客觀知識，恪守道德法則，以不變應萬變，就能成就的，故《論語》：

子曰：「可與共學，未可與適道；可與適道，未可與立；可與立，未可與權。」（〈子罕・二九〉）

人雖可一起學習，但由於目的不同，對所學的未必都能用於正道上，所以必須由中性的工具學習，轉為人生價值的目的學習，由「效」的學習轉為「覺」的學習，然後所學才能回歸於正用；但世間有很多的現實誘惑，人往往會受它的影響，而堅守不了應有的做人處事原則，即便能挺立起自己，卻也常因不能通觀全局，調適自我，知所權變，致而不能用圓融的智慧去決解問題。即見「守經達變」之不易，「反經合道」之艱難，此所以明儒李谷平云：

「人處於天地之間，其所行處皆權也。小人流於遷就，而權之用失；君子未免偏執，而權之用滯；惟學聖人周旋中禮，泛應曲當，而權之用始盡。」[20]

也因為一般人黏滯於氣質的錮蔽，失去道德心靈的活潑性，而把古聖先賢的智慧格言，當成教條來墨守，由是生活上往往產生了很多行為的流弊，而造成人生的遺憾。故《論語》：

子曰：「由也，女聞六言六蔽矣乎？」對曰：「未也。」

「居！吾語女。好仁不好學，其蔽也愚；好智不好學，其蔽也蕩；好信不好學，其蔽也賊；好直不好學，其蔽也絞；好勇不好學，其蔽也亂；好剛不好學，其蔽也狂。」（〈陽貨・八〉）

仁心的發用在愛人，但如不學愛的差別慧，便會陷為盲愛、溺愛，原本應愛人以德的，卻變質為愛人以姑息，乃至成為不義之人詐騙的對象，吃虧上當，還被看成愚笨的「老實人」（好仁不好學，其蔽也愚）；如果沒有存養活潑的心靈，便易順著慣性的思考模式，一往偏蔽的方向，作永無止境的無謂摸索，鑽入牛角尖而不自知（好智不好學，其蔽也蕩）；如果未經縝密考量而輕諾，事後為表示對自己的話負責，勉強兌現，而不知依於理性作可否實踐的抉擇，都會造成自己財物、心情、人格乃至生命的傷害（好信不好學，其蔽也賊）；如果為了表現爽直，口無遮攔，不知婉轉，不多給對方留餘地，必將使人下不了台（好直不好學，其蔽也絞）；如果為了表達不向任何環境低頭的勇氣，而不作周全的行事規劃，一任血氣蠻横使力，就會破壞群體的秩序，最後弄到不可收拾的地步（好勇不好學，其蔽也亂）；如果為了表示不屈不撓的剛強，卻用「好勝人」來作手段，不知無欲才真能養剛，結果就會陷為粗暴（好剛不好學，其蔽也狂）。凡此，關鍵就在於不好學，而此所謂「不好學」，指的就是不好好學習中庸之道，不好好學習如何

20 引自黃宗羲《明儒學案》（臺北・華世出版社・一九八七年二月臺一版）冊五，卷五十三。

才能實踐得恰到好處，以致讓原本想要表現的仁、智、信、勇、直、剛等美德，變質而成愚、蕩、賊、亂、絞、狂等流弊了。

中庸的處世藝術雖不在追求完美，只求行事的恰當，依現實的艱難情境，作最合宜的處事抉擇，如此雖或也不免會受到傷害，但不這樣抉擇，傷害會更大，此抉擇看似只是平實，卻也是極不容易的工夫，而此工夫，都須從日常生活中逐漸陶養得來，《論語》：

子曰：「攻乎異端，斯害也已。」（〈為政・一六〉）

子曰：「君子之於天下也，無適也，無莫也，義之與比。」（〈里仁・一〇〉）

世間的事物，綜觀為一體，從現象或作用看，則是兩面，如正與反、陰與陽、常與變、人與我、主觀與客觀、現實與理想……，兩面有會通處，不是絕對的對立，是可以圓兩端而消融之的，因此如果全然堅持自己的立場，而不同時從另一方的角度看問題，便會淪為意識形態，產生偏見，即便成就了此方，卻也會同時傷害了彼方，行事即無法圓融，故說「攻乎異端，斯害也矣！」因此吾人處事，要學習不預設立場，一切從事情本身之意義與價值的應不應該、與當前之主客觀條件的合不合適作通盤考量（義之與比），出處、進退、取予、行藏，隨當下之特殊情境的如何來感，我即如何而應，以差別應差別，以求圓融成事[21]，此即是中庸的精神所在，孔子的待人處事，即採用此種高明的智慧。《論語》：

子曰：「吾有知乎哉？無知也。有鄙夫問於我，空空如也，我叩其兩端而竭焉。」（〈子罕・七〉）

「鄙夫」指的是相當固執成見，很不好溝通的人，要聽進他的話，孔子得先「空」出自己，讓自己先對對方不留成見，以建立他對孔子「公正、客觀」之形象的信任，從而逐漸拆除其心防，然後再設法「空」出這位前來的求教者，就所提問題的正反兩面，作追根究柢的反答為問（叩其兩端而竭焉），使其領受到，原來正反面其實並非絕對的對立，是可相通而求得圓融解決的，此即是孔子現身說法的中庸智慧表現。

中庸智慧的陶養，主要的工夫就是不要固執私我，所以子絕四：毋意、毋必、毋固、毋我。（〈子罕・四〉）時時惕勉自己要「君子不器。」（〈為政・一二〉）行事當「無可無不可」（〈微子・八〉），而一皆以「義」為待人處世的原則，如是，在逆境中往往可以開創出成功的路來，此所以《易經》云：

「未濟，亨；柔得中也。」（〈未濟卦・彖辭〉）

21 參看唐君毅《中國文化之精神價值》（臺北・正中書局・一九八四年十一月初版五刷）中〈第八章　中國先哲之人生道德理想論〉一文之六。

未完成的事之所以終將亨通，是因為未濟卦的「六五」柔爻在上卦的中位，象徵能夠實踐中庸之道，對未來充滿著正向發展的可能性之故[22]。

而人是有限的，要陶養出中庸的智慧，必定是在很多生活的錯誤嘗試中學習，此中尤其更要用所謂「內自訟」（〈公冶長・二七〉）的猛烈工夫去自省，時時拿良心所存的天理，去對抗自己現有的人欲，就像要拿以窮底究極地要告贏對方的決心，去對付自己的過錯，正如《易經》之所云：「龍戰于野，其血玄黃。」（〈坤卦・上六爻辭〉）如是天人交戰，越敢於對抗自己，天理終會戰勝人欲[23]，久之自能使自己成就為圓融透顯，了無所雜之純淨清朗的道德生命，中庸的智慧才越會從中生發，所以《論語》勉人要「過，則勿憚改」（〈學而・八〉）。

人與事不能分開，家庭、社會、國家乃至國際間之所以會有那麼多的爭端，主因就因彼此在相關的事情上擺不平，如何解決根本問題，重點就在推行中庸之道，因為中庸的智慧可以圓融地處理人世間的事務，處事圓融，各讓一步，「雖不滿意，但大家都還可以接受」，就能隨之創造出人與人之間的和諧，這正是《易經》所講的人道之圓融和諧的生活藝術。

五、結語

綜上所述，可知《論語》中表現之積極剛健的處世精神，即是《易經》所講的天道精神，其尊人卑己的待人謙虛態度，即是《易經》所講的地道精神，而《論語》教人如何在現實無常的存在面上行中庸之道，以圓融解決艱難中的棘手問題，好讓人世間步步邁向和諧幸福之路，則是《易經》所給我們啟發的人道精神，可見《論語》與《易經》之學，是相涵相契的。

儒家的生命學問，只講現世，不講前生，也不講來世，它認為現世才是眼前的唯一真實存在，要講意義與價值，應從現實界中去找，要過有意義與價值的生活，也應在現實中去過，不必另尋現實存在面之外的天堂或極樂世界，而如何超越動物性，去過有意義有價值的生活，重點在從天地間學到其精神與智慧，因為人原本就活在天地之中，從天處找到天道，從地處找到地道，從人處找到人道，「天（地）人合一」，那便是人活著的最大意義與價值。

《易經》所講的天道、地道、人道，不是憑空的想像，而是依於對現實面之大自然現象與人生歷程的長期觀察，乾、坤等等六十四卦的變化，也不是出於神話式的揣測，而是從大自然界生生不已之鼎故革新之遷化中所示現的各種樣態的真實體悟，〈序卦傳〉所解說之《易經》，「上經」從天（地）道開始，「下經」從人道開始，就暗示了它所講的就是天人之道的結合。因而我們可以這樣說：讀《論語》可以契接《易經》的精神，讀《易經》可以會通《論語》的義涵。兩

---

22 同註4，頁四七四。

23 熊十力謂宇宙實體的內部，含藏著乾坤相反的兩性，相反，難免於作戰，戰禍必起於坤。聖人於乾卦，唯說乾道在保合太和，絕不涉及戰事，其於坤卦，則於上爻，特著「龍戰於野，其血玄黃」之文。同註7，廣義，頁四六六。

者可謂相輔相成。

天大地大人亦大，人之所以為大，就因為它能透過日常生活中的種種具體言行表現，去托顯天地形上的道，而現實的存在面，正是人磨練自己，體證天道的最佳場域，依儒家，人生只能來這一趟，沒有輪迴，因此《論語》常勉勵我們要把握當下，就難得之「只這麼一次機會的人生」，努力修德踐德，活出「天人合一」之有意義有價值的生命來。

（孔孟月刊第五十九卷第七、八期）

主要參考書目

一、《十五經古注易讀》鄭玄等註　永康出版社
二、《子書二十八種》高誘等註　廣文書局
三、《漢書》班固撰　鼎文書局
四、《廣近思錄》張伯行編　世界書局
五、《近思錄集解》朱熹編　世界書局
六、《論語注疏及補正》邢昺疏　世界書局
七、《韓昌黎全集》韓愈撰　新文豐出版公司
八、《四書集注》朱熹　世界書局
九、《朱子語類》黎靖德編　漢京文化事業公司
一〇、《日知錄》顧炎武　臺灣商務印書館
一一、《王陽明全集》王陽明　宏業書局
一二、《讀四書大全說》王船山　河洛圖書出版社

一三、《四書箋解》王船山 廣文書局
一四、《宋元學案》黃宗羲 華世出版社
一五、《明儒學案》黃宗羲 華世出版社
一六、《說文解字段注》段玉裁注 藝文印書館
一七、《讀經示要》熊十力 洪氏出版社
一八、《十力語要》熊十力 洪氏出版社
一九、《乾坤衍》熊十力 臺灣學生書局
二〇、《新唯識論》熊十力 臺灣學生書局
二一、《泰和宜山會語合刻》馬一浮 廣文書局
二二、《論語會箋》日・竹添光鴻 廣文書局
二三、《東西文化及其哲學》梁漱溟 九鼎出版社
二四、《論語新解》錢穆 東大圖書公司
二五、《論語要略》錢穆 臺灣商務印書館
二六、《中國思想通俗講話》錢穆 東大圖書公司
二七、《晚學盲言》錢穆 東大圖書公司
二八、《雙溪獨語》錢穆 臺灣學生書局
二九、《談修養》朱光潛 前衛出版社

三〇、《心體與性體》牟宗三　正中書局
三一、《現象與物自身》牟宗三　臺灣學生書局
三二、《智的直覺與中國哲學》牟宗三　臺灣商務印書館
三三、《政道與治道》牟宗三　臺灣學生書局
三四、《中國哲學的特質》牟宗三　臺灣學生書局
三五、《道德的理想主義》牟宗三　臺灣學生書局
三六、《時代與感受》牟宗三　鵝湖出版社
三七、《圓善論》牟宗三　臺灣學生書局
三八、《中國文化之精神價值》唐君毅　正中書局
三九、《中國人文精神之發展》唐君毅　臺灣學生書局
四〇、《人生之體驗・續編》唐君毅　臺灣學生書局
四一、《文化意識與道德理性》唐君毅　臺灣學生書局
四二、《人文精神之重建》唐君毅　臺灣學生書局
四三、《道德自我之建立》唐君毅　臺灣學生書局
四四、《中華人文與當今世界》唐君毅　臺灣學生書局
四五、《中華人文與當今世界補編》唐君毅　臺灣學生書局
四六、《說中華民族之花果飄零》唐君毅　三民書局

四七、《青年與學問》唐君毅 三民書局
四八、《病裏乾坤》唐君毅 鵝湖出版社
四九、《中西哲學思想之比較論文集》唐君毅 臺灣學生書局
五〇、《哲學論集》唐君毅 臺灣學生書局
五〇、《學術與政治之間》徐復觀 臺灣學生書局
五一、《儒家政治思想與民主自由人權》徐復觀 臺灣學生書局
五二、《中國藝術精神》徐復觀 臺灣學生書局
五三、《人學與人物》程兆熊 明文書局
五四、《中國知識階層史論(古代篇)》余英時 聯經出版事業公司
五五、《白話易經》孫振聲 星光出版社
五六、《周易理解》傅隸樸 臺灣商務印書館
五七、《易經論文集》林尹等 黎明文化事業公司
五八、《孔孟荀哲學》蔡仁厚 臺灣學生書局
五九、《儒學的常與變》蔡仁厚 東大圖書公司
六〇、《儒學探源》周群振 鵝湖出版社
六一、《論語章句分類義釋》周群振 鵝湖出版社
六二、《易經解譯》李一匡 自印本

六三、《論語義理疏解》王邦雄等　鵝湖月刊雜誌社
六四、《孟子義理疏解》王邦雄等　鵝湖月刊雜誌社
六五、《行走人間的腳步》王邦雄　漢光文化事業公司
六六、《論語的人格世界》曾昭旭　漢光文化事業公司
六七、《性情與文化》曾昭旭　時報文化出版企業公司
六八、《道德與道德實踐》曾昭旭　漢光文化事業公司
六九、《人生書簡》曾昭旭　漢光文化事業公司
七〇、《孔子與他的追隨者》曾昭旭　漢光文化事業公司
七二、《易經哲學的宇宙與人生》曾春海　文津出版社
七三、《孔子學說探微》林義正　東大圖書公司
七四、《中庸義理疏解》楊祖漢　鵝湖出版社
七五、《易經心傳與天道（四）》吳秋文主講　巨書局
七六、《儒家的生命情調——論語義理論叢》戴朝福　臺灣學生書局
七七、《真善美的世界》戴朝福　臺灣學生書局
七八、《中華文化的省思》戴朝福　臺灣學生書局
七九、《論語闡義》戴朝福　正中書局
八〇、《現代人的生活智慧》戴朝福　時報文化出版企業公司

國家圖書館出版品預行編目資料

儒學的性格——論語義理論叢續編
戴朝福著. – 初版. – 臺北市：臺灣學生，2021.04
面；公分

ISBN 978-957-15-1849-7 (平裝)

1. 論語 2. 研究考訂

121.227 110003611

儒學的性格——論語義理論叢續編

著 作 者 戴朝福
出 版 者 臺灣學生書局有限公司
發 行 人 楊雲龍
發 行 所 臺灣學生書局有限公司
地 址 臺北市和平東路一段 75 巷 11 號
劃撥帳號 00024668
電 話 (02)23928185
傳 真 (02)23928105
E-mail student.book@msa.hinet.net
網 址 www.studentbook.com.tw
登記證字號 行政院新聞局局版北市業字第玖捌壹號
定 價 新臺幣四八〇元
出版日期 二〇二一年四月初版
I S B N 978-957-15-1849-7

12179